Inhalt

Editorial 4

Schwerpunktthema:
Regionalentwicklung – feministische Perspektiven 7

Einleitung
Regionalentwicklung – feministische Perspektiven 7
Christina Kleinheins / Stefanie Klinkhart

Lebenssituation von Frauen
Reproduktionsarbeitskrise und Stadtstruktur:
Eine feministische Betrachtung von Agglomerationsräumen 14
Stefanie Bock / Susanne Heeg / Marianne Rodenstein

Metropole Berlin – avantgardistischer
Anspruch und patriarchale Rückständigkeit 24
Kerstin Dörhöfer

Lebenssituation von Frauen in unterschiedlichen Regionen –
ein Vergleich von Regionen in Bayern und Nordrhein-Westfalen 33
Michaela-Christine Zeller

Erwerbssituation
Kein Ort für Frauen? Gewerbegebiete in der Stadt
am Beispiel Hamburg-Hammerbrock . . . . 4.
Sabine Baumgart

Dienstleistungsentwicklung Berlins mit oder gegen Frauen? 54
Veronika Honold / Annalie Schoen

Im Ruhrgebiet blüht uns was! Der Stellenwert frauenspezifischer Belange
im regionalplanerischen Strategiekonzept IBA Emscher Park 66
Stefanie Miseré

Mobilität
Regionalentwicklung und Verkehrspolitik im Ruhrgebiet 77
Christine Bauhardt

Koordination von Kinderbetreuung und frauengerechtem öffentlichen
Personennahverkehr im Landkreis Bitburg-Prüm. Ein Modellprojekt des
Ministeriums für die Gleichstellung von Frau und Mann des
Landes Rheinland-Pfalz. 90
Silvia Körntgen (Mitarbeit: Karin Drach)

Frauen mischen mit
Frauenpolitische Forderungen zur Neufassung des
niedersächsischen Landes-Raumordnungsprogramms 98
Uta Bauer

Marksteine zur frauengerechten Stadt- und Regionalplanung 105
Hanne Schäfer

Regionalplanung – Frauen mischen sich ein. Ein Werkstattbericht über
die Arbeit der Regionalarbeitsgruppe der FOPA Rhein-Main.......... 115
Ute Hünlein

RUBRIKEN

FOPA vor Ort
Wohnungsbau für Frauen in Argentinien: Internationales
Kooperationsprojekt FOPA, Berlin – CEMYS, Cordoba 121
Ida Schillen

Frauen planen ihren Stadtteil 124
Anja Kämper

Mädchen raus aus dem Haus. Wo Mädchen
sich gerne aufhalten oder wie sie aufgehalten werden.............. 127
Helga Steinmaier

Netzwerke verknüpfen – ein neuer Arbeitsschwerpunkt
von FOPA Dortmund 131
Ursula Heiler

Frauenbauprojekte in Architektur und Stadtplanung
haben Geschichte.. 132
Regina Mentner

Facetten
„Die Frau muß sich selbst die Wohnung schaffen, die sie braucht."
Frauenwohngenossenschaft in Frankfurt/Main der 10er
und 20er Jahre 133
Monika Treske

Nutzung und Meidung öffentlicher Bauten durch Frauen
am Beispiel von Parkgaragen 137
Gabriele Geiger

Planungspraxis
Abenteuer Verwaltung: feministische Stadt- und Verkehrsplanung
im Frauenreferat der Stadt Frankfurt 145
Uta Bauer / Stefanie Bock

Wie ein „Demokratisierungsmodell von unten" zu einem
„Vorzeigeprojekt von oben" wurde – und Frauen dennoch
davon profitierten 149
Rita Weirich

WeiberWirtschaft bringt Frauen auf Erfolgskurs 155
Monika Damm

Frauenstadthaus Bremen – von der Idee zum Raum. Ein Modell zur Qualifizierung und Existenzgründung von Frauen 158
Marlies Hestermann

Die Bedeutung des öffentlichen Personennahverkehrs und die bedarfsgerechte Umgestaltung in der Stadt Frankfurt/Main 162
Christel Frank / Gisela Stete

Planungsgruppe Vor Ort. 164
Heike Wohltmann

Ausland
Aus gegebenem Anlaß: Wohnprojekte für obdachlose Frauen und Kinder in den USA. 166
Marianne Rodenstein

Altbauerneuerung in Montevideo. Ein Modellprojekt für alleinerziehende Frauen 177
Charna Furman

Interview mit der Architektin Charna Furman 184

BISER – die Perle. Eine internationale Initiative von Frauen aus Bosnien-Herzegowina 187
Rosemarie Ring

Theorie und Methodik
Über die Art Wege zu erforschen – oder: Warum Frauenwege in der Verkehrsforschung unsichtbar sind. 188
Heike Klamp

Frauenraum Hochschule
Erste Frauenplanungsprofessur der BRD. Ein „neuer" Frauenforschungs-Schwerpunkt an der Dortmunder Hochschule 193
Gabriele Sturm

Frauenbezogene Stadtplanung in Hamburg-Allermöhe. 194
Gesa Witthöft

Männerbünde contra Frauennetzwerke – AG Frauen in Forschung und Lehre an der Gesamthoschule Kassel, Fachbereich: Stadt- und Landschaftsplanung. 195
Ines Schulz / Margit See

Rezensionen und Kongreßberichte 197

Adressen, Tips, Termine. 202

Editorial

10 Jahre Freiräume

Ein Gruppe von Planerinnen und Architektinnen gründeten 1981 in Berlin den Verein FOPA e.V., die erste Feministische Organisation von Planerinnen und Architektinnen. Zwei Jahre später erschien das Heft 1 der FREI-RÄUME, die Streitschrift ihres Vereins.

Inzwischen existieren in 8 Städten und Regionen unabhängige FOPA-Vereine und die Aktivitäten ihrer Mitfrauen umfassen ein beeindruckendes Themenspektrum. Dies spiegelt sich in den FREI-RÄUME Heften und der Redaktionsgruppe wider, die sie als gemeinsames, überregionales Projekt in Form eines Jahresbandes starteten. Ein Sonderheft, die Tagungsdokumentation der „1.Europäischen Planerinnentagung", markierte den Schritt in die nächste Dekade. Erstmals erschienen die FREI-RÄUME im neuen Outfit und in Zusammenarbeit mit der edition ebersbach, wie schon eine Reihe von FOPA publizierte Fachbücher, so daß sie jetzt als Abo und im Buchhandel erhältlich sind.

Die festen Rubriken in den neuen FREI-RÄUME Heften zeigen die Palette der Aktivitäten von Architektinnen, Geografinnen, Planerinnen, Stadtsoziologinnen und anderen Fachfrauen auf. So berichten wir mit Freude über die Gründung von Frauen- Planungsbüros, die Einrichtung von Referentinnenstellen für Frauenbelange in Fachbehörden, die Etablierung der aufgeworfenen Themen an den Hochschulen. Wir notieren die Vielfalt der Praxisprojekte, die von engagierten Frauen aus Organisationen und Institutionen entwickelt und realisiert werden, und verfolgen mit Spannung die vielen Studien- und Forschungsarbeiten, Publikationen, Fachtagungen und Hearings. Doch die Freiräume reichen uns noch lange nicht aus und so manches hat sich aus unserer Sicht in der Bau- und Planungswelt eben doch nicht verändert.

Nach wie vor existiert eine lange Tradition der Raumdominanz von Männern. Bis heute sind nahezu alle strategisch-politischen Räume von Männern besetzt. In Verwaltung, Justiz, Wirtschaft, Militär und Polizei werden maßgebliche Entscheidungen von Männern getroffen. So bleibt die symbolische Raumgestaltung „phallokratischen, ästhetischen Präferenzen" (Rentmeister 1985:248) verhaftet. Die Struktur und die Aussagen der Planung sind die gleichen geblieben. So verwundert es nicht, daß viele frauenbezogene Arbeiten ehrenamtlich geleistet werden, viele Themenbereiche noch kaum bearbeitet sind und jede Menge Projekte auf ihre Umsetzung warten.

Deshalb: Streiten für Freiräume!

Die feministische Perspektive zu schärfen und den Blick von Frauen auf Planen und Bauen weiterzuentwickeln, um Fraueninteressen in den jeweiligen Bereichen der Planung und Bauausführung sichtbar zu machen und

durchzusetzen, ist das Anliegen der FOPA's und dieser Streitschrift. Hier werden
▷ Standpunkte zu fachlichen und politischen Fachfragen formuliert, Argumentationslinien für ihre politische Durchsetzung dargestellt
▷ theoretische Positionen geklärt und die Schnittstellen mit anderen Wissenschaften aufgezeigt
▷ eigene Methoden und Ansätze entwickelt
▷ Schritte zur Umsetzung von innovativen Planungs- und Projektideen in die Praxis aufgezeigt
▷ last but not least frauenspezifische Fach-Informationen vermittelt.

Dies alles geschieht natürlich auch mit dem Ziel, mehr Kolleginnen zur aktiven Mitstreiterei in diesem Themenfeld zu gewinnen und zur Gründung weiterer FOPA-Vereine anzuregen.

Schwerpunktthema

Das Schwerpunktthema des vorliegenden Jahresbandes „Regionalentwicklung – feministische Perspektiven" zeigt, daß die Lust, sich neue Freiräume zu erschließen, nicht versiegt.

Durch die intensiven Diskussionen zu den undefinierten, aber von Fachmännern geprägten Begriffen „Regionalbewußtsein" und „regionale Identität" im Kreise der FOPA Rhein-Main, die sich im Zuge ihrer Namensfindung und des erstmaligen Gründungsprozesses eines regionalen Vereins ergaben, entstand die Arbeitsgruppe „Regionalentwicklung", aus der der Anstoß zum diesjährigen Schwerpunktthema kam. Vor dem Hintergrund ihrer unterschiedlichen Disziplinen analysieren die Autorinnen die spezifischen Entwicklungsprobleme einzelner Regionen und deren Auswirkungen auf das Alltagsleben von Frauen und berichten über Ansätze der Einflußnahme auf politischer und planerischer Ebene.

Wir dokumentieren damit erstmalig im Überblick, daß und wie Frauen auf der Ebene der Regionalentwicklung ihre Kompetenz und ihren Einfluß geltend machen.

Für die Zukunft wünschen wir uns, daß unsere Zeitschrift mit Ideenreichtum und Streit-Lust, als Raum für die Darstellung, Entwicklung und Diskussion von Strategien, Projekten und Experimenten, für Eure/Ihre Impulse zur Bewegung und Veränderung und als Platz für das Austragen von konträren Standpunkten genutzt wird. „Denn die feministische Planungstheorie, aus der sich politisches und praktisches Handeln begründet, gibt es nicht." (Zitat aus FREI-RÄUME 4)

(Literatur: Cillie Rentmeister, Frauenwelten – Männerwelten. Für eine neue kulturpolitische Bildung. Opladen 1985)

Stellungnahme der Redaktion zu den Anschlägen in Sohlingen:

Die FREI-RÄUME-Redaktion verurteilt die rassistischen Gewalttaten und die Ermordung von ausländischen MitbürgerInnen und Flüchtlingen. Wir klagen die politisch Verantwortlichen an, die durch diskriminierende und ausgrenzende Äußerungen und Handlungen den Boden für Ausländerhaß und Fremdenfeindlichkeit bereiten.

Schwerpunktthema
Regionalentwicklung – feministische Perspektiven

Einleitung
Christina Kleinheins
Stefanie Klinkhart

Politische und gesellschaftliche Veränderungen haben in den letzten Jahren bewirkt, daß die Region als räumlich relevante Größenordnung entdeckt wurde. Regionalentwicklung und interkommunale Koordination rücken als zunehmend wichtige Faktoren für die Stadtentwicklung auch in planerischem Denken immer mehr ins Bewußtsein. Damit wird deutlich, daß über die alltägliche Lebensqualität nicht in erster Linie auf Stadtteilebene entschieden wird, sondern die richtungsweisenden Entscheidungen schon auf überlokaler Ebene getroffen werden. Und damit wird auch deutlich, daß Frauen auf der Ebene der Regionalentwicklung mitmischen müssen, um ihre Lebens- und Arbeitssituation mitbestimmen zu können.

Diesem Ziel wollen wir im Schwerpunkt des Heftes nachspüren. Dabei ist zunächst wichtig herauszufinden, mit welchen Folgen Frauen in unterschiedlichen Regionen mit jeweils spezifischen Entwicklungsproblemen zu kämpfen haben. Ob in verschiedenen Regionen auch unterschiedliche Ideen und Umsetzungsstrategien des Einmischens erforderlich und möglich sind und wie sie aussehen können, ist die zweite Frage, der wir nachgegangen sind.

Die Artikel zur Regionalentwicklung in diesem Heft befassen sich mit unterschiedlichen Aspekten des Themas. Sie berichten aus verschiedenen Regionen sowohl über einzelne Bereiche der Planungspraxis als auch über theoretische Zusammenhänge. Die Autorinnen kommen aus den Fachrichtungen Stadt-/Raumplanung, Geographie, Soziologie, Politik, sodaß eine ganzheitliche Herangehensweise an das Thema möglich wurde. Dieses Heft soll damit Grundlage für eine Diskussion sein, die zu feministischem, regionalem und interdisziplinärem Weiterdenken und -handeln anregt.

Bedeutungswandel der Regionalentwicklung – unterschiedliche Konsquenzen für Frauen

Während die Stadtentwicklung der 80er Jahre von Suburbanisierungsprozessen und der Diskussion um „schrumpfende Städte" (Häußermann/Siebel 1987) geprägt war, führte ein erneuter Wachstumsschub Ende des Jahrzehnts zu einer dynamischen Entwicklung unserer Städte. Das in den vorangegangenen Jahren schon augenscheinlich gewordene Regionalgefälle innerhalb der BRD verschärft sich heute noch und stört so das siedlungsstrukturelle Gleichgewicht nachhaltig. Im Zuge der Realisierung des Europäischen Binnenmarkts bilden sich neue räumliche Konstellationen. Einzelne Regionen erfahren aufgrund ihrer guten geographischen und verkehrstechnischen Lage und ihrer wirtschaftlichen Bedeutung im europäischen Städtesystem stärkere Wachstumsimpulse als andere, peripher gelegene Räume.

Ebenso gibt es spürbare Veränderungen innerhalb der einzelnen Regionen. Der Stadt-Land Gegensatz zeigt sich zwar noch im Vergleich zwischen metropolitanen Wachstumsregionen und strukturschwachen ländlich geprägten Räumen, das Umland wird tendenziell aber immer stärker zur Übernahme von Teilfunktionen der Zentren herangezogen. Nicht nur der wenig Rendite versprechende Wohnungsbau wird an die Peripherie verlagert, sondern mehr und mehr auch die weniger finanzkräftigen (überwiegend produktionsorientierte) Unternehmen mit dementsprechend weniger qualifizierten Arbeitsplätzen. Die Umlandgemeinden verschmelzen immer stärker mit den Kernstädten und haben so nicht nur Anteil an deren Prosperität, sondern mindestens ebenso an deren Problemen.

Es gibt verschiedene Theorien, die an anderer Stelle die Ursachen der überlokalen und globalen ökonomischen Entwicklungen, die diese stadtstrukturellen Veränderungsprozesse beeinflussen, analysieren. Unser Thema hier sind die Symptome und Auswirkungen dieser Veränderungen.

Haupterscheinungsform der weltweiten ökonomischen Vernetzung ist sicherlich die sich verschärfende inter- und intraregionale Konkurrenz. Die Eigendynamik dieser Städtekonkurrenz beschneidet zunehmend den Handlungsspielraum der Kommunen, die sich im grundlegenden Widerspruch zwischen Investoreninteressen und Bedürfnissen ihrer BewohnerInnen befinden (vgl. Annalie Schoen und Veronika Honold)[1].

Bis heute weitgehend fehlende regionale Steuerungsinstrumente gewinnen vor diesem Hintergrund an Bedeutung. Nur durch eine auf interkommunale Kooperation aufbauende regionale Steuerung, können die negativen Auswirkungen der Konkurrenz um prosperierende Anteile des Wirtschaftsmarktes ausgeglichen werden.

Diese Konkurrenz zwischen Städten und Regionen spielt sich auf verschiedenen Ebenen ab. „Die Ebenenproblematik, die Zugehörigkeit zu bestimmten typischen und damit vergleichbaren räumlichen Konfigurationen (Ebenen) wird (...) für die Entwicklung dieser Räume entscheidender als z.B. die rein quantitative Zuordnung nach Größe und Lage. Um es plastischer auszudrücken: wir können sagen, daß ähnlich wie beim Fußball die Städte in unterschiedlichen Ligen 'spielen', wo sie jeweils nach ihrem Leistungsstand miteinander konkurrieren und nur durch Aufstieg oder Abstieg in eine andere Liga (Ebene) kommen können." (Strubelt 1990:9).

Die Herrschaftsstrukturen, die sich im Fußball manifestieren (die Anzahl der Tore entscheidet über die Rangordnung und nicht etwa die geringste Anzahl von Verletzungen oder das friedlichste Publikum), zeigen sich auch darin, daß ausschließlich der wirtschaftliche Status einer Region in der Städtehierarchie entscheidend ist.

Uns interessiert in diesem Zusammenhang wie sich der offensichtliche Widerspruch zwischen dem Wirtschaftsrang und der Lebensqualität in unterschiedlichen Regionstypen auf den Alltag von Frauen auswirkt.

Regionstypen

Bezogen auf die Bundesrepublik Deutschland lassen sich nach ihrer wirtschaftlichen Bedeutung ganz grob drei Typen von Regionen mit spezifischen Entwicklungsproblemen unterscheiden: Metropolregionen, die mit dem Wachstum zu kämpfen haben, altindustrielle Regionen, die Probleme mit dem Strukturwandel bewältigen müssen und ländliche Regionen, die vor den Schwierigkeiten des Schrumpfens stehen.

In den neuen Bundesländern finden sich zudem altindustrielle Regionen, die erst jetzt sehr unvermittelt dem Strukturwandel ausgesetzt sind und daher die spezifischen Probleme verschärft erleben. (Dieses spezielle Thema werden wir voraussichtlich im nächsten Heft aufgreifen.)

Metropolregionen

Diese Metropolregionen sind in erster Linie von einem zunehmend polarisierten Arbeitsmarkt geprägt. Hier befindet sich der höchste Anteil an Dienstleistungsunternehmen, von einfachen Handelsbetrieben bis hin zu Verwaltungszentralen internationaler Konzerne. Die wenigen hochqualifizierten Arbeitsplätze, die auch Frauen zur Verfügung stehen, sind hier angesiedelt. Aber obwohl in der Wirtschaftsforschung derzeit ein erheblicher Mangel an Führungskräften prognostiziert wird und so „vor allem von kleineren Firmen hochqualifizierte Frauen zunehmend als Begabungsreserve für Positionen im mittleren Management entdeckt" werden, (Borst 1993:8) gibt es gerade in den Metropolregionen ein hohes Maß an unqualifizierten und schlecht bezahlten Arbeitsplätzen für Frauen in den untersten Hierarchieebenen.

Die Benachteiligung von Frauen vervielfältigt sich, wenn sie als Minderqualifizierte in ungeschützten und gering entlohnten Arbeitsverhältnissen stehen, daher keine bezahlbare Wohnung finden, schon gar nicht wenn sie alleinerziehend sind, daher ins Umland ausweichen müssen und dort, als Familiengebundene, den wachsenden Mobilitätserfordernissen nicht mehr genügen können. Selbst im metropolitanen Raum berücksichtigt die Verkehrspolitik die Situation von Frauen nicht, die häufig mehrere, auch kürzere Wege (Kindergarten- Arbeitsplatz-Einkaufen) miteinander koordinieren müssen (vgl. Christine Bauhardt und Sabine Baumgart).

Nicht nur deshalb wird in Metropolregionen häufig mit der Tradition „Familie" gebrochen. Neue Lebensformen, wie Singlehaushalte, ehelose Partnerschaften, Wohngemeinschaften und Alleinerziehende, setzen sich durch. (vgl. Marianne Rodenstein, Stephanie Bock und Susanne Heeg)

Die Vereinbarkeit von Erwerbs- und Reproduktionsarbeit wird besonders dadurch erschwert, daß kaum qualifizierte Teilzeit-Arbeitsplätze angeboten werden, und „die beruflich erfolgreiche Frau nicht durch Kinder oder Partnerschaft (...) behindert" sein darf. (Borst 1993:81)

Altindustrielle Regionen

Der Wandel der Wirtschaftsstruktur, von der oft monostrukturellen Industrieregion hin zur „hochwertigen Dienstleistungsgesellschaft", führt in den altindustriellen Regionen zu massiven Veränderungen der Beschäftigungsstruktur, von denen vor allem Frauen betroffen sind. Als Folge struktureller Benachteiligung, die sich überwiegend in geringeren Einkommen, fehlender sozialer Absicherung und unqualifizierter Arbeit zeigt, gewährleistet die Erwerbsarbeit Frauen oftmals nicht einmal eine ausreichende Existenzsicherung.

Die traditionelle Rollenverteilung wird so weitgehend gestützt und die Abhängigkeit vom Gehalt des Mannes und der Institution Familie durch die vorhandene relativ hohe Arbeitslosigkeit – v.a. im Osten Deutschlands – noch zusätzlich verschärft.

Teilzeitarbeit, die überwiegend von Frauen angenommen wird, begünstigt zwar die Vereinbarkeit von Erwerbs- und Familienarbeit, aber der Preis dafür sind schlechte Arbeitplatzbedingungen, Abhängigkeit und bedeutet letztendlich keine grundlegende Infragestellung der Doppelbelastung. (vgl. Stefani Miseré)

Ländlichen Regionen

Im ländlichen, sogenannten „strukturschwachen" Raum wirkt sich das Fehlen von qualifizierten Frauenarbeitsplätzen besonders auf die Lebensformen aus. Hohe Mobilität und flexible Lebensgestaltung sind in ländlichen Regionen eine notwendige Voraussetzung, um oft weit entfernte Arbeitsplätze erreichen zu können. Für Frauen mit Kindern ist das nahezu ausgeschlossen, da sie eine Vielzahl von Wegen (Versorgung, Kinderbetreuung, Erwerbsarbeit) miteinander koordinieren müssen (vgl. Silvia Körntgen und Karin Drach). Die Schwierigkeit für Frauen auf dem Land mobil zu sein – ein eigenes Auto steht ihnen oft nicht zur Verfügung, verringert die Möglichkeiten Erwerbs- und Reproduktionsarbeit vereinbaren zu können und erschwert es zusätzlich, von traditionellen Lebensformen abzuweichen. Diese Traditionen verhindern gleichzeitig immer noch häufig einen gleichberechtigten Zugang zu Bildung, Aus- und Fortbildung, als Voraussetzung einer selbstbestimmteren Lebensweise – ein Kreislauf, dessen Durchbrechen sich oft als unmöglich erweist. (vgl. Michaela-Christine Zeller)

In allen Regionstypen steht die Frage nach den Erwerbsmöglichkeiten für Frauen im Vordergrund und macht deutlich, wie sehr das Alltagsleben von Frauen von der ökonomischen Situation dominiert wird, auch wenn sie sich jeweils unterschiedlich darstellt. Deutlich wird auch, wie wenig das Bedürfnis nach vielfältigen Lebensformen und dem Aufbrechen der herkömmlichen Rollenverteilung zu verwirklichen ist. An diesen beiden Punkten müssen Handlungsansätze greifen.

Regionalbewußtsein – Regionale Identität

So unterschiedlich sich die Regionen darstellen, in zahlreichen Diskussionen und Artikeln zum Thema Regionalentwicklung tauchen immer wieder die Begriffe Regionalbewußtsein und regionale Identität auf. Das Fehlen dieser Identität, so wird bemängelt, führe dazu, daß nicht kooperatives Handeln, sondern Konkurrenzdenken die regionale Entwicklung leite.

Doch wer soll sich eigentlich der Region bewußt werden, wer soll sich mit ihr identifizieren?

Die Konzepte, die als Strategie zur Bildung eines Regionalbewußtseins vorgeschlagen werden, setzen auf allen möglichen Ebenen an: politische Neuordnungen, Regionalplanung, regionale kulturelle Einrichtungen und vor allem eine regionale Wirtschaftsförderung.

Insgesamt zeigt sich, daß die Region in erster Linie als Wirtschaftsregion gesehen wird, da der ökonomische Status über die Stellung in der Städtehierarchie entscheidet. Die Region soll als möglicher Standort ins Bewußtsein von Unternehmen rücken, bei Metropolregionen, wie z.B. Berlin, soll die europa- oder gar weltweite Bedeutung bewußt werden (vgl. Kerstin Dörhöfer). Andere Regionen betonen ihre Vorzüge als preisgünstige Standorte oder identifizieren sich mit einem bestimmten Wirtschaftszweig.

Wirtschaftsregion

Am Beispiel Ruhrgebiet wird jedoch deutlich, daß ein Wirtschaftszweig, in diesem Fall die Kohle- und Stahlindustrie, auch für die gesamte Bevölkerung identitätsstiftend sein kann. Auch in Hafenstädten hat der dominierende Wirtschaftsfaktor identitätsstiftende Wirkung, selbst für Frauen, die nur über ihre erwerbstätigen Männer am Leben im Hafen teilhaben. Wenn aber andere Identifizierungsmöglichkeiten fehlen, geht mit der Strukturveränderung in der Wirtschaft auch das Heimatgefühl, die Verbundenheit der Bevölkerung mit ihrer Region verloren.

So problematisch der Heimatbegriff nach dem Mißbrauch durch die Nationalsozialisten auch ist, drückt er in seiner ursprünglichen Bedeutung doch genau das aus, was die rein ökonomische Betrachtungsweise von Region vermissen läßt. Denn in den seltensten Fällen verbindet sich der Gedanke an eine Region als Heimat mit dem dort vorherrschenden Wirtschaftssektor. „Heimatliche Gefühle" entstehen in anderen Bereichen: auf soziokultureller, auf historisch-zeitlicher und auf baulich-räumlicher Ebene (Spiegel 1991).

Region als „Heimat"

Bei ländlichen Regionen wird es besonders augenscheinlich, wie sehr kulturelle Tradition und soziale Kontakte das persönliche regionale Empfinden prägen. Aber auch in anderen Regionstypen bilden FreundInnen und Verwandte, ebenso wie Arbeitsplatz und Freizeitgestaltung, die Grundlage für das Erfahren einer Region als zusammengehörige Einheit. Dabei spielt die Möglichkeit der „Erfahrbarkeit" des Raums im wörtlichen Sinn, also der Bewegungsradius, für die subjektive Wahrnehmung eine wesentliche Rolle. Frauen, die in ihrer Mobilität oft auf unzureichenden öffentlichen Nahverkehr angewiesen sind, grenzen „ihre" Region daher anders ein, als das politische Grenzen und wirtschaftliche Interessen tun.

Die historisch-zeitliche Dimension, also nicht nur die gemeinsame politische und gesellschaftliche Geschichte, sondern auch die persönliche Lebensgeschichte, persönliche Erinnerungen und Erfahrungen prägen das subjektive Bild einer Region ebenso wie geographische, landschaftliche und bauliche Eigenheiten.

Regionale Vernetzung – Feministische Perspektiven

Eine kritische Auseinandersetzung mit dem von Männern geforderten und dem durch Alltagswahrnehmung geprägten eigenen „Regionalbewußtsein" ist notwendig, um auf der Ebene von Regionalplanung und regionaler Entwicklung mitmischen und Entscheidungen beeinflussen zu können. Damit nicht ein ausschließlich auf ökonomischen Interessen fußendes regionales Bewußtsein die Entscheidungen vorwegnimmt, müssen Frauengruppen, -verbände, Politikerinnen auf eine regionale Vernetzung hinarbeiten, auf ein Bewußtsein der Region, das von eigenen Bedürfnissen und nicht nur von überlokalen Wirtschaftsinteressen bestimmt ist.

Eine Region ist Wirtschaftsraum und Lebensraum. Diese beiden Sichtweisen müssen in Einklang gebracht werden, um auf wichtigen Planungsebenen auf eine menschen- und umweltorientierte Veränderung hinwirken zu können.

Feministische Planung hat auch auf Regionalplanungsebene Ansatzpunkte ihre Ziele umzusetzen.

Voraussetzung ist eine differenziertere, geschlechtsspezifische Datenerfassung, die, gestützt durch von Fachfrauen erstellte Gutachten, ein Bild der tatsächlichen Lebenssituation von Frauen liefert. (vgl. Ute Hünlein) Auf dieser Grundlage kann durch eine Verschiebung der Planungsschwerpunkte von der reinen Wirtschaftsförderung hin zum Thema Nutzungsmischung und hin zu sozialen und kulturellen Aspekten den Anforderungen von Frauen an ihre Region Rechnung getragen werden. Schon durch eine stärkere Vertretung von Frauen in den entscheidenden Gremien und in allen Planungsphasen, so z.B. auch durch Anerkennung von Vereinen wie FOPA als Trägerinnen öffentlicher Belange und durch die Einrichtung von Frauenbeiräten, könnte die Einbeziehung weiblicher Lebensumstände in die Planung verbessert werden. Hier zeigt sich die Notwendigkeit der (regionalen) Vernetzung der verschiedenen Frauengruppen und -verbände, durch die eine effektive Vertretung vielfältiger Frqueninteressen möglich wird. (vgl. Hanne Schäfer)

Dabei müssen Ansätze regionsspezifisch erarbeitet und die besonderen Probleme der Frauen in den jeweiligen Regionen berücksichtigt werden. In „Frauenplänen", die in die Regionalpläne integriert sind, könnten die Konzepte umgesetzt werden, ähnlich der integrierten Landschaftsplanung. Während Regionalplanung bisher in erster Linie auf wirtschaftliches Wachstum ausgerichtet ist, würde eine „integrierte Regionalplanung" so in gleichem Maße die Bedeutung einer Region für ihre BewohnerInnen als Ort für die Verwirklichung individueller Lebensentwürfe berücksichtigen. Feministische Planungsinhalte müssen über die Ebene der Regionalplanung hinaus auf ähnliche Weise auch in die Planungen auf Landesebene (Landesraumordnungsprogramme u.ä.) Eingang finden. (vgl. Uta Bauer)

Parallel zu dieser strategisch-pragmatischen Herangehensweise, die sich innerhalb der bestehenden Strukturen bewegt, muß unsere Phantasie und Energie ausreichen, diese Herrschaftsstrukturen zu hinterfragen und gerechtere Formen des Miteinanders zu erfinden.

Stefanie Klinkhart, Dipl.-Ing. Architektur, geb. 1962, z.Zt. Städtebaureferendarin, Frankfurt, FOPA Rhein-Main.

Christina Kleinheins, Dipl.-Ing. Architektur, geb. 1963, z.Z. Städtebaureferendarin, Essen, FOPA Rhein-Main.

Anmerkung

[1] Hinweise in Klammern ohne Jahresangabe beziehen sich auf Artikel in diesem Heft.

Literatur

Blum, Andreas/Kleinheins, Christina/Klinkhart, Stefanie (1992): Gewerbeplanung als Faktor der räumlichen und sozialstrukturellen Stadtentwicklung. Unveröffentlichte Diplomarbeit, TH Darmstadt.

Borst, Renate (1993): „Frauen und sozialräumliche Polarisierung der Stadt". In: FOPA (Hg.). Raum greifen und Platz nehmen. Freiräume. Sonderheft 1992/93. Zürich/Dortmund.

Häußermann, Hartmut/Siebel, Walter (1987): Neue Urbanität. Frankfurt/Main.

Spiegel, Erika (1991): „Region und Regionalbewußtsein". Vortrag auf einer Podiumsdiskussion des Umlandverbands Frankfurt „Vorbereitet auf das Europa der Regionen? Ballungsräume und ihr Regionalbewußtsein" am 12.12.91 in Bad Homburg.

Strubelt, Wendelin/Schön, Karl Peter (1990): „Entwicklungen und Probleme der Agglomerationsräume in Deutschland". Konzept für einen Arbeitskreis der Akademie für Raumforschung und Landesplanung. Bonn.

Stephanie Bock
Susanne Heeg
Marianne Rodenstein

Reproduktionsarbeitskrise und Stadtstruktur: Eine feministische Betrachtung von Agglomerationsräumen

Aussagen über die Entwicklung von Agglomerationsräumen in der Bundesrepublik suchen in der Regel Fragen zu beantworten, mit denen Feministinnen nicht zufrieden sein können. Ihre Interessen und die vieler Frauen finden sich dort nicht wieder, da im männlich dominierten Diskurs über Stadt- und Raumentwicklung weder ihre Vorstellungen von einem Ausgleich des Machtgefälles von Männern zu Frauen noch ihre Vorstellung von der Gleichheit der Chancen im Beruf und Privatleben, verbunden mit der Aufwertung der reproduktiven, heute überwiegend von Frauen ausgeübten Tätigkeiten, enthalten sind.

Die folgenden Ausführungen sind ein Versuch, dem herrschenden Diskurs über die heutige Stadt- und Raumentwicklung in der BRD eine feministische Perspektive gegenüberzustellen, in der die Dynamik des Reproduktionsbereichs mit der der Stadtentwicklung in Beziehung gesetzt wird.

Voraussetzung dafür ist eine bis heute kaum erfolgte geschlechtsdifferenzierende Sicht der Agglomerationsräume. Da Frauen als Akteurinnen des städtischen Lebens sichtbar gemacht werden sollen, wird hier nun eine Sicht der Agglomerationsräume vorgestellt, die eine Erweiterung der bisherigen Perspektive auf die Reproduktionsbedingungen bringen und zu neuen Problemsichten und Entwicklungsperspektiven führen soll.

Dazu werden zunächst, aufbauend auf dem Zusammenhang von Frauenerwerbstätigkeit, und Wandel der Reproduktionsarbeit in historischer Perspektive die aktuelle Dynamik von Erwerbs- und Reproduktionsarbeit im Modell der Reproduktionsarbeitskrise entwickelt und die Auswirkungen auf die Stadtstruktur beschrieben. Auf die besondere Bedeutung der lokalen Erwerbsarbeitsmärkte für die Bewältigung der Reproduktionsarbeitskrise wird im dritten Teil hingewiesen.

Frauenerwerbstätigkeit und Wandel der Reproduktionsarbeit

Die Dynamik der Reproduktionsarbeit ist von vielerlei Bedingungen abhängig. Für die Frage jedoch, wie und in welchem Umfang die Reproduktionsarbeit (Haushalt, Kindererziehung) geleistet wird, ist es vor dem Hintergrund der geschlechtlichen Arbeitsteilung entscheidend, ob Frauen erwerbstätig sind.

Deshalb soll zunächst die Entwicklung der Frauenerwerbstätigkeit in ihrer Bedeutung für die zu leistende Reproduktionsarbeit und Reproduktionsbedingungen in Deutschland betrachtet werden.

Historisch lassen sich (außer in Kriegszeiten) bei etwa gleichbleibender Erwerbsquote der Frauen vier Phasen der Erwerbstätigkeit von Frauen feststellen:

▷ Seit Beginn der Industrialisierung ist es die außerhäusliche Erwerbstätigkeit der Ehefrauen von Arbeitern, die von bürgerlichen Kreisen u.a. für die schlechten Reproduktionsbedingungen der Arbeiterfamilien verantwortlich gemacht wurde. Die bürgerliche familiale Arbeitsteilung, bei der nur der Mann verdient und die Frau sich um Haus, Kinder und Ehemann kümmert, erschien bürgerlichen Kreisen als Vorbild für die proletarischen Familien, die in diesem Sinne reformiert werden sollten.

▷ Verstärkt seit den 20er Jahre werden mit der Ausweitung des tertiären Sektors nun auch bürgerliche Frauen, in der Regel jedoch unverheiratete, außerhäuslich erwerbstätig. Für die Beibehaltung der traditionellen Arbeitsteilung in der bürgerlichen Familie, die durch die Erwerbstätigkeit der Frauen gefährdet schien, wurde gleichzeitig mit Kampagnen zur Steigerung der Attraktivität der Ehe, zur Erleichterung der Hausarbeit etc. geworben.

▷ In den 60er Jahren beginnen immer mehr Ehefrauen berufstätig zu werden. Sie sind dies in der Regel vor der Geburt des ersten Kindes und nachdem die Phase intensiver Kinderbetreuung beendet ist (Drei-Phasen-Modell). Die Reproduktionsarbeit wird allerdings weiterhin als eigentliche Lebensaufgabe der Frau betrachtet; sie darf durch eine Erwerbstätigkeit nicht allzusehr in Mitleidenschaft gezogen werden (vgl. Eckart 1986).

▷ Schließlich beginnt eine vierte Welle der Frauenerwerbstätigkeit in der Bundesrepublik in den 70er Jahren, die nun auch verstärkt verheiratete Frauen mit kleinen Kindern erfaßt. Sie zeigt, daß kontinuierliche Erwerbstätigkeit der Frau zunehmend „normal" wird.[1]

Diese Ausweitung der Frauenerwerbstätigkeit wurde begleitet von einer Erosion des traditionellen Verständnisses der geschlechtlichen Arbeitsteilung und allgemein des Geschlechterverhältnisses. Zwischenzeitlich ist bei jüngeren Frauen ein gesteigertes Interesse an partnerschaftlich geprägten Lebensentwürfen feststellbar (vgl. Hess-Diebäcker/Stein-Hilbers 1989). In dem Maße, in dem Frauen selbstverständlich Erwerbstätigkeit in ihren Lebensentwurf einplanen, lehnen sie es zunehmend ab, alleine für Kinder und Hausarbeit zuständig zu sein (vgl. Seidenspinner/Burger 1982). Die Realität des Geschlechterverhältnisses spricht allerdings eine andere Sprache als das Ideal der partnerschaftlichen Beziehung: So wird in empirischen Untersuchungen eine weiterhin gültige traditionelle Arbeitsteilung in den Familien mit Zuarbeiten des Mannes und Hauptverantwortung der Frau bei der Erledigung der Haus- und Erziehungsarbeit festgestellt (vgl. Eckart 1990; Speil u.a. 1987). Diese Verhältnisse können sich aufgrund der Unzufriedenheit der Frauen mit dem traditionellen Rollenverhalten des Mannes belastend auf die Beziehungen auswirken. Die Schwierigkeiten der Vereinbarkeit von Beruf und Familie verdeutlichen, warum andere Formen der Bewältigung der Reproduktionsarbeit abseits des traditionellen Eheverhältnisses wie z.B. unverheiratet Zusammenleben, Alleineleben, Alleinerziehen usw. zunehmen (vgl. Meyer/Schulze 1989; Spiegel 1986)[2].

Diese Entwicklungen hin zu alternativen Reproduktionsformen werden hier als Ausdruck bzw. Lösungsversuche einer Reproduktionsarbeitskrise interpretiert, deren Dynamik, wie zu zeigen sein wird, die Entwicklung der Stadtstruktur bzw. des Agglomerationsraumes mitbeeinflußt.

Wenn Frauen erwerbstätig werden, muß sich das traditionelle bürgerliche Modell der familialen Reproduktion verändern. Die nichtentlohnte Arbeit für die Reproduktion, Hausarbeit und Kindererziehung, gerät in eine Krise, weil die Reproduktionsarbeit nicht mehr im gesamten bisherigen Umfang von den Frauen übernommen werden kann, und in unserer patriarchalen Kultur andere Instanzen (Familienväter, Staat, Wirtschaft) die erkennbaren Defizite nicht in adäquatem Maße ausgleichen können oder wollen.

Die Krise der Reproduktionsarbeit ergibt sich somit daraus, daß sich die weibliche Geschlechtsrolle erheblich gewandelt hat (Erwerbstätigkeit und gleichberechtigte Partnerschaft gehören zum Selbstverständnis dieser Rolle), die männliche Geschlechtsrolle sowie die Erwerbsarbeitsbedingungen jedoch nicht in gleichem Maß. Dadurch entsteht eine Asymmetrie der Rollenerwartungen, die vor allem dort zur Krise führt, d.h. zu Auseinandersetzungen und Konflikten um unvereinbare Erwartungen, wo es aus der Sicht der Frauen um gemeinsam zu bewältigende Aufgaben geht, wie die Arbeitsteilung in der Familie bzw. die Reproduktionsarbeit.

Die Krise der Reproduktionsarbeit kann viele Formen annehmen. Sie kann sich in der unterdrückten oder offenen Unzufriedenheit der Frauen mit dem Arrangement, das getroffen wird, äußern. Sie kann die emotionalen Beziehungen zwischen den Partnern beeinflussen. Sie kann sich auf vielfältige Weise auf die Kinder auswirken, oder sie kann durch geeignete Formen der Organisation der Reproduktionsarbeit zur Zufriedenheit gelöst werden.

Die Krise der Reproduktionsarbeit ist also latent als gesellschaftliches Faktum mit der derzeitigen Struktur der Geschlechterrollen und Erwerbsarbeitsstrukturen gegeben. Sie wird subjektiv heute von jeder Frau (und in der Folge auch von Männern) erlebt und beeinflußt Frauen in ihrer Lebensgestaltung – sei es, daß sie sich der strukturell gegebenen Krise aussetzen und sie zu bewältigen suchen, sei es, daß sie die Aktualisierung der Krise vermeiden.

Die Formen der Bewältigung der Krise werden ermöglicht und beeinflußt durch die Angebote, die der Agglomerationsraum mit seinem Arbeitsmarkt, seinem Wohnungsmarkt, den Möglichkeiten der Kinderbetreuung sowie seinem Angebot an Verkehrsmitteln bietet. Die Stadt mit ihrer spezifischen Infrastruktur stellt sowohl für Frauen als auch für Männer die materiale Grundlage der Lebensgestaltung dar; anders aber als bei Männern strukturiert das städtische Angebot z.B. an Kinderversorgungs-, Erwerbsarbeits-, Wohnmöglichkeiten usw. die potentielle Lebens- und Reproduktionsform von Frauen. Denn für Frauen gilt, daß sie je nach der Zusammensetzung des lokalen Wirtschaftslebens mit einem mehr oder minder umfangreichen Pool an existenzsichernden Erwerbsarbeitsmöglichkeiten konfrontiert sind. Ähnlich wie die Chancen zu einer existenzsichernden Erwerbstätigkeit formt auch der lokale Wohnungsmarkt die möglichen Reproduktionsformen. Das relativ geringe Einkommen von Frauen im Verhältnis zu Männern begrenzt ihren Zugang zu finanzierbarem Wohnraum und stellt somit oftmals eine Barriere für die weitere Auflösung der ehegebundenen Reproduktionsform dar. Es ist davon auszugehen, daß der enge Wohnungsmarkt, die hohen Mieten und das relativ geringe Einkommen der Frauen ein nicht seltener Grund für so manchen Familienzusammenhalt darstellen, der sich unter günstigeren äußeren Bedingungen längst aufgelöst hätte.

Auch die nicht ausreichende Quantität und Qualität der öffentlichen Kinderversorgung hemmt die Entwicklung befriedigenderer Reproduktionsformen, denn die krude Realität einer unzureichenden – ganztägigen – Kinderversorgung zwingt Frauen, die Erwerbstätigkeit zu reduzieren bzw. aufzugeben. Damit stehen sie vor der Alternative entweder sich auf das Einkommen des Mannes zu verlassen oder Sozialhilfe zu beantragen.

Die städtische Struktur stellt somit den Rahmen dar für die möglichen Alternativen im Umgang mit der aktuellen bzw. potentiellen Krise der Reproduktionsarbeit. Sie kann als Katalysator oder als Barriere auf dem Weg hin zu der Entwicklung befriedigender Formen der Vereinbarung von Erwerbs- und Reproduktionsarbeit dienen. Allerdings darf das Verhältnis zwischen Stadtstruktur und Reproduktionsbedingungen bzw. Reproduktionsarbeitskrise nicht als ein einseitiges gesehen werden. So stellt das spezifische Stadtgefüge nicht nur den Rahmen für den Umgang von Frauen mit der Reproduktionsarbeitskrise dar, sondern die Reproduktionsarbeitskrise und die damit verbundenen Folgen, z.B. Veränderung der Reproduktionsformen, bewirken auch eine Veränderung der städtischen Strukturen. In diesem Zusammenhang müssen die Gentrificationprozesse analysiert werden: das Durchsetzen „neuer Lebensstile" in innerstädtischen Quartieren ist unter anderem eine Folge eines veränderten Selbstbildes und Verhaltens von Frauen. In den zentral gelegenen Wohnquartieren scheint für viele Frauen eine relativ befriedigende Vereinbarung von Erwerbsarbeit und Reproduktionsarbeit abseits des traditionellen Geschlechterverhältnisses eher möglich.

Doch nicht nur in dieser Hinsicht zieht die Reproduktionsarbeitskrise Veränderungen im städtischen Gefüge nach sich, auch die Novellierung des § 218 mit der Auflage der bedarfsgerechten Ausstattung der Kommunen mit Kindergärten würde darauf Einfluß nehmen. Das neue Gesetz ist vermutlich eine Reaktion auf den Geburtenrückgang und insofern als eine Maßnahme zu bewerten, die die Schwierigkeiten von Frauen zwischen Beruf und Familie, also eine veränderte Reproduktionsarbeitskonstellation, anerkennt. Allerdings wurde es durch das Urteil des Bundesverfassungsgerichts vom 28.5.1993 aufgehoben.

Die derzeitige Stadtstruktur und der Wohnungsmarkt stellen also den Hintergrund für mehr oder weniger befriedigende Lösungen der Reproduktionsarbeitskrise dar, aber auch die Reproduktionsarbeitskrise und ihre Auswirkungen nehmen Einfluß auf das sich im Umbruch befindende städtische Gefüge.

Der lokale Arbeitsmarkt für Frauen

Einen zentralen Stellenwert für die Art der Lösung der Reproduktionsarbeitskrise nimmt der lokale Arbeitsmarkt ein: Untersuchungen belegen, daß die soziale Absicherung aus dem Erwerbsleben tendenziell die Lebensform beeinflußt, d.h. daß gut abgesicherte Frauen, die auch hoch qualifiziert sind, weniger häufig verheiratet sind und zu „alternativen" Lebensformen tendieren, um die Erwerbstätigkeit mit ihrem Privatleben zu vereinbaren.

Für die Dynamik des Reproduktionsbereichs ist deshalb der lokale Arbeitsmarkt nicht nur von Bedeutung, weil hier die Arbeitsplätze für Frauen zu finden sind, sondern weil seine Zusammensetzung auch darüber entscheidet, ob und in welcher Anzahl Frauen existenzsichernde Beschäftigungsmöglichkeiten finden, die ihnen prinzipiell eine auf nur einem Verdienst aufbauende Reproduktionsform ermöglicht.

Der Dienstleistungssektor stellte die treibende Kraft für die Integration der Frauen in den Arbeitsmarkt dar (Willms-Herget 1985; Gottschall 1989; Teubner 1989).

Mit der Expansion der Angestelltentätigkeiten seit den 60er bis Anfang der 80er Jahre öffneten sich für Frauen auch qualifizierte Tätigkeitsfelder: bei Banken und Versicherungen, der öffentlichen Verwaltung und dem Gesundheitswesen, dem Handel und bei Industrieverwaltungen einzelner Branchen wie Maschinenbau-, Elektro-, Chemie-, Nahrungs- und Genußmittelindustrie.

Entsprechend der Qualifikationen entwickelten sich aber auch erhebliche Unterschiede in der Möglichkeit der eigenen Existenzsicherung der Frauen.

Gleichzeitig ist zwischen 1980 und 1985 der Anteil der teilzeitarbeitenden Frauen von ca. 30 % auf 37,9 % der abhängig beschäftigten Frauen angewachsen; das bedeutet, daß mindestens 2/5 der abhängig beschäftigten Frauen Arbeitsplätze hatten, die keine eigene Existenzsicherung ermöglichen.³

Die Arbeitslosenquote der Frauen betrug 1986 10,2 %. Heute beträgt sie in Westdeutschland 7,8 %, in Ostdeutschland 18,6 % (Januar 1993).

Vom Angebot an existenzsichernden Arbeitsplätzen für Frauen wird es künftig abhängen, ob alleinstehende Frauen (mit Kindern), für die die Ehe als Existenzsicherungsform keine Alternative (mehr) ist, zunehmend verarmen.

Unter der Prämisse, daß die Entwicklung neuer Reproduktionsformen von der Möglichkeit der existenzsichernden Erwerbstätigkeit von Frauen beeinflußt ist, ist zu fragen, wie sich bei einer Fortschreibung der derzeitigen Tendenzen auf dem Arbeitsmarkt die Reproduktionsformen weiterentwickeln werden.

Sind die geringen Verdienstmöglichkeiten auf dem Arbeitsmarkt ein Grund zum Festhalten an Ehe (und Kindern)? Ist die Polarisierung von Verdienstmöglichkeiten zwischen Frauen, die die derzeitige Erwerbssituation für Frauen mit sich bringt, auch Anlaß für eine weitere Polarisierung in den Reproduktionsmustern (arm und verheiratet vs. wohlhabend und alleinlebend)?

Inwieweit qualifizierte bzw. unqualifizierte Frauen Chancen auf dem Arbeitsmarkt haben und ihre Form der Reproduktionsarbeit „wählen" können, hängt neben den oben genannten Faktoren von der regional unterschiedlichen Branchenzusammensetzungen lokaler Arbeitsmärkte ab.

Die örtliche Wirtschaftsstruktur und das damit gegebene Angebot an Erwerbsarbeitsplätzen für Frauen steckt die Grenzen ab, innerhalb deren die Formen der Reproduktionsarbeit variieren können.

Deshalb müßten die Agglomerationsräume nach den unterschiedlichen Möglichkeiten, die sie für die Frauenerwerbstätigkeit bieten, beschrieben werden. Dementsprechend unterschiedlich verhalten sich – so die These – auch die Reproduktionsformen, und es lassen sich verschiedene Typen von Agglomerationsräumen unterscheiden, die für die Bewältigung der Reproduktionsarbeitskrise andere Rahmenbedingungen stellen.

„Moderne" Agglomerationsräume mit einem hohen Anteil an tertiären Funktionen bieten wahrscheinlich bessere Arbeitsmöglichkeiten als „traditionelle" Agglomerationsräume mit einer altindustriellen Wirtschaftsstruktur. So ergeben sich als Annahme zwei polare Typen, wenn man zum einen eine traditionelle Wirtschaftsstruktur (im Umbruch) wie im Ruhrgebiet, die eher zu den noch ehegebundenen Reproduktionsmustern führt, zum anderen eine moderne Wirtschaftsstruktur wie in den „Dienstleistungszentren" mit einer Zunahme der nichtehegebundenen Reproduktionsmuster vor Augen hat.

Darüber hinaus erhält der traditionelle Typ durch die neuen Bundesländer eine ostdeutsche Variante.

Wir begreifen diese Typen als erste Hypothesen, die in weiterführenden Untersuchungen der oben genannten städtischen Räume überprüft und differenziert werden könnten.

Der traditionelle Typ (West)
▷ Die ökonomische Struktur ist durch einen hohen Anteil von Beschäftigten im produzierenden Gewerbe, einen hohen Anteil männlicher Beschäftigter, einen hohen Anteil Arbeitsloser (Bergbau, Stahl, Werften) gekennzeichnet. Die Frauenerwerbsquote ist relativ niedrig, die Beschäftigung wird noch weitgehend als Zuverdienst zu dem Einkommen des Mannes verstanden.
▷ Traditionelle, ehegebundene Reproduktionsformen sind noch weit verbreitet (verheiratet, in einem Haushalt lebend, der Ehemann ist der Hauptverdiener).

Der traditionelle Typ (Ost)
▷ Die ökonomische Struktur ist noch weitgehend traditionell mit einem hohen Anteil an Beschäftigten im produzierenden Gewerbe und einem hohen Anteil männlicher und weiblicher Arbeitsloser.
▷ Traditionelle ehegebundene Reproduktionsformen sind weitverbreitet, wobei Mann und Frau (vor der Arbeitslosigkeit) vollberufstätig waren.

Der moderne Typ
▷ Die ökonomische Struktur ist in dem Sinne modern als sie einen hohen Anteil von Dienstleistungsfunktionen, sei es im Dienstleistungsbereich selbst, sei es im sekundären Sektor, umfaßt. Es gibt einen kleineren Anteil von qualifizierten, gut verdienenden Frauen und einen größeren, schlecht verdienender Frauen, so daß wir von einer Polarisierung der Erwerbsarbeitschancen von Frauen sprechen können.
▷ Die Reproduktionsformen sind überwiegend nicht traditionell, mit einem hohen Anteil an alleinlebenden Frauen bzw. an armen, alleinerziehenden Frauen, denen ein etwa gleich großer Anteil an verheirateten, erwerbstätigen Frauen mit Kindern gegenüber steht.

Beispielhaft soll die Typisierung an den am stärksten kontrastierenden Großstädten Duisburg als traditioneller Typ sowie Frankfurt (stark dienstleistungsorientiert) und München (relativ stark produktionsorientiert) als moderne Typen überprüft werden.

Ausgewählte Daten zeigen, daß die Zahl der weiblichen Erwerbstätigen in München (58,3 % der Frauen zwischen 15 und 65 Jahren) und

Frankfurt (57,3 %) höher liegt als in Duisburg (36,5 %). Dagegen sind die Frauen in München (40,4 %) und Frankfurt (42,3 %) seltener verheiratet als in Duisburg (47,3 %). Entsprechend umgekehrt verhält sich der Anteil der ledigen Frauen: München 37,8 %, Frankfurt 34,9 % und Duisburg 31,0 %. In Duisburg gibt es darüber hinaus neben geringeren Beschäftigungschancen für Frauen die höchste Hausfrauenquote[4] mit 49,3 %. In München (27,6 %) und Frankfurt (31,0 %) liegt diese Quote erheblich niedriger.

Selbst innerhalb der amtlichen Statistik finden sich demnach Anhaltspunkte dafür, daß die Frauenarbeitsmärkte in ökonomisch traditionellen und in modernen Agglomerationsräumen unterschiedlich ausgeprägt sind und die Ausdifferenzierung von Lebensformen als Ergebnis der Reproduktionsarbeitskrise ebenfalls unterschiedlich weit fortgeschritten ist.

Neben dem Arbeitsmarkt und den Reproduktionsformen wäre als nächster Schritt zu untersuchen, ob in diesen Typen auch unterschiedliche Bedingungen der städtischen Strukturen (Nähe von Wohnen und Arbeiten, Verkehrs- und soziale Infrastruktur), und des Wohnungsmarktes existieren und welche Probleme daraus für die Bewältigung von Reproduktionsarbeitskrisen folgen. Im Rahmen dieses Artikels können diese Perspektiven jedoch nur erwähnt werden.

Resümee

Auf die anfängliche Kritik an bisherigen Prognosen zur Entwicklung von Agglomerationsräumen zurückkommend, in denen die ökonomische Entwicklung ohne systematischen Bezug auf die Reproduktionsarbeit prognostiziert wird, zeigt sich jetzt, daß eine Reihe von Veränderungen und Problemen im städtischen Raum aus der Ausdifferenzierung der Reproduktionsformen resultieren, die im Zusammenhang mit der Erwerbstätigkeit von Frauen stehen. Nur eine Analyse, die den systematischen Zusammenhang zwischen Erwerbsarbeit und Reproduktionsarbeit begreift, hat die Probleme im Reproduktionsbereich, die gleichzeitig mit der ökonomischen Entwicklung entstehen, und ihre Folgen für die Kommunen im Blick. Daraus könnten entsprechende Maßnahmen abgeleitet werden. Man darf in diesem Zusammenhang jedoch nicht die gesellschaftlichen Ursachen der Reproduktionsarbeitskrise übersehen, die im Wandel der weiblichen Geschlechtsrolle bei gleichzeitig konstant gebliebener männlichen Rolle und einem unveränderten Erwerbsarbeitsleben liegen. Perspektiven zur Bewältigung der Reproduktionsarbeitskrise, die diesen Zusammenhang berücksichtigen, sind bisher in der Politik, auch in der Frauenpolitik, nicht sichtbar. Sie müssen aber entwickelt werden, wenn die gesellschaftlichen Kosten der Reproduktionsarbeitskrise nicht noch höher werden sollen. Eine solche Politik müßte Wege aufzeigen, wie sich das Geschlechterver-

Stephanie Bock, Dipl.-Geogr., geb. 1963, Regionalplanerin beim Regierungspräsidium Darmstadt, Mitglied bei FOPA Rhein-Main e.V., AK Frauenräume

Susanne Heeg, Dipl.-Soz., geb. 1967 derzeit wissenschaftliche Hilfskraft an der Johann-Wolfgang-Goethe-Universität Frankfurt/Main, Arbeitsschwerpunkt Stadt- und Regionalforschung.

Marianne Rodenstein, Prof.Dr.rer.pol., geb. 1942, Professorin für Soziologie mit dem Schwerpunkt Stadt- und Regionalforschung an der Johann-Wolfgang-Goethe-Universität Frankfurt/Main.

hältnis so ändern kann, daß die Reproduktionsarbeit nicht zu Krisen führt, die auf Kosten und zuungunsten vieler Frauen und Kinder verlaufen. Nicht zuletzt deshalb ist eine Männerpolitik gefragt.

Anmerkungen

[1] Dies läßt sich mit einigen statistischen Daten belegen: So steigt die Erwerbsquote der Mütter mit Kindern unter 6 Jahren von 24,1 (1972) auf 34% (1976) und verbleibt auf diesem Niveau bis 1989 (36,3%). Die Quote der erwerbstätigen Mütter mit Kindern unter 15 Jahren stieg noch deutlicher von 26,4% 1972 auf 40% 1976 und liegt 1089 bei 43% (vgl. Greiwe 1990). Während die Erwerbsquote der alleinstehenden Frauen ab 1970 von 68,1 auf 62,0% 1980 sinkt, was mit dem längeren Ausbildungszeitraum der Frauen erklärt wird, steigt die Erwerbsquote der verheirateten Frauen von 40,9% 1970 auf 48,3% 1980. Auch der Anteil der erwerbstätigen Ehefrauen an allen Ehefrauen vergrößert sich in diesem Zeitraum von 35,2% auf 40,6%.

[2] Die Zunahme alternativer Reproduktionsformen läßt sich anhand statistischer Daten nachvollziehen:
 – Frauen heiraten weniger. Alleinstehende Frauen ohne Kinder haben zwischen 1981 und 1989 um fast zwei Mio. zugenommen.
 – Die Zahl der alleinstehenden Frauen mit Kindern wächst. 1989 betrug die Zahl der alleinerziehenden Frauen in der Bundesrepublik 1 556 000, (die der alleinerziehenden Männer 284 000). Sie hat seit 1981 um fast 15% zugenommen (die Steigerungsrate bei den alleinerziehenden Männern betrug ca. 11%). Zur Zeit (VZ-Daten) haben 29,1% aller deutschen Haushalte eine weibliche Bezugsperson. Weit über dem Durchschnitt liegt ihre Zahl in den Stadtstaaten Berlin (40%), Hamburg (38,7%) und Bremen (35,4%).
 – Ehepaare bekommen weniger Kinder. Die Zahl der Ehepaare mit Kindern unter 18 Jahren ist zwischen 1981 und 1989 um ca. 1,5 Mio. zurückgegangen. Ehepaare ohne Kinder haben in dieser Zeit um 500 000 zugenommen und sind nun stärker vertreten als Ehepaare mit Kindern unter 18 Jahren.
 – Es gibt immer mehr Partnerschaften ohne Heirat. Die Zahl der nichtehelichen Lebensgemeinschaften wuchs zwischen 1982 und 1988 um ca. 300 000 auf 820 000 (nach Schätzungen auf der Basis des Mikrozensus). Alle Daten sind aus den Statistischen Jahrbüchern von 1983 bis 1990 entnommen.

[3] Ein Blick auf die durchschnittlichen Nettoeinkommen verdeutlicht die dramatische Differenz in den Einkommenschancen von Männern und Frauen. Von den Männern verdienten 34,2% unter 1 800 DM, von den Frauen hingegen 77,1% (Brettschneider/Husmann u.a. 1989).

[4] Die Hausfrauenquote ergibt sich aus dem weiblichen Erwerbspotential im Alter von 15 bis 65 Jahren abzüglich der erwerbstätigen und erwerbslosen Frauen, Schülerinnen und Studentinnen.

Literatur

Brettschneider/Husmann u.a (Hg) (1989): Handbuch einkommens-, vermögens- und sozialpolitischer Daten. Bd. 49.

Eckart, Christel (1986): „Halbtags durch das Wirtschaftswunder. Die Entwicklung der Teilzeitarbeit in den 60er Jahren". In: Kramer, Helgard u.a.: Grenzen der Frauenlohnarbeit. Frauenstrategien in Lohn- und Hausarbeit seit der Jahrhundertwende. Frankfurt am Main/New York.

Eckart, Christel (1990): Der Preis der Zeit. Eine Untersuchung der Interessen von Frauen an Teilzeitarbeit. Frankfurt am Main/New York.

Gottschall, Karin (1989): „Frauen auf dem bundesrepublikanischen Arbeitsmarkt: Integrationsprozesse mit Widersprüchen und Grenzen". In: Müller, Ursula/Schmidt-Waldherr, Hiltraud (Hg): FrauenSozialKunde. Wandel und Differenzierung von Lebensformen und Bewußtsein. Bielefeld.

Gottschall, Karin (1990): Frauenarbeit und Bürorationalisierung. Zur Entstehung geschlechtsspezifischer Trennungslinien in großbetrieblichen Verwaltungen. Frankfurt am Main/New York.

Greiwe, Ulla (1990): „Die BRD als Entwicklungsland: Öffentliche Kinderbetreuung und Frauenerwerbstätigkeit". In: FOPA Dortmund (Hg.). Freiräume. Heft 4. S. 61-67.

Hess-Diebäcker, Doris/Stein-Hilbers, Marlene (1989): „Das neue Leitbild der innerfamilialen "Partnerschaft„ in Kinderbetreuung und Haushalt". In: Müller, Ursula/Schmidt-Waldherr, Hiltraud (Hg). FrauenSozialKunde. Wandel und Differenzierung von Lebensformen und Bewußtsein. Bielefeld.

Meyer, Sibylle/Schulze, Eva (1989): Balancen des Glücks. Neue Lebensformen: Paare ohne Trauschein, Alleinerziehende und Singles. München.

Seidenspinner, Gerlinden/Burger, Angelika (1982): Mädchen 82. Deutsches Jugendinstitut. Hamburg.

Speil, Wolfgang/Kuhnt, Martina/Geißler, Clemens (1987): Wohnung und Arbeitsplatz. Analysen zur wohnungsnahen Erwerbstätigkeit von Müttern. Studien des Instituts für Entwicklungsplanung und Strukturforschung an der Universität Hannover.

Spiegel, Erika (1986): Neue Haushaltstypen. Entstehungsbedingungen, Lebenssituation, Wohn- und Standortverhältnisse. Frankfurt am Main/New York.

Teubner, Ulrike (1989): Neue Berufe für Frauen. Modelle zur Überwindung der Geschlechterhierachie im Erwerbsbereich. Frankfurt am Main/New York.

Willms-Herget, Angelika (1985): Frauenarbeit. Zur Integration der Frauen in den Arbeitsmarkt. Frankfurt am Main/New York.

Willms, Angelika (1983): „Grundzüge der Entwicklung der Frauenarbeit von 1880 bis 1980". In: Müller, Walter/Willms, Angelika/Handl, Johann: Strukturwandel der Frauenarbeit 1880 bis 1980. Frankfurt am Main/New York.

Kerstin Dörhöfer

Metropole Berlin – avantgardistischer Anspruch und patriarchale Rückständigkeit

(Beitrag zum Symposion „Neue Wohn- und Siedlungsformen – Impulse aus Frauensicht" des Beirats für frauenspezifische Belange bei der Senatsverwaltung für Bau- und Wohnungswesen Berlin im Januar 1993 – Kurzfassung)

Berlin, die geschichtsträchtige Hauptstadt Deutschlands und kaputte Großstadt, soll endlich eine Metropole von Weltrang sein. So sie nicht durch politische Geschehnisse die Aufmerksamkeit der Weltöffentlichkeit auf sich zieht, eifert sie danach durch spektakuläre Inszenierungen. Kein Jahr vergeht ohne großes Ereignis:
1987 750-Jahr-Feier und Internationale Bauausstellung
1988 Kulturhauptstadt Europas
1989 Fall der Mauer
1990 Wiedervereinigung von Ost und West zur 3,3-Millionen-Stadt
1991 Regierungssitz-Entscheidung
1992 Olympiabewerbung für Berlin 2000.

Berlin befindet sich im Wachstumsrausch, im Baufieber; Berlin wird eine Baustelle bis ins nächste Jahrtausend. Projektiert werden gleichzeitig und mit dem Ziel schnellster Realisierung
▷ für den Verkehr:
Großflughäfen, Zentralbahnhöfe, Hochgeschwindigkeitszüge, Schnellstraßen, Tiergartenuntertunnelung, Magnetbahn für Olympia,
▷ für die Regierung:
Bundespräsidialamt, Bundeskanzleramt, neue Ministerien, Parlament, Abriß von Bestehendem (Neubauten aus DDR-Zeiten wie Gebäude aus dem Nationalsozialismus), Wiederaufbau von Gewesenem (Bauakademie, vielleicht das Schloß),
▷ für Olympia:
Sportstätten, die sich vom Westkreuz über das alte Olympiagelände am nördlichen S-Bahnring entlang durch die Innenstadt erstrecken und über Rummelsburg bis zum süd-östlichen Köpenick reichen,
▷ für die Wirtschaft:
Dienstleistungszentren rings um den alten S-Bahnring, der die Innenstadt umschließt, Geschäftsbauten im Herzen der Stadt, Großprojekte allerorten: Ibicus mit 300 000 qm Nutzfläche, Daimler Benz mit 240 000 qm, Hertie mit 200 000 qm, Techno Terrain mit 220 000 qm, Teleport mit 180 000 qm, Friedrichstadtpassagen mit 130 000 qm – das meist gebrauchte Wort in Berlin heißt derzeit „Investoren". 4 000 bis 5 000 Lastwagen müssen täglich für den Transport von Bauschutt und Baumaterial durch die Innenstadt, hat die Firma Dornier errechnet. (Tagesspiegel, 23.11.1992)

Die Metropole Berlin, die sich im Jubiläumsjahr 1987 so gerne mit New York verglich, will nun alle Metropolen in der Konkurrenz der „global cities" auf einmal einholen. Paris ist mit seinen großen Projekten ebenso Vorbild wie Barcelona mit seinen Sportstätten. Nur das Beispiel London wird kaum erwähnt, denn von einem drohenden crash, der einer Überhitzung folgt und den die aufgepushten Docklands mit ihrer Fehlspekulation deutlich demonstrieren, soll keine Irritation der schwungvollen Entwicklung ausgehen.

Alles soll chic, modernste Architektur, avantgardistisch sein. „Berlin", schreibt Vittorio Magnano Lampugnani, „ist gegenwärtig das weltweit bedeutendste Laboratorium für zeitgenössische Architektur und zeitgenössischen Städtebau." (Tagesspiegel, 11.10.1992) Wettbewerbe, zu denen die internationale Architektenelite geladen wird, jagen einander. Sie kosten, allein an Preisgeldern: der städtebauliche Wettbewerb Hauptbahnhof/Spreeufer 410 000 DM, der Bauwettbewerb Radsport- und Schwimmhalle 600 000 DM, der Bauwettbewerb Jahnsportzentrum/Mauerpark 600 000 DM, der Bauwettbewerb Reichstag 700 000 DM, der städtebauliche Wettbewerb Spreebogen/Regierungsviertel 720 000 DM. Darin sind die Kosten für die Vorbereitung, Ausschreibung, Preisgerichte, Ausstellungen etc. nicht enthalten.

Metropolis ist griechisch und heißt „Mutterstadt". Doch das meint Hauptstadt, nicht Stadt der Mütter. Und mit Hauptstadt assoziiert der Städter als Planer oder Nutzer ganz anderes, wenn er an Frauen denkt. Stellvertretend für viele möchte ich Jens Reich zitieren:

„Berlin ist auch ein altes Mannweib. Unlängst hatte es einen peinlich runden Geburtstag. Kein Vergleich mit den ehrwürdigen Greisinnen unter den Weltstädten, aber eine Jungfrau ist es auch nicht, wirklich nicht. Auf meinem inneren Assoziationsschirm ist Berlin korpulent, mit mächtigem Gesäß, aber keine ehrwürdige Matrone, sondern eher eine lärmendfröhliche Puffmutter." (Zeit-Magazin, 3.10.1991)

Männerphantasien im Zusammenhang mit Stadt, Städtischem, Urbanem, Metropolitanem: das ist die Stadt, die umschlingt und die erobert sein will, die aufregende, brodelnde, verlockende und verführerische Stadt, das ist das Leitbild der Metropole Berlin in der Rückbesinnung auf die Weltstadt der 20er Jahre.

Eine Stadt, die die Frauen erobern können? Eine Stadt für Frauen? Das interessiert nicht. Deren Arbeits- und Wohnsituation? Deren Alltag? Deren Bedarf und Bedürfnisse? Deren Träume? Deren Phantasien zum Leben in der Stadt, zum Erobern von Räumen? Deren Wunsch nach Kreativität, nach Gestaltung ihrer Umwelt? Entsprechende Forderungen ersticken im verfilzten Dickicht patriarchalischwirtschaftlicher Interessen.

Es wird ignoriert, daß Expertinnen Argumente gegen Hochhäuser und Tiefgaragen, flächenfressende und himmelstürmende Großprojekte vorbringen und seit Jahren die Berücksichtigung der Lebensbedingungen von Frauen einfordern, klare, gründlich belegte Vorschläge unterbreiten – das Leitbild der avantgardistischen Metropole ist ideologisch orientiert an der Erlebniswelt des Flaneurs um die vergangene Jahrhundertwende und materiell an der Technologie-Welt des ausgehenden 20. Jahrhunderts, der Passagen, Plazas und Tower Raum und Ausdruck geben. Diese Vorstellung von Metropole braucht große Gebärden.

Kurz nach der Wiedervereinigung von Ost und West – im November 1990 – veranstaltete die Senatsverwaltung für Stadtentwicklung und Umweltschutz ein Symposion zum Thema „Metropole Berlin: Mehr als Markt!" Die Soziologen Häußermann und Siebel trugen darin „Bausteine zu einem Szenario der Entwicklung von Berlin" vor, aus dem sie folgerten:

„Zwei grundsätzlich verschiedene Pfade in die Berliner Zukunft sind denkbar:

▷ zum einen eine Politik des radikalen Wachstums mit dem Ziel, aus Berlin in möglichst kurzer Zeit eine „global city" in der internationalen Liga der Welt-Metropolen zu machen. Diese Politik setzt auf den Zufluß von Kapital von außerhalb, auf die Neuansiedlung möglichst vieler hochrangiger Dienstleistungen (incl. Bundesregierung und Bundesbank) und damit auch auf die Zuwanderung hochqualifizierter Eliten. Aber mit dieser Politik werden auch die Probleme, die heute schon in Städten wie London, New York oder Paris zu beobachten sind, in Kauf genommen: Gentrification, soziale Polarisierung, Enteignung der Stadt aus der Verfügung ihrer Bewohner, scharfe Konflikte um Wohn- und Existenzmöglichkeiten, Umweltbelastungen, Flächenverbrauch, ein Nebeneinander von Inseln der Armut und des urbanen Luxus.

▷ zum anderen eine Politik der sozialen und ökologischen Erneuerung, die die Entwicklung der Stadt so steuert, daß sie ein Raum für das Leben aller Gruppen bleibt. Diese Politik müßte versuchen, das rasche Wachstum zu vermeiden und ihre Unterstützung vor allem auf die Gruppen und Räume richten, die aller Erfahrung nach zu den Verlierern einer forcierten Wachstumspolitik gehören würden." (Häußermann/Siebel 1991: 23)

Die politische Entscheidung, welcher Pfad zu wählen ist, ist gefallen, das Ziel, aus Berlin in möglichst kurzer Zeit eine „global city" zu machen, soll durch die zusätzliche Olympia-Bewerbung und -Planung noch schneller erreicht werden. Trotz aller Beteuerungen, die Projekte trügen sich selbst, trotz des Anreizes für Investoren, dieser rasante Ausbau der Metropole Berlin verschlingt Unsummen, die o.g. Preisgelder für Wettbewerbe waren nur ein kleines Beispiel. Die Stadtplanung und das Bauwesen konzentrieren sich auf die räumliche Mitte Berlins in immer deutlicherer Absicht, dort eine international wettbewerbsfähige Geschäftsstadt zu errichten. Sie erhält überwiegend Funktionen, die weniger der Berliner Bevölkerung dienen als einer international orientierten Schicht von Geschäftsleuten und Besuchern (vgl. Häußermann/Siebel 1986 und 1991). Frauen haben in diesem Stadtsegment bis auf wenige Ausnahmen nur dienende Rollen als Sekretärinnen, Putzfrauen, im Vergnügungsgewerbe und als „Dame in Begleitung". Für sie ist dieses Stadtsegment kein Ort der Verfügung und selbstbestimmten Handelns. Die Konzentration von Geld, stadtplanerischen Anstrengungen und architektonischer Kreativität, zu der die internationale Architektenelite aufgefordert wird, um die neuen Paläste zu entwerfen, läßt die übrigen Stadtgebiete und Planungsaufgaben in den Hintergrund treten – zum Nachteil der Bewohner und Bewohnerinnen.

Berlin besinnt sich gerne auf seine Tradition des Bauens und wird auch oft genug darauf verpflichtet, sei es, die Parzellierung zu erhalten, das Blockraster, die Traufhöhe oder Straßenkante (vgl. u.a. taz, Juni 1990), sei es, die baukünstlerischen Maßstäbe seiner berühmten Architekten von Schinkel über Behrens bis Mies van der Rohe und Bruno Taut – um nur einige Namen zu nennen – fortzusetzen. Ich zitiere noch einmal V.M. Lampugnani: „Berlin ist ... eine vergleichsweise junge Stadt. Ihre Tradition ist jene Moderne, der sie, vor allem in der Baukunst, einen entscheidenden Impuls verliehen hat. Diese Tradition muß fortgesetzt werden: mit neuer Architektur... Allerdings wird sich jene Architektur an der alten messen lassen müssen: an jener, die in den zwanziger Jahren aus der preußischen Hauptstadt das unumstrittene Zentrum der internationalen architektonischen Kultur gemacht hat." (Tagesspiegel, 11.10.1992) Das Neue Berlin, das der damalige Stadtbaurat Martin Wagner mit jenen Architekten plante, die es zum „Zentrum der internationalen architektonischen Kultur" gemacht haben, sollte als Weltstadt ausgebaut werden, und einige große Innenstadtprojekte wurden ausgeführt bzw. konzipiert: Poelzigs Messegelände, das Universumkino von Mendelsohn, die Umgestaltung des Alexanderplatzes sind Beispiele. Auch die Bewältigung des Verkehrs war eine Aufgabe, deren Lösung der neuen Zeit und ihrer Dynamik gerecht werden sollte. (vgl. Wagner/Behne 1929)

Doch denkt man an das Neue Bauen der 20er Jahre, so wird Berlin zuallererst für seine beispielhaften Großsiedlungen jener Zeit gerühmt: die Hufeisensiedlung, die Siedlung „Onkel Toms Hütte", die Siemensstadt, die Weiße Stadt in Reinickendorf, die Friedrich Ebert Siedlung u.a.m. Diesen Ruhm erlangten sie nicht nur wegen ihrer städtebaulichen Konzeption und architektonischen Ästhetik, sondern auch wegen des sozialen Engagements, das die wesentliche Triebkraft ihres Entstehens war. Den Bewohnern und Bewohnerinnen, den Haushalten mit geringem Einkommen galt die Aufmerksamkeit; sie sollten Wohnraum erhalten, der zwar flächenmäßig klein, aber zweckmäßig und bezahlbar war, ihnen Licht, Luft und

Sonne bot, Gärten zugleich wie soziale und kulturelle Infrastruktur. Bruno Taut war einer der engagiertesten Architekten bei der Planung und Ausführung dieser Großsiedlungen mit 1 300 bis 2 000 Wohneinheiten.

1924 schrieb er sein Buch „Die Neue Wohnung. Die Frau als Schöpferin". (Taut 1926) Es endet mit dem Reim: „Der Architekt denkt, die Hausfrau lenkt" (Taut 1926:104). Taut stellte die geschlechsspezifische Arbeitsteilung nicht infrage, doch er machte sich gründliche Gedanken über die Arbeit der Frauen, wie andere Architekten zu jener Zeit auch, genannt seien nur die Grundrißstudien von Alexander Klein und seine Überlegungen zur Rationalisierung der Hausarbeit. Die Rolle der Frau in der Gesellschaft war ein wichtiges Thema in den 20er Jahren, ja die „Neue Frau" stand sogar oft als Symbol für den Aufbruch in eine neue Zeit. Die Überlegungen zur Rationalisierung der Hausarbeit – Grete Schütte-Lihotzkys Frankfurter Küche ist nur ein Beispiel zur Lösung dieser Frage – galten durchaus dem Ziel, diese Arbeit zu erleichtern und den Frauen die Möglichkeit zu eröffnen, an Beruf und Öffentlichkeit teilzunehmen.

Heute sucht man bei jenen, die die „internationale architektonische Kultur" prägen, vergeblich nach solchem sozialen Engagement oder gar nach Überlegungen, die sie sich zum Leben und Arbeiten von Frauen machen.

Die Zeit ist fortgeschritten, wird man mir entgegenhalten, die Entwicklung hat die Lebensformen verändert, und für die Frauen ist Berufstätigkeit und der Einstieg in die Männerwelt selbstverständlich geworden. Doch abgesehen davon, daß die geschlechtsspezifische Arbeitsteilung weiterhin aufrechterhalten wurde, daß nur wenige Männer sich partnerschaftlich an Hausarbeit und Kindererziehung beteiligen, daß die weibliche Erwerbstätigkeit durch die sogenannte Doppelbelastung, die häufig eine Mehrfachbelastung ist, erkauft wird, abgesehen davon, ist der Fortschritt der Entwicklung kein Grund, die Lebens-, Arbeits- und Wohnbedingungen von Frauen nicht besonders zu beachten, und statt dessen davon auszugehen, daß eine Planung, die sich an der männlichen Lebenswelt orientiert, nun auch frauengerecht sei. Gerade der gesellschaftliche Wandel legt es nahe, jene Wohnungsnormen und städtebaulichen Prinzipien, die die Moderne der 20er Jahre aufstellte, auf ihre weitere Gültigkeit hin zu hinterfragen. Hinzukommt, daß die Lebensbedingungen der Frauen mittlerweile hoch differenziert sind. Es gibt nicht eine Frauensicht, ein gemeinsames Interesse und Bedürfnis des weiblichen Geschlechts an die gebaute Umwelt. Doch es gibt Gemeinsames, das mit der Benennung „geschlechtsspezifischer Arbeits- und Machtteilung" nur grob umrissen ist. Diese betrifft ja längst nicht mehr die Polarisierung von Hausarbeit und Beruf, Privatheit und Öffentlichkeit, sie durchzieht auch die Erwerbstätigkeit, in der den Frauen vorwiegend Dienstleistungen und minder qualifizierte sowie minderbezahlte Jobs zugelassen werden, den Männern die entscheidenden Positionen, die qualifizierten und höher dotierten Arbeiten vorbehalten bleiben.

Ich zitiere noch einmal Häußermann und Siebel: „86 % aller erwerbstätigen Frauen (in der ehemaligen Bundesrepublik) üben Dienstleistungstätigkeiten aus (71 % im 3. Sektor), ca. 55 % aller Neugeborenen haben gegenwärtig eine erwerbstätige Mutter (im Bundesdurchschnitt, im ehemaligen Westteil dürfte der Anteil noch weit höher liegen). Mehr als 20 % der Kinder in Berlin-W werden außerhalb von Ehen geboren" (Häußermann/Siebel 1991: 41). Im Ostteil der Stadt ist der Anteil nach Aussagen des Familiensenators Thomas Krüger noch wesentlich höher. (Tagesspiegel, 11.6.1992) „Eine lange Abwesenheit von der Wohnung durch lange Pendelzeiten macht diesen Müttern das Leben sehr schwer, wenn sie ihre ökonomische Selbständigkeit erhalten wollen". (Häußermann/Siebel 1991: 41)

Genau darum geht es und um mehr, wenn auch die Situation erwerbstätiger Hausfrauen und Mütter, insbesondere alleinerziehender, einer besonderen Berücksichtigung bedarf. Es geht nicht nur um die Bindungen an die Orte von Erwerbsarbeit und Hausarbeit, den zeitlichen Aufwand, den deren räumliche Trennung zusätzlich erfordert. Es geht auch um die städtische Struktur als Angebot zur Benutzung und Verfügung, z.B. für alleinstehende Frauen, alte Frauen, junge Frauen, die im Beruf eingebundenen Frauen und die sogenannten „Nur-Hausfrauen", die armen Frauen und die ausländischen Frauen. Die Familie nach dem bürgerlichpatriarchalischen Leitbild ist längst nicht mehr das Lebensmodell aller Frauen (vgl. Terlinden 1992 und 1993). Mit der Zuweisung und Einengung auf die Hausfrauen-, Gattinnen- und Mutterrolle gingen zugleich der Schutz und die soziale Einbindung der Frauen in Familie und Nachbarschaft verloren. Ist die „Neue Frau", die in den 20er Jahren gedacht wurde, nicht eigentlich erst jetzt im ausgehenden 20. Jahrhundert dabei, konkret eine – wenn auch differenzierte – Realität zu werden? Eine Stadt, die den Anspruch erhebt, avantgardistisch zu sein, hat auch diese Modernisierung der Gesellschaft zu berücksichtigen, nicht nur die technologische und wirtschaftliche.

Eine Stadt, die Weltstadt, Metropole sein soll, lebt nicht in erster Linie mit und durch ihr international orientiertes Publikum, sondern durch die, die dauerhaft in ihr wirken und leben.

Wichtig sind also insbesondere jene Stadtregionen, in denen sich der Alltag abspielt, die der Dynamik, Fluktuation und Spekulation Stabilität entgegensetzen. Da die Entscheidung für den o.g. ersten Pfad gefallen ist, gilt es nun, dessen freier, marktförmiger Entfaltung wenigstens in den anderen Stadtregionen oder Stadtsegmenten ein Gegengewicht zu verleihen, hier stadtpolitisch und -planerisch lenkend einzugreifen. Dies gilt sowohl für die bestehenden Quartiere wie für die, die neu errichtet werden.

Eine an Wachstum orientierte Metropole zieht zwangsläufig einen zusätzlichen Wohnbedarf an sich, ganz abgesehen von dem unbefriedigten, der vorhanden ist.

Bausenator Nagel spricht von 200 000 bis 300 000 neuen Wohnungen (Foyer, Dezember 1992). Dabei handelt es sich um mindestens 400 000, maximal um 750 000 Menschen. Das sind Dimensionen von Großstädten wie Bochum oder Frankfurt/Main, die das bestehende Berlin zusätzlich erweitern werden. Bis 1995 sollen mindestens 80 000, besser 100 000 öffentlich geförderte Wohnungen entstehen (Senatsverwaltung für Bau- und Wohnungswesen 13. April 1992). Das sind 20 000 bis 25 000 Wohnungen pro Jahr – ohne den frei finanzierten Wohnungsbau. Neue Großsiedlungen sollen entstehen und bestehende erweitert und verdichtet werden.

Diese Planungen haben nicht mehr die Dimensionen einer Gropiusstadt für fast 50 000 Einwohner oder einer Großsiedlung Marzahn für rund 150 000 Einwohner und sollen weder monofunktionale Wohnsiedlungen noch vielgeschossige, anonymisierende Wohngebirge werden (Foyer, Dezember 1992). Doch daß bei diesen neuen Wohnprojekten die traditionellen oder gewandelten Lebensbedingungen von Frauen ins architektonische und städtebauliche Kalkül einzubeziehen seien – das wird nicht erwähnt.

Eine Metropole, die nicht nur dem Beispiel anderer hinterhetzt, sondern eigene Pointierungen setzt, muß auch Experimente wagen, die sich nicht in kühner Architektur erschöpfen.

Andernorts ist man da mutiger.

In der westdeutschen Provinz, im Rahmen der Internationalen Bauausstellung Emscher Park hat die Stadt Bergkamen ein Experiment mit einem Wettbewerb gewagt, dessen Ausschreibung die Berücksichtigung weiblicher Lebensbedingungen zur Auflage machte und an dem ausschließlich Architektinnen beteiligt waren.

Die Stadt Hagen hat einen ganzen Stadtteil (Hagen-Vorhalle) mit 12 200 Einwohnern zum Modellprojekt „frauenorientierter Stadtteilentwicklungsplanung" erklärt. Gefördert wird es mit rund einer halben Million DM, 80% finanziert das Land, 20% die Stadt. Dabei geht es ganz konkret um die Umsetzung der baulichräumlichen Forderungen, die feministische Architektinnen, Planerinnen und Stadtsoziologinnen seit Jahren stellen, soweit es für den Stadtteil sinnvoll ist. Dies zu überprüfen, ist Aufgabe der beauftragten Expertinnen in intensiver Zusammenarbeit mit den Bewohnerinnen des Stadtteils. Die Ergebnisse sollen in die kommunale

Planung eingehen (vgl. Stadt Hagen Frauengleichstellungsstelle 1992). In Hamburg hat die Senatsverwaltung für Stadtentwicklung ein Gutachten in Auftrag gegeben, in dem „Bausteine für eine Stadt der Frauen – Visionen für Hamburg" entwickelt werden sollen.

Und die Metropole Berlin mit ihrem avantgardistischen Anspruch, dem so viele Gelder dargebracht werden, was geschieht hier?

Da hat es im Rahmen der IBA Berlin Mitte der 80er Jahre einen „Frauenblock" gegeben, an dem unter sechs Architekturbüros drei von Frauen waren. Bei einem jüngsten Wettbewerb zur Umgestaltung eines Plattenbau-Wohngebäudes in Berlin-Marzahn hieß es im Ausschreibungstext, „neben allgemeinen Mieterinteressen sind die Bedürfnisse der Bewohnerinnen besonders zu beachten..." (Senatsverwaltung für Bau- und Wohnungswesen 1992: 36). In Anlehnung an die holländischen Frauen-Beratungs-Kommisssionen (vac) sollen die Ratschläge von Expertinnen und Bewohnerinnen gehört werden. Der Beirat für frauenspezifische Belange wurde hinzugezogen. Doch nur eines der sieben aufgeforderten Büros trägt den Namen einer Architektin. Wenn es denn – selten genug – um ein Wettbewerbsverfahren geht, in dem frauenspezifische Belange berücksichtigt werden sollen, sollten wenigstens die Hälfte aller aufgeforderten Büros die von Architektinnen sein.

Ob es um die Berücksichtigung der Lebensbedingungen von Frauen beim Planen und Bauen geht oder um die Beteiligung von Architektinnen und Expertinnen – zu konstatieren ist, daß der avantgardistische Anspruch der Metropole Berlin unter patriarchaler Rückständigkeit leidet. Hier hat die Freude am Experimentellen und Neuen ihr deutliches Ende.

Kerstin Dörhöfer, Prof.Dr.-Ing., geb. 1943, Professorin für Umweltgestaltung (Architektur/Urbanistik) an der Hochschule der Künste Berlin.

Literatur

Foyer. Nr. 5. Dezember 1992.

Häußermann, Hartmut/Siebel, Walter (1986): „Zukünfte der Städte. Tendenzen der Stadtentwicklung und Optionen der Kommunalpolitik". In: Blanke, Bernhard u.a. (Hg.): Die zweite Stadt. Leviathan Sonderheft 7. Opladen. S. 109f.

Häußermann, Hartmut/Siebel, Walter (1991): „Bausteine zu einem Szenario der Entwicklung von Berlin". In: Senatsverwaltung für Stadtentwicklung und Umweltschutz (Hg.): Metropole Berlin. Mehr als Markt! Dokumentation des Symposiums. Berlin. S. 23.

Senatsverwaltung für Bau- und Wohnungswesen Berlin (13.4.1992): Senatsvorlage Nr. 1575/92.

Senatsverwaltung für Bau- und Wohnungswesen Berlin (1992) Beschränkter Realisierungswettbewerb. Umgestaltung eines Wohngebäudes in Berlin-Marzahn. Auslobung. S. 36.

Stadt Hagen Frauengleichstellungsstelle (Hg.) (1992): „Das geht uns an." Stadtplanung und Stadterneuerung aus der Sicht von Frauen. Hagen.

Tagesspiegel. 12.10.1991, 11.10.1992, 23.11.1992, 11.6.1992.

taz. Juni 1990.

Taut, Bruno (1926) Die Neue Wohnung. Die Frau als Schöpferin. Leipzig.

Terlinden, Ulla (1992): Räumliche Heterogenisierung und Veränderung des weiblichen Lebenszusammenhangs. Vortrag auf dem 26. Deutschen Soziologentag in Düsseldorf. Erscheint demnächst.

Terlinden, Ulla (1993): Individualisierung, Geschlechterverhältnis und Wandel der Wohnweisen. Vortrag in Dortmund.

Wagner, Martin u. Behne, Adolf (Hg.) (1929) Das Neue Berlin. Reprint 1988

Zeit-Magazin, Nr. 41. 3.10.1991.

Lebenssituation von Frauen in unterschiedlichen Regionen – ein Vergleich von Regionen in Bayern und Nordrhein-Westfalen

Michaela-Christine Zeller

Im Hinblick auf die Veränderungen in der Lebenssituation von Frauen erscheint es wichtig, soziologische Regionalansätze zu entwickeln um nicht durch die Verallgemeinerung von meist in städtischen Kontexten gewonnenen Vorstellungen ein zu rosiges Bild der Entwicklungen zu zeichnen. Es ist davon auszugehen, daß die sozialen Strukturen in ländlichen Gebieten die Entwicklung von Emanzipationsbestrebungen erschweren und daß zwar möglicherweise die Erwerbsbeteiligung von Frauen in ländlichen Regionen nicht wesentlich von der in Städten differiert sehr wohl aber die Lebenssituation von Frauen als Ganzes.

Grundlegende Veränderungen im Lebenszusammenhang von Frauen haben in den letzten beiden Jahrzehnten zu einer schrittweisen Annäherung der gesellschaftlichen Situation von Frauen und Männern geführt. Anpassungsleistungen wurden allerdings vor allem von seiten der Frauen erbracht. Die weibliche Normalbiographie hat sich der männlichen angenähert – nicht umgekehrt. Entscheidende Veränderungen haben sich vor allem hinsichtlich der Erwerbstätigkeit von Frauen vollzogen: während zunächst eine Verschiebung hin zur Erwerbsbeteiligung von kinderlosen Frauen stattfand, nimmt inzwischen auch der Anteil der erwerbstätigen Mütter mit Kindern unter 15 Jahren zu.

Die Strukturpolitik der Bundesrepublik Deutschland orientierte sich seit Mitte der 60er Jahre ganz deutlich am verfassungsmäßigen Anspruch auf Schaffung gleicher Lebensverhältnisse in den Ländern, wobei insbesondere die wirtschaftspolitischen Bemühungen um Strukturveränderung benachteiligter Gebiete ein zentrales Anliegen war. Es stellt sich jedoch die Frage, ob nicht nach wie vor ein starkes Gefälle sowohl zwischen ländlichen und städtischen Regionen als auch zwischen einzelnen Bundesländern besteht. Im folgenden geht es um zwei Teilaspekte regionaler Unterschiede in der Lebenssituation von Frauen: verglichen werden die Erwerbs- und Familiensituation von Frauen in Bayern und Nordrhein-Westfalen auf der Basis von Daten zweier am Deutschen Jugendinstitut laufender Projekte, die die Lebenssituation von Familien in Westdeutschland zum Thema haben und so angelegt sind, daß ein Regionalvergleich möglich ist.[1]

Zum Vergleich von Bayern und Nordrhein-Westfalen

Der Vergleich dieser beiden Bundesländer erscheint sinnvoll, da beide Länder auf eine in ihrer parteipolitischen Zusammensetzung über Jahrzehnte hinweg konstante Führung zurückblicken und eine Kontinuität der (familien-) politischen Strategien besteht: Während die bayerische Familienpolitik unmittelbar auf den Familienrahmen zielt und darauf beschränkt ist, familienphasenspezifisch auf die Situation von Familien mit kleinen Kindern einzuwirken, und bayerische Frauenpolitik vor allem auf die berufliche Reintegration von Frauen nach einer Familienphase abzielt (Bayrisches Staatsministerium 1990 und 1991), ist die nordrheinwestfälische Politik geleitet von der Vorstellung, nur über Chancengleichheit im Arbeitsleben könne auch eine Gleichberechtigung von Frauen und Männern erreicht werden (Ministerium für Arbeit 1982). Bei einem Vergleich dieser beiden Bundesländer ist es möglich zu prüfen, ob die verschiedenen familien- und frauenpolitischen Vorstellungen und die daraus resultierenden Maßnahmen unerwünschte Ungleichheiten beseitigt oder zu unterschiedlichen Lebensbedingungen und Lebenskonzepten geführt haben. Außerdem handelt es sich hierbei um die beiden flächenmäßig größten und bevölkerungsreichsten Bundesländer. Sie umfassen sowohl industriell als auch ländlich geprägte Gebiete. Dadurch wird auch ein Stadt-Land-Vergleich möglich.

Für diese Untersuchung wurden anhand der Faktoren „Bevölkerungsdichte" und „sektorale Wirtschaftsstruktur" sechs Regionstypen gebildet und in Bayern und Nordrhein-Westfalen jeweils ländliche Gebiete, Städte und Großstädte voneinander unterschieden. Dabei handelt es sich jedoch nicht um zusammenhängende Gebiete, sondern es wurde lediglich eine Raumtypisierung anhand der genannten Variablen vorgenommen.

Überwiegende Quelle des Lebensunterhalts

Um die Erwerbs- und Familiensituation von Frauen zu erfassen, wurde zunächst anhand des Unterhaltskonzepts der Amtsstatistik überprüft, wie hoch der Anteil der Frauen ist, die ihren Lebensunterhalt überwiegend aus eigener Erwerbstätigkeit bzw. durch Zuwendungen von anderer Seite bestreiten.

Nach Regionen gegliedert ergibt sich dabei das in Tab. 1 dargestellte Bild (vgl. S. 40). Auffallend ist hier, daß der Anteil der Frauen, die ihren Lebensunterhalt überwiegend aus eigener Erwerbstätigkeit bestreiten, in Nordrhein-Westfalen durchweg niedriger ist als in Bayern. Dies ist auch ein Ausdruck der unterschiedlichen Erwerbsbeteiligung von Frauen in den beiden Ländern: der Anteil der Frauen an allen Erwerbstätigen beträgt in den bayerischen Kreisen im Durchschnitt 38,9 % und in den nordrheinwestfälischen Kreisen durchschnittlich 35,9 %. Während sich in Bayern klare Stadt-Land-Unterschiede zeigen lassen, sind diese in Nordrhein-Westfalen weniger stark ausgeprägt. Dies ist kein Einzelphänomen. Generell läßt sich zeigen, daß sich in Bayern städtische und ländliche Regionen

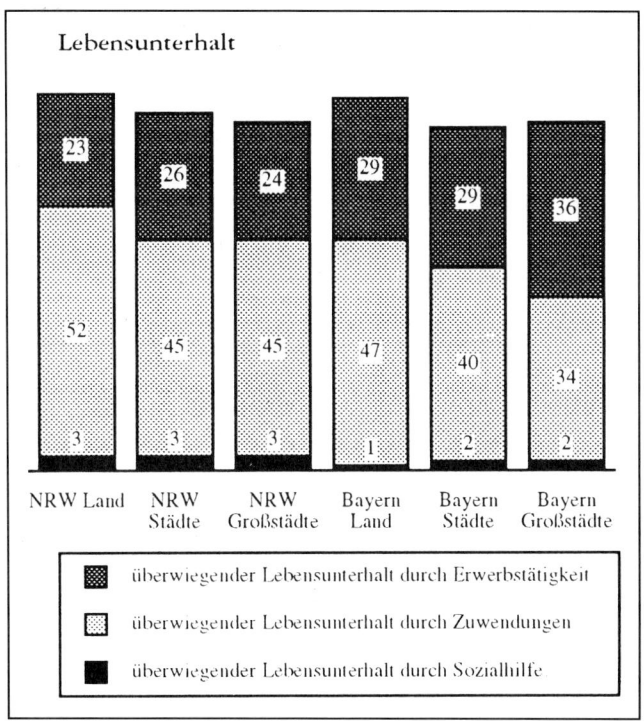

Tab. 1: Weibliche Bevölkerung nach überwiegender Quelle des Lebensunterhalts (1987) (Angaben in Prozent). Quelle: Regionaldatenbank.

deutlicher voneinander unterscheiden als in Nordrhein-Westfalen. Ein Grund hierfür ist die wesentlich höhere Bevölkerungsdichte und innere Heterogenität nordrheinwestfälischer Kreise, durch die regionale Unterschiede zumindest teilweise verdeckt werden.

Der geringe Anteil von Frauen in ländlichen Regionen, die von eigenem Erwerbseinkommen leben, hängt vor allem mit dem höheren Anteil von Familien mit Kindern zusammen, in denen die Frau nicht oder teilzeiterwerbstätig ist. Entsprechend ist die Abhängigkeit von Zuwendungen auf dem Land besonders hoch, sie liegt in Nordrhein-Westfalen und in Bayern bei ca. 50%. Lediglich in den bayerischen Großstädten entspricht der Anteil der von Zuwendungen abhängigen in etwa dem der von eigener Erwerbstätigkeit lebenden Frauen.

Insgesamt fällt auf, daß bei einem direkten Vergleich der Erwerbsbeteiligung von Frauen und deren überwiegender Quelle zum Lebensunterhalt große Unterschiede sichtbar werden. Es läßt sich zeigen, daß auch in Kreisen mit hoher Erwerbsbeteiligung von Frauen ein Großteil der Frauen ihren Lebensunterhalt offensichtlich nicht aus eigenem Einkommen bestreiten kann. Daher ist die Unterstellung finanzieller Unabhängigkeit erwerbstätiger Frauen vom Einkommen des Mannes zu relativieren – in den meisten Fällen kommt wohl dem Mann weiterhin die Rolle des Ernährers der Familie und der Frau die der „Zuverdienerin" zu.

Wöchentliche Hausarbeitszeit

Ausgeprägte Stadt-Land-Unterschiede ergeben sich beim Blick auf die wöchentliche Arbeitszeit, die Frauen für den Haushalt erbringen, wäh-

Tab. 2: Wöchentlicher Zeitaufwand von Frauen für Hausarbeit (Angaben in Prozent). Quelle: Familiensurvey.

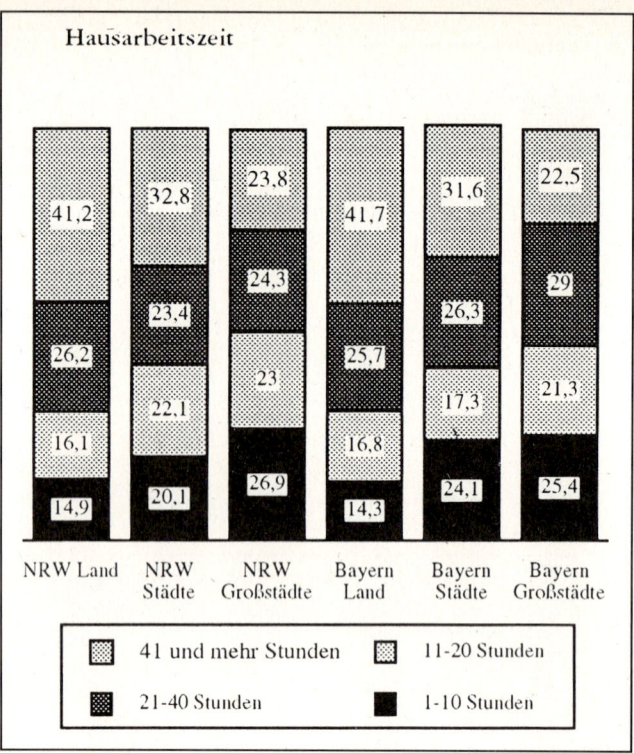

Tab. 3: Anteile der 1-Personen-Haushalt bzw. 4- und mehr-Personen-Haushalte (Angaben in Prozent). Quelle: Regionaldatenbank.

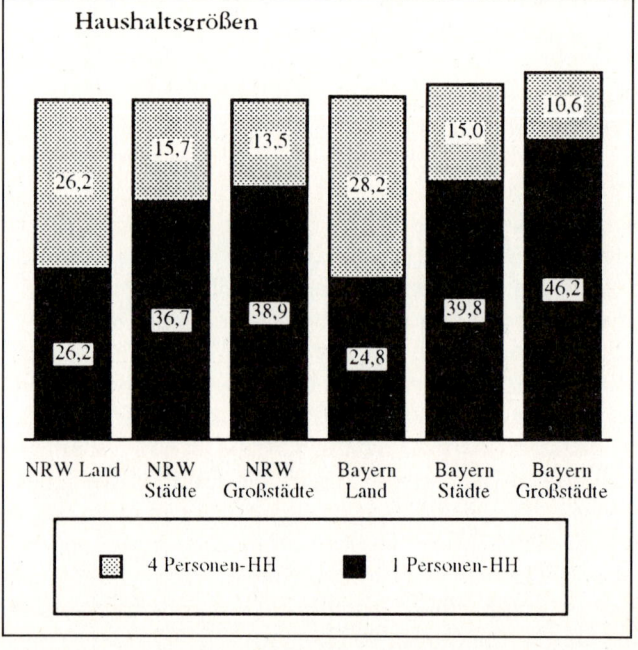

rend die Unterschiede zwischen Bayern und Nordrhein-Westfalen in dieser Hinsicht sehr gering sind.

Der Unterschied zwischen Stadt und Land läßt sich nicht allein aus unterschiedlichen Arbeitszeiten von Frauen in den verschiedenen Regionen erklären, da diese nicht besonders ausgeprägt sind.

Dieses Ergebnis läßt verschiedene Schlüsse zu: Einerseits kann das von Frauen in ländlichen Regionen geleistete Mehr an Hausarbeit aus einer höheren Anzahl von Haushaltsmitgliedern resultieren. Dies läßt sich anhand der amtsstatistischen Daten zu den Haushaltsgrößen verdeutlichen (vgl. Tab. 3, S. 41).

Andererseits kann ein Grund für die regional unterschiedlichen Hausarbeitszeiten auch in einer unterschiedlichen Einstellung der Frauen zur Hausarbeit liegen. Wenn Frauen in ländlichen Regionen eine eher traditionelle Einstellung zur geschlechtsspezifischen Aufgabenverteilung vertreten und bei ihnen eine starke Familienorientierung vorherrscht, kann davon ausgegangen werden, daß für sie die Bewältigung von Haushaltsaufgaben einen anderen Stellenwert besitzt und ein Stück weit Selbstbestätigung bedeutet. Zudem kann in ländlichen Regionen auch eine (im Vergleich zu Städten) stärkere soziale Kontrolle einen anderen Umgang mit Hausarbeit bewirken. Wenn die Bewältigung des Haushalts und das reibungslose Funktionieren des Familienalltags positiv sanktioniert werden, leisten Frauen möglicherweise mehr Hausarbeit, um soziale Anerkennung zu erlangen.

Innerfamiliale Arbeitsteilung

Die zunehmende Erwerbsbeteiligung von Frauen bewirkt notwendigerweise auch Veränderungen im traditionell den Frauen zugeschriebenen häuslichen Arbeitsbereich. Durch außerhäusliche Erwerbstätigkeit verfügen Frauen zum einen über wesentlich weniger Zeit, um „ihren" Pflichten im Haushalt nachzukommen und tragen zum anderen auch zum Familieneinkommen bei, so daß die alleinige Übernahme von Haushaltspflichten durch sie nicht mehr mit der traditionellen Rollenverteilung begründet werden kann. Daher könnte zunächst angenommen werden, daß zumindest ein Teil der Haushaltsaufgaben von Paaren, bei denen beide Partner erwerbstätig sind, auch von den Männern übernommen werden. Es läßt sich jedoch zeigen, daß ein solcher Ausgleich durch Männer keineswegs stattfindet. Zwar werden an die Männer neue Erwartungen einer partnerschaftlichen Aufgabenverteilung im Haushalt herangetragen und von großen Teilen der Bevölkerung befürwortet, in der gelebten Familiensituation ergibt sich aber kein spürbar verändertes Bild. In unserer Untersuchung gab ein Großteil (ca. 55 %) der Männer an, zwischen einer und zehn Stunden wöchentlich im Haushalt zu arbeiten. Dabei geben Männer in Nordrhein-Westfalen zu einem höheren Prozentsatz an, relativ viel Zeit mit Hausarbeit zu verbringen, als Männer in Bayern. Der Zeitaufwand von Männern für Hausarbeit steht jedoch in beiden Ländern in keinem signifikanten Zusammenhang mit der Erwerbstätigkeit ihrer Partnerinnen.

Tab. 4: Arbeitsteilung im Haushalt bei Paaren ohne Kinder (Angaben in Prozent). Quelle: Familiensurvey.

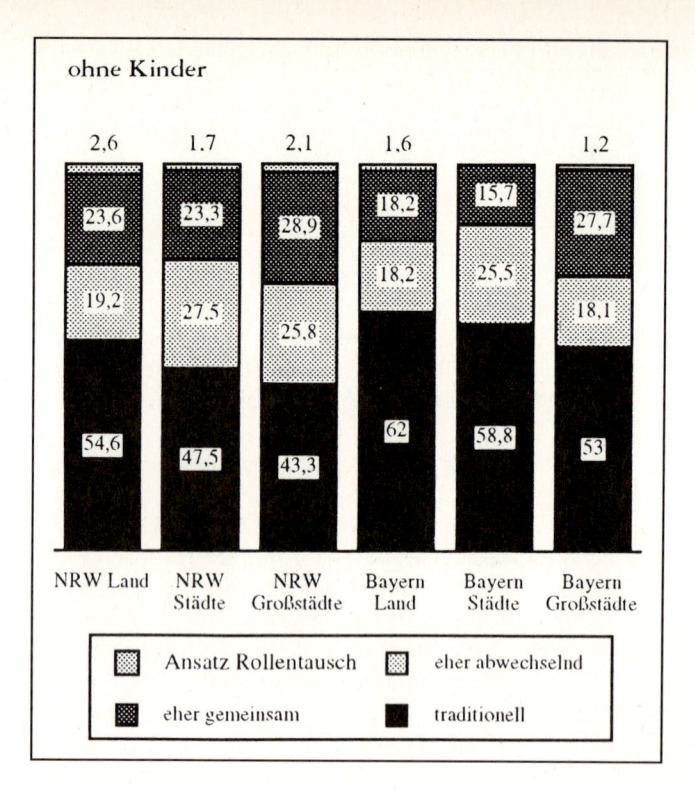

	NRW Land	NRW Städte	NRW Großstädte	Bayern Land	Bayern Städte	Bayern Großstädte
Ansatz Rollentausch	2,6	1,7	2,1	1,6	—	1,2
eher gemeinsam	23,6	23,3	28,9	18,2	15,7	27,7
eher abwechselnd	19,2	27,5	25,8	18,2	25,5	18,1
traditionell	54,6	47,5	43,3	62	58,8	53

Hier läßt sich klar erkennen, daß es bei Paaren ohne Kinder starke regionale Unterschiede in der Arbeitsteilung im Haushalt gibt. Insgesamt wird in Bayern eine traditionelle Rollenverteilung von mehr Paaren praktiziert als dies in Nordrhein-Westfalen der Fall ist. Allerdings sind die regionalen Unterschiede innerhalb der beiden Bundesländern ähnlich stark ausgeprägt.

Bei der Betrachtung von Paaren mit Kindern ergibt sich ein deutlich anderes Bild: Thiessen und Rohlinger stellen fest, daß nicht nur die Aufgabenverteilung zu Beginn der Partnerschaft im allgemeinen sehr stark von der traditionellen Rollenverteilung geprägt ist, sondern daß diese Tendenz zur traditionellen Aufgabenverteilung im Laufe einer Ehe sogar noch zunimmt. Diese Verstärkung der Bedeutung traditioneller Leitbilder findet nach ihren Befunden unabhängig von der Erwerbssituation der Frauen statt (Thiessen/Rohlinger 1988:655). Besonders bei einer Erwerbsunterbrechung der Frauen bzw. durch die Geburt des ersten Kindes werden traditionelle Rollenmuster gefestigt. Zwar übernehmen Männer durchaus einen Teil der mit der Kinderbetreuung verbundenen Aufgaben, dafür geht ihre Beteiligung an anderen häuslichen Arbeiten aber deutlich zurück (Keddi/Seidenspinner 1991: 162).

Insgesamt scheinen in den Großstädten Nordrhein-Westfalens die günstigsten Voraussetzungen zu bestehen, um auch in einer Partnerschaft mit Kindern nicht in traditionelle Rollenmuster zurückzufallen.

Im Rahmen unserer Untersuchung ist es nicht möglich, die Gründe für diese Unterschiede zu ermitteln, da zwar die tatsächliche Arbeitsteilung im Haushalt, nicht aber die Vorstellungen der Befragten zur Aufgabenverteilung bzw. ihre Zufriedenheit mit der eigenen Situation erhoben wurde.

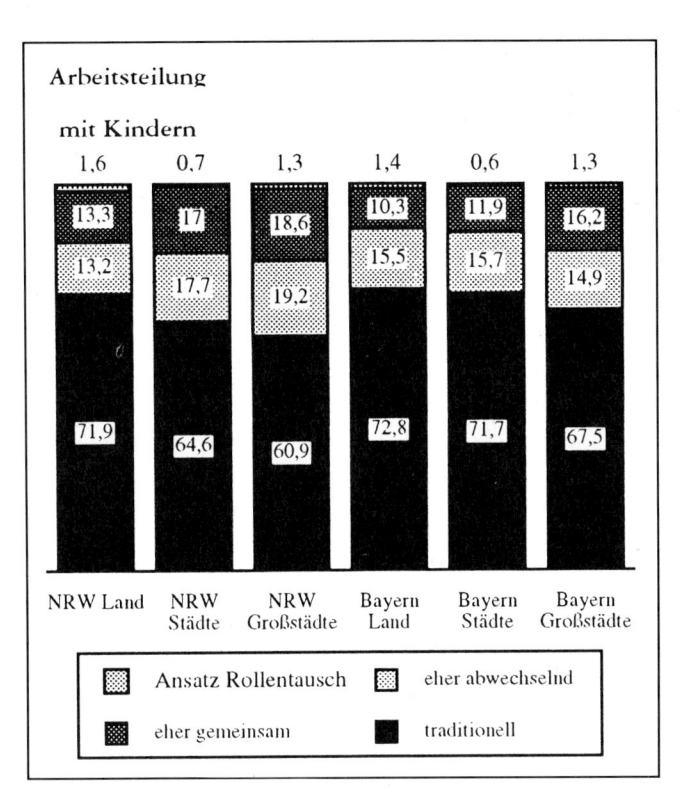

Tab. 5: Arbeitsteilung im Haushalt bei Paaren mit Kindern (Angaben in Prozent). Quelle: Familiensurvey.

	NRW Land	NRW Städte	NRW Großstädte	Bayern Land	Bayern Städte	Bayern Großstädte
Ansatz Rollentausch	1,6	0,7	1,3	1,4	0,6	1,3
eher abwechselnd	13,3	17	18,6	10,3	11,9	16,2
eher gemeinsam	13,2	17,7	19,2	15,5	15,7	14,9
traditionell	71,9	64,6	60,9	72,8	71,7	67,5

So ist auch denkbar, daß Frauen in ländlichen Regionen mit ihrer – unter anderem an der zeitlichen Belastung ablesbaren – objektiv schlechteren Situation durchaus zufrieden sind, weil sie die traditionelle Rollenverteilung aufgrund ihrer geschlechtsspezifischen Sozialisationserfahrungen als angemessen erachten. Wenn, wie Spiegel feststellt, für Frauen in ländlichen Regionen die Vorstellung von Hausarbeit als einer Reproduktionsaufgabe für jeden, also für Männer genauso wie für Frauen, befremdlich erscheint (Spiegel 1990: 114), dann kann davon ausgegangen werden, daß eine Veränderung der Situation, d.h. eine Umverteilung von Aufgaben, hier kaum angestrebt wird.

Andererseits ist natürlich ebenso anzunehmen, daß zumindest ein Teil der Frauen sehr wohl eine partnerschaftliche Aufgabenverteilung anstrebt, diese sich aber aufgrund der hohen sozialen Kontrolle in ländlichen Gebieten weniger leicht durchsetzen läßt. Dies würde der Feststellung von Hebenstreit-Müller und Helbrecht-Jordan entsprechen, daß vor allem bei jungen Frauen auf dem Land eine Ambiguität hinsichtlich traditioneller Rollenerwartungen besteht. Veränderungen in der tatsächlichen Verteilung der Pflichten sind vor allem in Mehrgenerationenhaushalten kaum möglich: „Die Schwierigkeit, die Allzuständigkeit für den Haushalt anzugehen oder gar aufzuheben, resultiert (...) daraus, daß hier ein Kernstück traditioneller Vorstellung und Normierung berührt wird, das von der Dorföffentlichkeit, insbesondere aber auch von der Mehrgenerationenfamilie überwacht und verteidigt wird" (Hebenstreit-Müller/Helbrecht-Jordan 1988: 88).

Einstellungen zur Vereinbarkeit von Beruf und Familie

Neben der Aufgabenverteilung ist für die Familiensituation von Frauen auch die Einstellung zur Vereinbarkeit von Beruf und Familie von Bedeutung. Sie gibt einerseits Auskunft darüber, wie die Erwerbstätigkeit auf subjektiver Ebene verarbeitet wird und ist andererseits auch ein Indikator für die von außen an Frauen herangetragenen Erwartungen an Mütter von kleinen Kindern. Die Einstellungen zur Vereinbarkeit von Beruf und Familie wurden im Familiensurvey in Abhängigkeit vom Alter der Kinder abgefragt. So konnten die Befragten unterschiedliche Meinungen in bezug auf die Erwerbstätigkeit von Müttern von Kindern unter drei Jahren, von Kindern im Kindergartenalter und von Schulkindern machen.

Bei den Einstellungen der Befragten zur Vereinbarkeit von Beruf und Familie ergeben sich große regionale Unterschiede, und zwar besonders hinsichtlich der Einstellung, die Mutter eines Kinder unter drei Jahren solle nicht erwerbstätig sein. Auffallend ist auch, daß der höchste Prozentsatz der BefürworterInnen einer „alternativen" Lösung in den Großstädten Bayerns zu finden sind. Immerhin 20,7 % sind hier der Meinung, es solle zwar ein Elternteil nur teilzeiterwerbstätig sein, legen sich aber dabei nicht auf die Mutter fest (diese Option wurde fast nur von Frauen gewählt). Der Prozentsatz derjenigen, die für eine Vollzeiterwerbstätigkeit beider Elternteile eintreten, ist in allen Regionen verschwindend gering. Auch bei der Einstellung der Befragten zur Vereinbarkeit von Beruf und Familie bei Paaren mit Schulkindern lassen sich die beschriebenen Tendenzen regionaler Unterschiede beobachten. Hier verschiebt sich zwar das Ergebnis von „Frau sollte nicht erwerbstätig sein" hin zu „Mutter sollte nur Teilzeit arbeiten" aber auch hier ist eine traditionellere Einstellung von Befragten in ländlichen Regionen zu erkennen. Bezüglich der Vereinbarkeit von Beruf und Familie lassen sich also neben regionalen Unterschieden auch relativ klare Unterschiede zwischen den beiden Bundesländern erkennen. Insgesamt neigen die Befragten in Bayern zu eher traditionellen Einstellungen.

Bildungsstatus von Frauen

Befragte mit niedrigerem Schulabschluß neigen mehr sowohl zu traditionelleren Einstellungen als auch zu traditioneller Aufgabenteilung als dies bei Befragten mit hohem Schulabschluß der Fall ist (Berger-Schmitt 1986: 122). Daher lassen sich die hier dargestellten regionalen Unterschiede zum Teil sicher auch aus der unterschiedlichen Bildungsbeteiligung in den verschiedenen Regionen erklären.

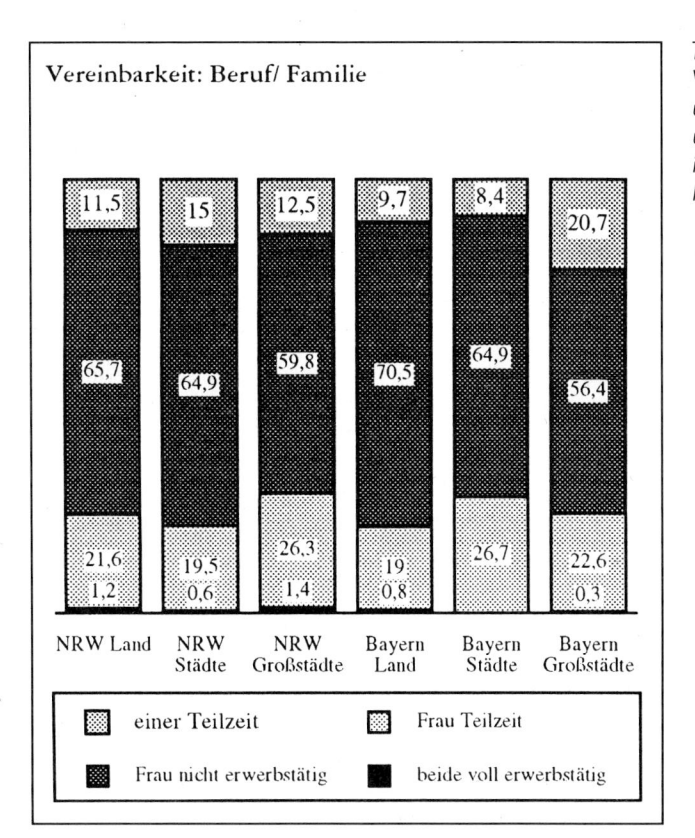

Tab. 6: Einstellungen zur Vereinbarkeit von Beruf und Familie: bei Kindern unter 3 Jahren (Angaben in Prozent). Quelle: Familiensurvey.

Vereinbarkeit: Beruf/ Familie

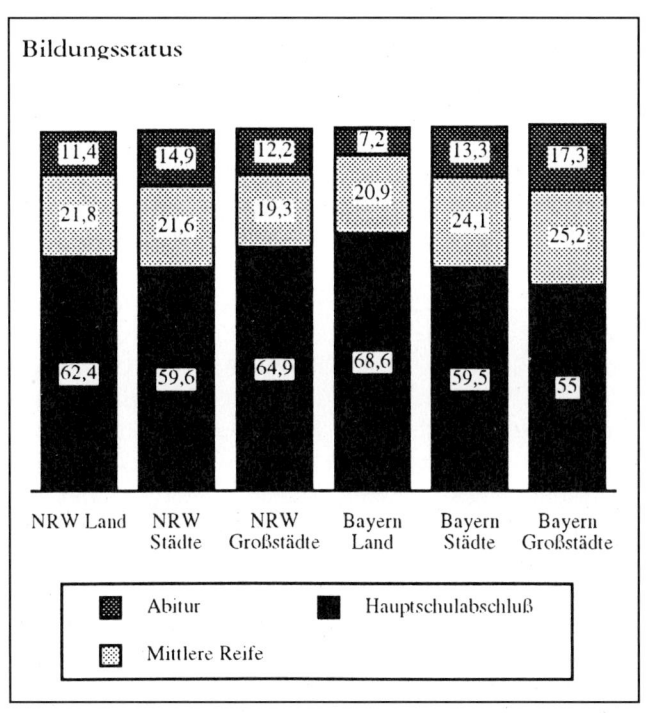

	NRW Land	NRW Städte	NRW Großstädte	Bayern Land	Bayern Städte	Bayern Großstädte
einer Teilzeit	11,5	15	12,5	9,7	8,4	20,7
Frau nicht erwerbstätig	65,7	64,9	59,8	70,5	64,9	56,4
Frau Teilzeit	21,6	19,5	26,3	19	26,7	22,6
beide voll erwerbstätig	1,2	0,6	1,4	0,8		0,3

Tab. 7: Weibliche 15- bis 65jährige Bevölkerung nach Bildungsstatus 1987 (Angaben in Prozent). Quelle: Regionaldatenbank.

Bildungsstatus

	NRW Land	NRW Städte	NRW Großstädte	Bayern Land	Bayern Städte	Bayern Großstädte
Abitur	11,4	14,9	12,2	7,2	13,3	17,3
Mittlere Reife	21,8	21,6	19,3	20,9	24,1	25,2
Hauptschulabschluß	62,4	59,6	64,9	68,6	59,5	55

Wenn man diese Daten aus der Volkszählung 1987 betrachtet, fällt vor allem der klare Unterschied zwischen städtischen und ländlichen Regionen in Bayern auf. Gerade bezüglich der Bildungsbeteiligung lassen sich in Nordrhein-Westfalen jedoch keine klaren Tendenzen regionaler Unterschiede feststellen (dies entspricht auch den Ergebnissen von Below: 1989). Wenn aber ein großer Teil der hier besprochenen Faktoren einen signifikanten Zusammenhang mit dem Bildungsabschluß aufweist, ist zu verstehen, weshalb die Stadt-Land-Unterschiede in Nordrhein-Westfalen weniger stark als in Bayern ausgeprägt sind. Zudem besteht die Hoffnung, daß sich aufgrund der zunehmenden Bildungsbeteiligung von Mädchen auch in ländlichen Regionen in den nächsten Jahren Verbesserungen in der Lebenssituation von Frauen ergeben werden.

Fazit

Es lassen sich bei allen hier betrachteten Faktoren regionale Unterschiede zeigen. Aufgrund des gewählten Vorgehens können jedoch nur Tendenzen sichtbar gemacht werden. Dabei spricht einiges für das Vorhandensein ausgeprägter regionaler Unterschiede in der Erwerbs- und Familiensituation von Frauen. Für weitere Betrachtungen regionaler Unterschiede wäre zu überdenken, ob nicht auch die Faktoren „Entfernung zu einem Ballungsgebiet" bzw. Arbeitsmarktregionen mit in die Konstruktion der Regionstypen einfließen sollte.

Insgesamt läßt sich zeigen, daß sich einerseits die Familien- und Frauenpolitik Bayerns und Nordrhein-Westfalens deutlich voneinander unterscheidet, daß aber andererseits die Lebensbedingungen von Frauen und Familien nicht nur zwischen, sondern auch innerhalb der Bundesländer variieren. Die empirischen Ergebnisse weisen die Grenzen politischer Einflußnahme von oben gegenüber offenbar tief verankerten kulturellen Traditionen auf, die sich auf Familienbilder und Vorstellungen über Partnerschaft und Ehe niederschlagen und damit die Lebensweise von Frauen beeinflussen. Damit stellt sich die Frage nach der grundsätzlichen Wirksamkeit und Reichweite familien- und frauenpolitischer Maßnahmen beziehungsweise nach der Effektivität und den praktischen Umsetzungsmöglichkeiten landesspezifischer Leitvorstellungen und regionaler Strukturpolitik im allgemeinen. Dies ist in mancher Hinsicht sicher auch positiv zu beurteilen: hier eröffnen sich Handlungsspielräume einerseits für soziale Bewegungen, die aufgrund ihrer basisdemokratischen Rückbindungen oftmals eher in der Lage sind, über das Engagement des Individuums Zugang zu den tief verwurzelten Einstellungs- und Verhaltensmuster der Menschen zu finden und andererseits auch für regional orientierte Planungsprojekte, die spezielle Bedürfnisse und Gegebenheiten gezielt mit in ihre Arbeit einbeziehen können.

Michaela-Christine Zeller, geb. 1967, Soziologin, Arbeitsschwerpunkte: Regionale Ungleichheit, Frauenforschung, Jugend und Gewalt.

Anmerkung

1 Datenquelle des Projektes „Regionaldatenbank" sind die amtlichen Statistiken der BRD, beim Projekt „Wandel und Entwicklung familialer Lebensformen" handelt es sich um eine Befragung von „über 10 000 Personen, bei der die Kennziffer des Kreises, in dem der/die Befragte lebt" mit erhoben wurde; daher ist eine Verknüpfung amtsstatistischer Daten mit Individualdaten möglich.

Literatur

Bayerisches Staatsministerium für Arbeit, Familie und Sozialordnung (Hg.) (1990): Bayerische Sozialpolitik.

Bayerisches Staatsministerium für Arbeit, Familie und Sozialordnung (Hg.) (1991): Politik für Frauen in Bayern. Leistungen und Vorhaben der Bayerischen Staatsregierung zur Verwirklichung der Gleichstellung von Frauen und Männern.

Below, Susanne von (1990): Die Entwicklung regionaler Bildungsbeteiligung 1961-1987. Unveröffentlichte Diplomarbeit. München.

Berger-Schmitt, Regina (1986): „Innerfamiliale Arbeitsteilung und ihre Determinanten". In: Glatzer, Wolfgang/Berger-Schmitt, Regina (Hg.). Haushaltsproduktion und Netzwerkhilfe. Die alltäglichen Leistungen der Haushalte und Familien. Frankfurt am Main.

Hebenstreit-Müller, Sabine/Helbrecht-Jordan, Ingrid (1988): Junge Mütter auf dem Land – Frauenleben im Umbruch. Bielefeld.

Hradil, Stefan (1987): „Die 'neuen sozialen Ungleichheiten' – und wie man mit ihnen (nicht) theoretisch zurechtkommt". In: Giesen, Bernhard/Haferkamp, Hans (Hg.). Soziologie der sozialen Ungleichheit. Opladen.

Keddi, Barbara/Seidenspinner, Gerlinde (1991): „Arbeitsteilung und Partnerschaft". In: Bertram, Hans (Hg.). Die Familie in Westdeutschland. Stabilität und Wandel familialer Lebensformen. Opladen.

Ministerium für Arbeit, Gesundheit und Soziales des Landes Nordrhein-Westfalen (Hg.) (1982): Frauenbericht. Düsseldorf.

Ministerium für Arbeit, Gesundheit und Soziales des Landes Nordrhein-Westfalen (Hg.). o.J. 3. Familienbericht der Landesregierung Nordrhein-Westfalen. Düsseldorf.

Spiegel, Ingrid (1990): „Ländliche Erbinnen – Ergebnisse empirischer Untersuchungen zu Lebensweise und Gesundheit von Frauen im ländlichen Raum". In: Dörhöfer, Kerstin (Hg.): Stadt – Land – Frau. Freiburg.

Thiessen, Victor/ Rohlinger, Harald (1988): „Die Verteilung von Aufgaben und Pflichten im ehelichen Haushalt". In: Kölner Zeitschrift für Soziologie und Sozialpsychologie. Heft 40. S. 640-658.

Sabine Baumgart

Kein Ort für Frauen?
Gewerbegebiete in der Stadt am Beispiel Hamburg-Hammerbrook

Die Sicherung und Schaffung von Arbeitsplätzen prägt die kommunalpolitischen Diskussionen in Westdeutschland seit Jahren. Vor dem Hintergrund zunehmend enger werdender finanzieller Dispositionsspielräume der öffentlichen Hand werden akute Einzelfall Problemlösungen langfristigen Strategien vorgezogen – mit Blick auf die kommende Legislaturperiode allemal opportun. Räumliche Stadtentwicklungsplanung befaßt sich auch in diesem Kontext eher mit betriebswirtschaftlichen Investitionsinteressen, die in immer stärkerem Maße von standortunabhängigen Entscheidungsträgern (juristischen Personen, vagabundierendes Kapital) verfolgt werden als mit der Situation der Beschäftigten in diesen Betrieben.

Es ist nachgewiesen, daß Frauen an raumrelevanten Entscheidungsprozessen der privaten Wirtschaft und der öffentlichen Verwaltung nicht maßgebend beteiligt sind (Baumgart/Janys 1990). Auch der Weg in die sog. Dienstleistungsgesellschaft hat den segregierten Arbeitsmarkt nicht aufgelöst, sondern ihn eher noch verfestigt. Das heißt, daß Frauen zwar quantitativ zunehmend erwerbstätig sind, aber qualitativ - Frauen bei technischen Fachkräften und in Führungspositionen nach wie vor deutlich unterrepräsentiert sind,
▷ ihr Verdienst und ihre Aufstiegschancen sehr viel geringer sind als bei Männern,
▷ trotz besserer Schulbildung Frauen vom Strukturwandel und Tertiärisierung nicht profitieren,
▷ sog. Frauenarbeitsplätze nach wie vor von Rationalisierung bedroht sind, und daß auch
▷ die Entwicklung der Arbeits-, Fort- und Weiterbildungszeiten nicht auf die Lebensmuster von Frauen abgestimmt sind.

Dagegen wird die Notwendigkeit einer Erhöhung des Frauenanteils insbesondere auch bei Führungskräften von der Privatwirtschaft (großen Unternehmen, Verbänden, Kammern) postuliert.

Geht man von der Zielsetzung einer gleichberechtigten Teilhabe von Frauen am sozialen und gesellschaftspolitischen Leben aus, so sind die Rahmenbedingungen der quantitativ hohen Erwerbsquote von Frauen auch in räumlicher Hinsicht zu betrachten. Konzeptionelle Stadtentwicklungspolitik und räumliche -planung erfordern demnach Leitbilder für eine Zuordnung von Wohn- und Arbeitsstandorten und deren verkehrliche Verknüpfung, die an der Produktions- und Reproduktionsarbeit orientiert sind.

Besonders deutlich zeigt sich die bestehende Trennung von Wohn- und Arbeitsstandort an den monostrukturierten flächenextensiven Arbeitsstättengebieten in der Stadt. Am Beispiel eines innenstadtnah gelegenen Gewerbegebiets in Hamburg – einer traditionell vom tertiären Sektor geprägten Stadt – sollen frauenorientierte Aspekte der Wahrnehmung

und Benutzung dieser Bereiche in der Stadt aufgezeigt und in bezug auf die
▷ Erreichbarkeit von Arbeitsstätten,
▷ räumliche Wegeorganisation,
▷ freizügige Bewegungsmöglichkeiten betrachtet werden.[1]

Vorweg sollen einige statistische Daten zur Frauenerwerbstätigkeit in Hamburg den Rahmen zeigen. Ansätze für frauenorientierte Handlungsfelder sowohl auf räumlicher wie auch auf sozial- und wirtschaftspolitischer Ebene sollen die Darstellung abschließen.

42,6 % der Erwerbstätigen in Hamburg sind Frauen, d.h. knapp 35 % aller Frauen in Hamburg sind erwerbstätig (aus Volks- und Berufszählung 1987).[2] Diese sind in Hamburg überproportional im Dienstleistungsbereich vertreten.[3] Dabei sind hohe prozentuale Anteile (mit über 70 %) in den Bereichen der persönlichen Dienstleistungen sowie in „Anstalten und Einrichtungen von Organisationen ohne Erwerbszweck" zuzuordnen.[4]

Schlüsselt man dies auf nach ihrer Stellung im Betrieb, so sind nur gut ein Viertel aller erwerbstätigen Frauen als tätige Inhaberinnen, knapp 29 % als Beamtinnen/Richterinnen und nur ca. 13 % als Facharbeiterinnen tätig.[5] Wie in anderen Städten zeigt sich auch in Hamburg, daß Frauen überwiegend in kleinen Betrieben arbeiten.

So läßt sich feststellen, daß sowohl die familiär bestimmten wie auch die von Erwerbsarbeit gekennzeichneten Tagesabläufe und Lebensverläufe von Männern und Frauen einen in hohem Maße unterschiedlichen Erfahrungs- und Lebenszusammenhang darstellen.

Aus Skandinavien ist bekannt, daß nur 7 % der Erwerbstätigen in Bereichen arbeiten, in denen von einer Teilhabe gleichermaßen von Männern und Frauen auszugehen ist. (Schéele 1993).

Demnach sind auch die Anforderungen an die soziale Infrastruktur und die Einbindung in den sozialen Nahbereich je nach Lebenssituation von völlig unterschiedlichen Rahmenbedingungen gekennzeichnet. Dabei sind insbesondere auch die unterschiedlichen Lebensphasen und Haushaltsformen von Frauen zu berücksichtigen.

In Hamburg gab es 1987 46,7 % Einpersonenhaushalte mit steigender Tendenz, davon waren 60,6 % Frauen. D.h., daß 28,3 % aller Privathaushalte in Hamburg aus alleinlebenden Frauen besteht, die sowohl für das familiäre Einkommen wie auch die Haushaltsorganisation und ggf. Kinderbetreuung zuständig sind.

Somit stellen auch Arbeitsstättengebiete eine räumliche Rahmenbedingung dar, die die Teilhabe von Frauen am beruflichen und gesellschaftlichen Leben in der Regel eher behindert, denn sie fördert. Geschlechtsspezifisch erhobene und aufgeschlüsselte Daten gibt es für Hamburg dazu kaum.[6]

1990 waren unter den Beschäftigten in neun untersuchten Hamburger Gewerbe- und Industriegebieten (Baumgart/Pahl-Weber 1990) – darunter Hammerbrook – nur ca. 27% Frauen als Vollzeitbeschäftigte und ca. 10% weibliche Teilzeitbeschäftigte (gegenüber knapp 3% der männlichen Beschäftigten in Teilzeit). Dies wird erklärlich, wenn man sich die Branchenverteilung in den untersuchten Gebieten anschaut: knapp die Hälfte der Betriebe gehören dem warenproduzierenden Gewerbe an, wobei die Investitions- und Verbrauchsgüterindustrie dominiert, beim Handwerk das Metallgewerbe, also Betriebe mit traditionell geringem Frauenanteil. Über die Hälfte der Betriebe gehört zum Dienstleistungssektor, was insbesondere über die Tätigkeitsfelder der Unternehmen deutlich wird: Nur noch ein Drittel der Betriebe sind in erster Linie mit der Herstellung und Verarbeitung von Gütern beschäftigt; zwei Drittel erfüllen dienstleistende Aufgaben, insbesondere Großhandel und Betriebe mit Verkauf, Reparatur, Service und Wartung (v.a. aus der EDV-Branche). Die Branchenverteilung und die Tätigkeitsmerkmale unterstreichen den wirtschaftlichen Strukturwandel der letzten Jahre, der sich räumlich auch in den vormals gewerblich und industriell geprägten Gebieten niederschlägt und dort Umstrukturierungstendenzen zeigt.

Dies ist auch in Hammerbrook ablesbar. Die Trennung von Funktionen war Grundlage der Entscheidung für die Entwicklung des im 2. Weltkrieges weitgehend zerstörten Wohngebiets als sog. „Geschäftsgebiet". So entstand am Eingang zur Hamburger Innenstadt von Süden ein Arbeitsstättengebiet, das auch von der unmittelbaren Nähe zum Hamburger Hafen geprägt war. Im Zusammenhang mit der Entwicklung zur sog. City-Süd sowie auch bedingt durch entsprechende Flächenangebote siedelten sich hier auch drei größere Weiterbildungsinstitute an.

Der Standort Hammerbrook zeigt in der Branchenverteilung mehr als die Hälfte Dienstleistungs- und ein gutes Drittel Handwerksunternehmen, wobei etwa zwei Drittel Kleinbetriebe (0-19 Beschäftigte) sind (ein vergleichsweise hoher Anteil).

Der Ortsteil ist durchzogen von breiten Straßenzügen (Autobahnzubringer mit 100 000 Kfz/Tag und Hauptverkehrsstraßen zwischen dem westlichen und östlichen Hamburg sowie von und zur Innenstadt) und von Wasserläufen in Form von geraden breiten Kanälen. Er gliedert sich in zwei unterschiedliche Bereiche: repräsentative Verwaltungsgebäude im Norden und Westen in hoher Verdichtung und kleinere gewerbliche Betriebe und flächenextensive Betriebe des Transports östlich des Hochkanals.

Die Straßen im Gebiet sind entweder eng und zugeparkt oder überdimensioniert breit und stark verkehrsbelastet und beinahe alle ohne Straßenbegrünung. Einzig eine neugestaltete Fläche am Mittelkanal bietet

Abb. 1: Am Kanal

Abb. 2: S-Bahn-Trasse

Aufenthaltsmöglichkeiten. Die Innenstadt ist fußläufig zu erreichen. Hammerbrook liegt im Einzugsbereich von zwei S-Bahnstationen: der westliche Teil des Untersuchungsgebietes ist darüber gut (City, Hafenrand, südliches Hamburg jenseits der Elbe) erschlossen; der östliche Teil ist wesentlich schwerer mit öffentlichen Verkehrsmitteln zu erreichen. Dort fahren – besonders im südlichen Bereich – nur wenige Busse.

Arbeitswege und -wegezeiten stellen im Tagesablauf berufstätiger Frauen, besonders der Mütter eine wichtige Restriktion dar (in Verbindung mit Aufgaben wie Kinderbegleitung und -betreuung, Versorgungs- und Verwaltungsgängen, sonstige Pflege- und Versorgungsaufgaben).[7] Über 90% der befragten Frauen (Baumgart Pahl-Weber Partner 1993)[8] benutzen die öffentlichen Verkehrsmittel, meist die S-Bahn. Knapp 70% der befragten Frauen kommen aus Hamburger Bezirken, wobei ein großer Teil aus dem Bezirk Harburg (31 Frauen) südlich der Elbe kommt und ca. 30% aus den umliegenden Kreisen in Niedersachsen und Schleswig-Holstein. Als Fahrtzeiten wurden zwischen 10 Minuten und 120 Minuten zur Arbeit angegeben, wobei die meisten Frauen zwischen 30 und 60 Minuten für ihren Arbeitsweg benötigen (die durchschnittliche Wegezeit beträgt 45 Minuten).

Ebenso wie Mobilität ist Sicherheit im öffentlichen Raum für Frauen in der Stadt ein wichtiges Thema bei der Teilhabe am gesellschaftlichen Leben. Über 40% der befragten Frauen fühlen sich auf ihrem Arbeitsweg unsicher und bezogen dies in erster Linie auf den Bereich um die S-Bahn-Station, aber auch auf den Hauptbahnhof sowie andere Haltestellen des öffentlichen Nahverkehrs, sowie auf die Randbereiche des Kanals.

Die gesamte nähere Umgebung der S-Bahn zeichnet sich durch ihre hohe bauliche Verdichtung aus, dominiert von massiven Betonstützen der S-Bahnhochtrasse, durch die ein Rad- und Fußweg führt (entlang der dreispurigen Hammerbrookstraße). Im gesamten S-Bahneinzugsbereich ist weder Gastronomie noch eine sonstige belebende Nutzung angesiedelt, so daß sich die Umgebung besonders in den Abendstunden sehr verlassen darstellt.

Ebenso wirken die Wege- und Aufenthaltsflächen am Mittelkanal zwar gepflegt, jedoch durch ihre Größe und harten städtebaulichen Kanten in weniger belebten Zeiten unbenutzt, trotz ihres stadtplatzartigen Charakters und ihrer repräsentativen Gebäuden. Besonders trifft dies auch für die Hauptfußwegeverbindung zur S-Bahnstation zu.

So ist das Angebot an Aufenthaltsflächen in Hammerbrook, wo die Frauen sich während der Pausen oder nach der Arbeit aufhalten können, sehr schlecht. Die Fläche am Mittelkanal wird wenig genutzt, was z.T. sicherlich an den wenig geschützten Sitzplätzen auf der sehr großzügigen, offenen Fläche liegt. Anregungen und Initiativen, dort Cafés oder Restaurants anzusiedeln, sind bis heute nicht aufgenommen worden (Städtebauliches Entwicklungskonzept Hammerbrook, 1984). Restgrünflächen entlang des Hochwasserbassins, die sich zwischen Sport und Tennisanlagen befinden, sind nur schwer erreichbar und laden keineswegs zum Aufenthalt ein.

Die S-Bahnstation, ein prämiertes Bauwerk, zeichnet sich durch zwei unübersichtliche, wenig beleuchtete Eingänge aus. Die Eingänge sind nicht behindertengerecht gestaltet und auch nicht leicht mit Kinderwagen oder Traglasten zu bewältigen. Der Bahnhof selbst ist tunnelartig gebaut, was weder einen Einblick von der Straße noch umgekehrt auf die Hammerbrookstraße und den Kanal zuläßt, andererseits Wind- und Wetterschutz bietet.

Da der Hauptteil der Frauen die öffentlichen Verkehrsmittel benutzt, müssen sie den Restweg zur Arbeitsstätte in Hammerbrook zu Fuß bewältigen. Die Straßen zeichnen sich jedoch zum größten Teil durch enge, zugeparkte Flächen oder durch überdimensionierte, stark belastete Straßenzüge aus, wo die Frauen immensen Belastungen durch Lärm und Abgase, aber auch durch zu lange Wartezeiten an den Kreuzungen, ausgesetzt sind.

Als Arbeitszeiten gaben 70 Frauen Gleitzeit und 45 Frauen feste Arbeitszeiten an (häufig zwischen 8.00 und 17.00 Uhr). Die Unterrichtszeiten an den Weiterbildungsinstituten liegen zum größten Teil in einem Rahmen, der es zumindest den Hamburger Frauen erlaubt, ihre Kinder noch zur Schule oder zum Kindergarten zu bringen.[9]

Der Anteil der arbeitenden Frauen und der Teilnehmerinnen an den Umschulungs- und Weiterbildungsmaßnahmen nimmt immer weiter zu, da immer mehr Frauen als Berufszurückkehrerinnen auf den Arbeitsmarkt zurückkehren wollen oder eine Ausbildung machen. Ebenso nimmt der Anteil der Frauen mit Kindern und der Anteil der Alleinerziehenden zu. Das größte Problem für die Frauen ist immer noch das Kinderbetreuungsproblem (fehlende Kindergartenplätze, Schulzeiten, Krankheit der Kinder, Betriebsausflüge im Kindergarten etc.). Betreuungseinrichtungen für Kinder sind jedoch in Hammerbrook nicht vorhanden, werden aber von den Ausbildungsstätten und zum Teil von den Frauen gefordert.[10]

Knapp ein Drittel der befragten Frauen bestätigten, daß es Einkaufsmöglichkeiten in der Nähe ihrer Arbeitsstätte gibt, bewerteten diese aber meist als ungenügend. Nur 12 Frauen nutzen diese Möglichkeit in der Mittagspause oder auf dem Nachhauseweg. Der weit überwiegende Teil der Frauen kauft in Wohnungsnähe ein, davon die meisten an ihren freien Tagen oder am Wochenende. Die Frauen bestätigten aber im Gespräch, daß sie Einkaufsmöglichkeiten in der Nähe der S-Bahn wünschen, damit sie auf dem Nachhauseweg zumindest Einkäufe für den täglichen Bedarf erledigen können, ohne die Einkäufe auf längeren Wegen schleppen zu müssen.

Anhand dieses kurzen Fallbeispiels sollte die Sicht auf Defizite gelenkt werden, die über die in der Regel bekannten betrieblichen Standortanforderungen hinausgehen, bzw. diese ergänzen. Auch wenn der planerischen Zielsetzung von Funktionsmischung Grenzen gesetzt sind, ist eine Verknüpfung der unterschiedlichen Lebensbereiche und Tätigkeiten über die Lebensmuster von Frauen für zukünftige Entwicklungen notwendig – und ihre konkrete Umsetzungsmöglichkeiten müssen geprüft und faktisch erprobt werden. In jedem Fall ist dem Bereich Berufs-/Fort- und Weiterbildung größere Aufmerksamkeit auch in bezug auf frauenorientierte räumliche Anforderungen zu widmen.

Für Hammerbrook als Cityerweiterungsgebiet stellt sich aus dem Frauenblickwinkel damit die Anforderung, Monostrukturen aufzulösen, mit der

Zielsetzung, ein „Stück Stadt" zu entwickeln. Dies ist auch erklärtes Planungsziel der Stadtentwicklung, das durch die hier aufgezeigten frauenorientierten Gesichtspunkte qualifiziert werden kann:

Erreichbarkeit

Nach Wünschen an den Arbeitsplatz befragt, äußerten Frauen mit Kindern überwiegend eine Wegedauer zwischen Wohn- und Arbeitsplatzstandort von 10, max. 20 Minuten (Speil 1988).

Nutzungsstruktur und -organisation

Die Ansiedlung kleinerer Einrichtungen zur Versorgung für den täglichen Bedarf und vereinzelte Dienstleistungen (Frisör, Schuster, Reinigung etc.) in Nähe der S-Bahnhaltstelle könnte geprüft werden.

Dezentrale Angebote an Weiterbildungsstätten mit flexiblen, kinderfreundlichen Anfangszeiten, besonders im Hinblick auf die teilweise sehr langen Anfahrtszeiten und die Einkaufs- und Kindergartenwege sowie verschiedene zeitliche Angebote für die gleichen Weiterbildungsmaßnahmen haben ihre Vorbilder in anderen Ländern Europas: in den Niederlanden z.B. sind die Unterrichtszeiten in den Weiterbildungsstätten während der Schulzeiten der Kinder, am Abend oder ganztags bzw. als Mischformen zu wählen.

Ansätze für eine Erhöhung der sozialen Kontrolle könnten in der Ansiedlung ergänzender Nutzungen wie Freizeit, Bildungs- Sporteinrichtungen und Gastronomie liegen, aber auch in einer besseren Beleuchtung z.B. der Eingänge und des Bahnsteiges, wobei nach neuesten Untersuchungen des Frankfurter Verkehrsverbundes Bedienungs- oder Aufsichtspersonen bevorzugt werden gegenüber technischen Lösungen wie Videokameras.

Verknüpfung

Eine Verbesserung der Fußwegeverbindungen auch in Verbindung mit einer Straßen- und Grüngestaltung der Freibereiche ist notwendig. Mit einer Rad- und Fußwegeverbindung, die auch die bestehenden Sportanlagen miteinbezieht, der Aufwertung der Flächen am Mittelkanal durch Cafés oder Restaurants und der gleichzeitigen Verbesserung der Aufenthaltsqualitäten kann gleichzeitig eine stärkere soziale Kontrolle erreicht werden.

Unabhängig von dem konkreten Beispiel Hammerbrook sollten sowohl auf politischer Ebene, als auch in der Verwaltung frauenpolitische Belange bei der gemeindlichen Gewerbeentwicklungsplanung, bei der Bauleitplanung, bei der Stadterneuerung (in bezug auf Erreichbarkeit, Zuordnung, Ausstattung) verankert werden. Hier sind alle Ämter für Stadtplanung, Verkehrs- und Grünplanung, Wirtschaftsförderung, Liegenschaft, Frauenbeauftragte und auch alle politischen Gremien gefordert.

Anregungen auf der räumlich-planerischen Ebene sind gebiets- bzw. stadtteilspezifisch anzusiedeln. Flankierend sind jedoch Maßnahmen auf gesamtstädtischer Ebene notwendig, um die Teilhabe von Frauen an Entscheidungsprozessen in Wirtschaft und Verwaltung zu erhöhen. Dazu ist beispielsweise das Eigeninteresse der Betriebe an systematischer Frauenförderung herauszuarbeiten und ein Austausch über positive Beispiele (betriebliche Förderpläne z.B.) zu organisieren (Wirtschaftsförderung, Frauenbeauftragte).

In Ergänzung vorhandener Kriterien bei der Vergabe städtischer Gewerbeflächen oder Bürgschaften sind solche Betriebe mit zusätzlicher Priorität zu fördern, die von Frauen geleitet bzw. gegründet werden bzw. solche mit einer Betriebsvereinbarung über konkrete Gleichstellungsmaßnahmen (Einstellungskriterien). Voraussetzung ist die Verankerung entsprechender Kriterien durch einen Ratsbeschluß bzw. eine Ermächtigung der Verwaltung, solche Kriterien zu entwickeln und anzuwenden.

Daneben ist eine Einzelprojektförderung zur Schaffung positiver Beispiele notwendig, wie die Förderung von Projekten zu Ausbildung und Erwerbstätigkeit von Frauen (mit städtischen Sondermitteln, Beratungsangebot, Werbung), im Verbund mit Wirtschaftsförderung, Sozial- und Jugendamt, Kämmerer, Frauenbeauftragte.

Auf Landesebene müßte sich dies auch in der Einführung gleichstellungsbezogener Kriterien bei der Vergabe von Wirtschaftsförderungsprogrammen (Innovations-, Mittelstands-, Existenzgründungsförderung) und auch bei der Bereitstellung von Fördermitteln niederschlagen.

Entscheidendes Hemmnis der Erarbeitung umfassender Planungsgrundlagen ist die Trägerschaft und Bereitstellung entsprechender Finanzmittel. Hier ist zumeist der reaktive tagespolitische Entscheidungsdruck ausschlaggebend, weniger die Zielsetzung der Schaffung gestaltender Rahmenbedingungen. Hinreichendes Datenmaterial und quantitative Aussagen würden situativ begründete Forderungen von Frauen auch wissenschaftlich absichern und damit Bestandteil von regulären Planungsvorgängen werden können.

Sabine Baumgart, Dipl.-Ing., Städtebauassessorin, geb. 1952, Architekturstudium an der TU Hannover, wissenschaftliche Mitarbeiterin an der TU Hamburg-Harburg, seit 1988 freiberufliche Stadtplanerin in Partnerschaft mit Elke Pahl-Weber in Hamburg/Bremen.

Anmerkungen

[1] Die Darstellung basiert auf vorläufigen Ergebnissen aus einem Gutachten der Hansestadt Hamburg, Stadtentwicklungsbehörde: Baumgart Pahl-Weber Partner. Erscheint voraus. 1993. Bausteine für eine Stadt der Frauen. Visionen für Hamburg.
[2] Gegenüber 1970 ist die Anzahl der beschäftigten Frauen von 36,1% auf 41,1% angestiegen. Bei einer Abnahme der Arbeitsstätten in diesem Zeitraum um ca.

5% und einer Abnahme der Gesamtbeschäftigten um knapp 4% in Hamburg ist eine Zunahme der weiblichen Beschäftigten sowohl absolut wie auch relativ (um 10%) zu verzeichnen.

3 Auf der Grundlage der Arbeitstättenzählung (1987) kann festgestellt werden, daß die meisten der in den Hamburger Betrieben beschäftigten Frauen (d.h. 70,2%) in den Wirtschaftsabteilungen „untenehmensbezogene Dienstleistungen" (32,2%), Handel (21,4%, insbesondere Einzelhandel) und „Gebietskörperschaften und Sozialversicherungen" (16,6%) tätig sind.

4 Demgegenüber sind nur wenige Frauen in der Wirtschaftsabteilung Baugewerbe (11,7%) beschäftigt, wobei der Anteil der Frauen im verarbeitenden Gewerbe insgesamt nur bei knapp 25% liegt. In den Handwerksberufen liegt der Anteil der Frauen bei jeweils einem Drittel, mit Ausnahme der Metallerzeugung und -bearbeitung und dem Stahl-, Maschinen- und Fahrzeugbau (10,7% bzw. 13,6%) und Leder-, Textil- und Bekleidungsgewerbe sowie Ernährungsgewerbe und Tabakverarbeitung (49,8% bzw. 39,2%).

5 Dagegen sind hohe Anteile von Frauen als unbezahlte mithelfende Familienangehörige (68%) und als Teilzeitbeschäftigte (76,8%) registriert.

6 Insgesamt läßt sich feststellen, daß die Datengrundlage in bezug auf weibliche Lebenszusammenhänge und daraus resultierenden Anforderungen an eine entwicklungsplanerische und räumliche Gestaltung der Lebensumwelt qualitativ sehr unterschiedlich und quantitativ völlig unzureichend sind. Dabei fällt ins Gewicht, daß heute immer noch Daten ohne geschlechtsspezifische Unterscheidung erhoben bzw. ausgewertet werden Die meisten räumlich bezogenen Forschungs- und Planungsarbeiten sperren sich bereits im Ansatz, diese Differenz überhaupt wahrzunehmen.

7 Nachweisbar sind es in überwiegender Mehrheit Frauen, die die Kinder in den Kindergarten begleiten (sog. Begleitmobilität) ebenso wie sie in hohem Maße die Versorgung pflegebedürftiger Familienmitglieder übernehmen.

8 Befragt wurden 118 Frauen (Mitarbeit Heike Thöne).

9 Die Ferienzeiten liegen jedoch nur zum Teil gleich mit den Hamburger Schulferien.

10 Vor einigen Jahren gab es eine Initiative mehrerer Weiterbildungsinstitute zur Gründung eines Kindergartens, da viele Frauen die Umschulung nicht beginnen können, wenn sie keine Unterbringungsmöglichkeiten für ihre Kinder haben. 50% der Plätze sollten frei und 50% durch die Träger, die sich zu einem Verein zusammengeschlossen haben besetzbar sein. Die Öffnungszeiten sollten sich an den Arbeitszeiten in den Schulen und den Praktikumsbetrieben richten. Bedingung für die Aufnahme der Kinder sollte eine Anmeldung der Kinder in einem Kindergarten am Wohnort sein, sodaß spätestens nach den zwei Jahren Umschulung die Kinder in den Kindergarten an ihrem Wohnort wechseln können. Diese Initiative wurde intensiv vom Amt für Jugend unterstützt, das auch zur finanziellen Unterstützung bereit war. Daß das Projekt letztendlich an einem Stolperstein scheitern konnte (die in Aussicht genommenen Räume waren wegen Asbestverunreinigungen sanierungsbedürftig), zeigt, auf welch weichem Untergrund eine derartige Initiative arbeitet.

Literatur

Baumgart Sabine/Janys, Irene (1990): „Wirtschaftsförderung = Frauenförderung?". In: Informationen zur Raumentwicklung, Heft 8/9. Bonn.

Baumgart, Sabine/Pahl-Weber Elke (1990): Standortpflege in Hamburger Gewerbe- und Industriegebieten. Gutachten im Auftrag der Freien und Hansestadt Hamburg.

Baumgart Pahl-Weber Partner (erscheint vorauss. 1993): Bausteine für eine Stadt der Frauen. Visionen für Hamburg. (Mitarbeit Heike Thöne).

Schéele, Annika von (1993): „Athena bestäder in Örebro/Schweden". Referat im Rahmen des Symposions Neue Wohn- und Siedlungsformen – Impulse aus Frauensicht. Veranstaltet vom Beirat für frauenspezifische Belange bei der Senatsverwaltung für Bau- und Wohnungswesen. Berlin 29./30.1.93.

Speil, Wolfgang u.a.(1988): Wohnung und Arbeitsplatz. Analysen zur wohnungsnahen Erwerbstätigkeit von Müttern. Hg. vom Bundesminister für Jugend, Familie und Gesundheit. Bonn.

Veronika Honold
Annalie Schoen

Dienstleistungsentwicklung Berlins – mit oder gegen Frauen?

Stadtstruktur als Frauenthema

Frauen und Stadtentwicklung, Flächennutzungsplanung, Dienstleistungsentwicklung, Hauptstadtplanung – inwieweit werden die Lebensbedingungen von Frauen auf diesen Planungsebenen berührt? Als Mütter, Berufstätige, in der Stadt Lebende und Wohnende, als Betroffene? Als Planerinnen, Architektinnen, Soziologinnen, Juristinnen? Sind auf dieser Ebene der Stadtplanung überhaupt geschlechtsspezifische Planungsbelange zu erkennen? Die Frauenfachliteratur hat sich bisher erst in Ansätzen mit den stadtstrukturellen Fragen auseinandergesetzt (Naumann 1987; Dörhöfer/Terlinden 1987; Baumgart 1990; Spitthöver 1990; Borst 1993). Daher können im folgenden nur die bereits diskutierten Thesen aufgegriffen und – soweit möglich und plausibel – aufgrund der Kenntnisse der Praxis in den Zusammenhang der Dienstleistungsentwicklung Berlins gestellt werden, zumal auch die Datengrundlagen in bezug auf geschlechtsspezifische Aussagen völlig unzureichend sind.

Von dem privaten und öffentlichen Dienstleistungssektor gehen derzeit und in naher Zukunft die Entwicklungsimpulse für die Stadt Berlin aus. Nach dem Mauerfall schien sich die Stadt zu einer der „Boomtowns" Deutschlands zu entwickeln. Die privaten Investoren drängen massiv auf den Grundstücksmarkt – vorrangig in die Mitte der Stadt. Die Wohnungs- und Gewerbemieten sind deshalb exorbitant gestiegen. Derzeit wirkt sich die weltweite Wirtschaftskrise auch auf Berlin aus.

Gesamtstädtische Planung

Die Vereinigung Berlins, das zu erwartende Wachstum sowie Ungleichgewichte in der vorhandenen Stadtstruktur werden in den kommenden Jahren die räumliche Struktur der Stadt wesentlich verändern. In dieser Phase des dynamischen Wandels, in der einerseits verbindliche Konzepte fehlen und andererseits umfangreiche Planungs- und Bauentscheidungen getroffen werden müssen, wurde zur Vermeidung von Fehlentwicklungen 1991 das Räumliche Strukturkonzept (RSK, M 1:50 000) erarbeitet und 1992 vorgelegt. Es dient als Orientierungshilfe für konkrete Planungen und als Basis für den in Aufstellung befindlichen Flächennutzungsplan (FNP). Der neue FNP in Berlin ist nicht nur vorbereitender Bauleitplan, sondern ersetzt die Programme und Pläne der Raumordnung.

Mit den im RSK und FNP formulierten stadtstrukturellen Zielen können sich die meisten Bewohnerinnen und Bewohner identifizieren, wie beispielsweise Stärkung der polyzentralen Struktur, Erhalt der grünen Stadt, vielfältige Nutzungsstruktur. Wenn diese Ziele jedoch in konkrete Maß-

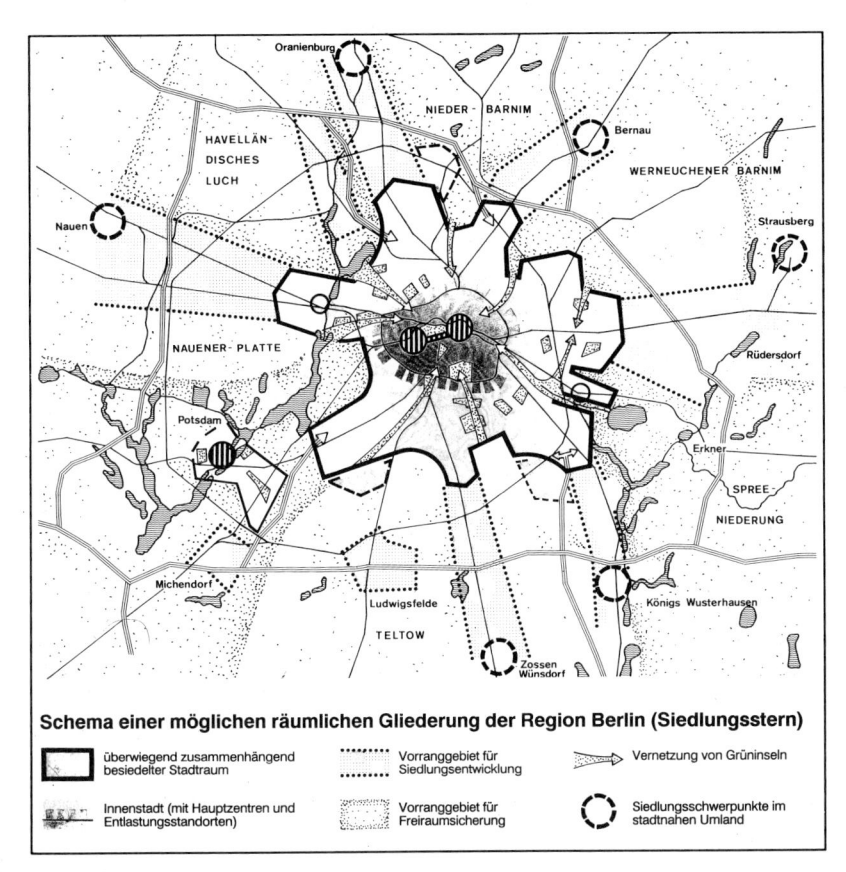

Abb. 1: Schema einer möglichen räumlichen Gliederung
Quelle: Senatsverwaltung für Stadtentwicklung und Umweltschutz 1992: 32.

Schema einer möglichen räumlichen Gliederung der Region Berlin (Siedlungsstern)

- überwiegend zusammenhängend besiedelter Stadtraum
- Innenstadt (mit Hauptzentren und Entlastungsstandorten)
- Vorranggebiet für Siedlungsentwicklung
- Vorranggebiet für Freiraumsicherung
- Vernetzung von Grüninseln
- Siedlungsschwerpunkte im stadtnahen Umland

nahmen umgesetzt werden, treten Zielkonflikte auf, die in letzter Instanz zugunsten der sich stärker durchsetzenden Interessen entschieden werden.

Erfahrungsgemäß nehmen in Berlin weniger Frauen an den entsprechenden Veranstaltungen teil und mischen sich seltener in die Diskussion ein als Männer. Die Beteiligung der Frauen an der Auseinandersetzung über die zukünftige Entwicklung der Stadt ist jedoch notwendig, denn es geht um die Gestaltung auch ihres künftigen Lebensraumes. Außerdem ist das Wissen um die Leitlinien der Stadtentwicklung nützlich, wenn es um die Konkretisierung der Planung geht, d.h. wenn es um die Kontrolle darüber geht, wie die Stadt die allgemein formulierten Ziele konkret umsetzt oder auch nicht.

In der gegenwärtigen Situation wird in der Stadtpolitik der Widerspruch zwischen den planerischen Zielsetzungen einerseits und umsetzungsbedingten Kompromissen andererseits immer stärker. So steht z.B. der gerade von Frauen geforderten Nutzungsmischung von Wohnen, Arbeiten, Kultur, Einkaufen und Freizeit, die Duldung der Zweckentfremdung und die weitgehenden Zugeständnisse an künftige Investoren zugunsten von Monostrukturen gegenüber. Darüber hinaus verstärkt die Politik der Bundesregierung, ihre Ministerien und Folgeeinrichtungen im Zentrum zu konzentrieren, den Verödungseffekt in der Innenstadt und konterkariert damit landesplanerische Ziele. Des weiteren werden nicht wie vorgesehen Arbeitsplätze zur Entlastung der Innenstadt entlang des S-Bahn-Rings gebaut, sondern – im Gegenteil – sie konzentrieren sich dort. In den geplanten Stadterweiterungsgebieten im Nordosten Berlins sind zwar neben Wohnbau- auch Gewerbeflächen vorgesehen. Tatsächlich drängt nur der großflächige Einzelhandel, jedoch keine anderen Betriebe in diese Gegend.

Dienstleistungsentwicklung Berlins

Für Berlin eröffnet die Veränderung der politischen Situation in Deutschland und in Osteuropa grundlegend neue Perspektiven, insbesondere im Bereich der Stadtentwicklung und der Wirtschaft. Die Vereinigung der Stadt, die wiedergewonnene Funktion als Hauptstadt und Regierungssitz sowie die neue zentrale Lage zwischen West- und Osteuropa fördern die Stadt und ihre Rolle im regionalen, nationalen und internationalen Rahmen, insbesondere als Standort für Hauptverwaltungen von Unternehmen sowie Forschungs- und Entwicklungseinrichtungen. Dadurch ist grundsätzlich die Voraussetzung gegeben, Berlin zu einem Wirtschaftszentrum im europäischen Maßstab zu entwicklen, indem ein starker Dienstleistungssektor der Motor des Wachstums ist.

Die Entwicklungsstrategie des Berliner Senats zielt darauf ab, die Stadt im nationalen (Hamburg, Frankfurt, München) und internationalen (Wien, Paris, London) Konkurrenzkampf als „Tor des Westens" zum Osten und als deutsche Hauptstadt vor allem für Managementfunktionen und Investoren attraktiv zu gestalten, z.B. durch Bodenvorrats- und Verkaufspolitik, Wohnungsbau, Verwaltungsreform, Zusammenarbeit mit dem Umland.

Die stadtentwicklungspolitischen Ziele bewegen sich einerseits auf einer geschlechtsneutralen Ebene, implizieren aber andererseits eine Tendenz zur Vermarktung der Stadt, die in ihrer konkreten Umsetzung mit erheblichen Nachteilen für den Alltag der Bewohnerinnen und Bewohner verbunden ist. Beispiele hierfür sind die Erhöhungen der täglichen Wegezeiten für Frauen, die vielfach als Berufstätige im Westteil der Stadt arbeiten und im Ostteil leben, die Verschlechterung der Kinderbetreuungssituation infolge veränderter, nicht mit den Arbeitszeiten der Frauen abgestimmten Öffnungszeiten bzw. des gänzlichen Wegfalls der Betriebskindergärten, die Verschlechterung der Nahversorgung durch die Aufgabe kleiner Einzelhandelsgeschäfte und die Verdrängung der Frauen aus dem Arbeitsprozeß überhaupt (Borst 1993).

Dienstleistungsstruktur Im Vergleich zu anderen deutschen Großstädten wie Frankfurt und Hamburg ist der Büroflächenbesatz in Berlin erheblich unterdurchschnittlich entwickelt[1]. Im wesentlichen wurden in Berlin nur Dienstleistungen für die örtliche Bevölkerung und Wirtschaft erbracht, zentrale Funktionen, z.B. Banken, Versicherungen und unternehmensorientierte Dienstleistungen konnten sich nur bedingt entwickeln. Im Ostteil der Stadt fehlen diese für die Marktwirtschaft typischen unternehmensbezogenen Dienstleistungen fast völlig. Ihre räumliche Verteilung ist relativ dispers und folgt entsprechend ihrer lokalen Bedeutung den zugeordneten Standorten der öffentlichen Verwaltung und der Produktionsstätten.

Die räumliche Verteilung der Dienstleistungen ist gegenwärtig gekennzeichnet von:
▷ der Konzentration gehobener Dienstleistungen in den beiden Hauptzentren West-City (Bereich Zoo/Kurfürstendamm) und Ost-City (Friedrichstraße, Alexanderplatz),
▷ der zentralen Verteilung auf solitäre Standorte und auf einzelne Bezirkszentren, vor allem im Westteil der Stadt, – dem hohen Defizit von Handel und Dienstleistungen im Ostteil der Stadt,
▷ der Einbindung der Dienstleistungen in eine Mischstruktur von Wohnen und Einzelhandel.

Die gewachsene polyzentrale Struktur soll gestärkt und vor allem im Ostteil der Stadt ausgebaut werden. Diese disperse räumliche Verteilung der unterschiedlichen Dienstleistungen kommt den Belangen von Frauen entgegen, die meistens für den gesamten reproduktiven Lebensbereich zuständig sind.

Die Einheit Deutschlands und Europas sowie der Hauptstadtbeschluß des Deutschen Bundestages haben die Standortbedingungen Berlins für die Ansiedlung von Dienstleistungen erheblich verbessert: **Entwicklungstendenzen**
▷ Berlin hat eine zentrale Lage inmitten Europas,
▷ Berlin ist hervorragend an Mittel- und Osteuropa angebunden und verfügt über leistungsfähige Infrastruktur für Informations- und Kommunikationsverarbeitung,
▷ Berlin ist in das überregionale Flugschienen- und Straßenverkehrsnetz eingebunden,
▷ Berlin verfügt über hinreichende Potentiale zum Ausbau von Dienstleistungs- und Produktionseinrichtungen.

Nach vorliegenden Untersuchungen (emperica 1990) ist bis zum Jahre 2005 ein zusätzlicher Büroflächenbedarf ca. 11,0 bis 16,0 Mio. Quadratmeter BGF zu erwarten. Mit der Verdopplung des Büroflächenbestandes wächst die Gefahr der Verdrängungen anderer Nutzungen aus den bisher mischgenutzten Bereichen und Gebäuden. Dieser Verdrängungstendenz wird mit entwicklungsplanerischen Maßnahmen entgegengesteuert.

Frauenbeteiligung auf regionaler Ebene

„Zu allen Teilbereichen der Stadtentwicklung und Stadtplanung wurden in den letzten Jahren von Architektinnen und Planerinnen Forderungen aufgestellt und Vorschläge gemacht, die in kleinen Teilen auch in die Praxis umgesetzt werden konnten" (Borst 1993:97), wie z.B. im Rahmen der behutsamen Stadterneuerung, der Wohnumfeldverbesserung in Großsiedlungen, der Verkehrsberuhigung etc.

Demgegenüber arbeiten in Berlin kaum Frauen in den Bereichen der Regionalplanung, der vorbereitenden Bauleitplanung und der Stadtentwicklungsplanung. Außerdem beteiligen sich relativ wenige Frauen an der öffentlichen Diskussion über gesamtstädtische Entwicklungsziele. Aufgrund der bundesweiten Tendenz, Planungsprozesse durch Einschränkung der Bürgerbeteiligung zu verkürzen, sowie aufgrund des steigenden Investitionsdrucks bei Büro- und Einzelhandelsprojekten wird die Anforderung verstärkt, den FNP umgehend aufzustellen und es erscheint umso notwendiger, daß Frauen ihre spezifischen Aspekte deutlich machen, ihre Interessen und Forderungen formulieren und in den Planungsprozeß einbringen. Die Frage ist, wie die Frauen bei zunächst nur vermittelt erscheinender Betroffenheit zur aktiven Teilnahme motiviert werden können.

Hauptstadtplanung – im Interesse von Frauen?

In der Presse wird hinreichend über die Hauptstadtplanung in Berlin informiert. So sind die Ergebnisse des weltoffenen städtebaulichen Wettbewerbs im Spreebogen zur Ansiedlung vor allem von Parlament und Bundeskanzleramt und der Wettbewerb zum Umbau des Reichstages bekannt. Weniger publikumswirksam hat Berlin im Mai 1993 den Entwicklungsbereich „Parlaments- und Regierungsviertel" förmlich festgelegt. In dem 220 ha großen Gebiet leben etwa 6 000 Einwohner und in ca. 700 Gewerbe- und Dienstleistungsbetrieben gehen Menschen ihrer Arbeit nach. Neben dem Parlament im Spreebogen mit 214 000 m² Hauptnutzfläche (HNF) sollen hier das Bundeskanzleramt und neun Ministerien sowie die zweiten Dienstsitze der in Bonn verbleibenden acht Ministerien mit insgesamt 384 000 m² HNF angesiedelt werden.

Potentiell zeithemmender Faktor für den Parlaments- und Regierungsumzug ist die Realisierung des Tunnelbauwerks durch den Tiergarten. Dieses gigantische Projekt, U-, S-, Fernbahn und Straße unter dem Tiergarten und dem Parlamentsviertel herzuführen, ist planerisch vorbereitet, einschließlich weitgehender Vorstellungen für den neuen Zentralbahnhof am Standort des alten Lehrter Bahnhofs. Angestrebt ist, daß der Bundestag ab 1998 im Berliner Reichstagsgebäude tagt. Der Kanzler soll seine Residenz schräg gegenüber bezogen haben. Dafür muß der Tunnel „gedeckelt" sein. Fünf Jahre einschließlich Planfeststellungsverfahren – eine äußerst knappe Zeit für dieses unglaubliche Projekt.

In der Diskussion um das künftige Parlaments- und Regierungsviertel stehen vor allem die Interessenswidersprüche zwischen Berlin und dem Bund im Vordergrund. Frauenfragen werden nicht diskutiert, sind aber den kontroversen Themen immanent.

Bestandsentwicklung

Der behutsame Umgang mit der vorhandenen Stadt scheint in den ganzen Diskussionen über Großinvestorenprojekte, Hauptstadt und Olympia in Vergessenheit geraten zu sein. Die behutsame Stadterneuerung, die Bestandsentwicklung wird in die Zeit vor Maueröffnung verbannt, als Westberlin „es sich noch leisten konnte", auch alte Häuser zu schützen. Dies gilt jetzt nicht mehr als zeitgemäß, Symbole und große Gesten sind gefragt. Aber können wir uns die Vergeudung von vorhandenen Ressourcen wirklich leisten? Aus historischen, sozialen, ökonomischen Gründen? Besonders aus der fernen Bonner Sicht scheint manches Gebäude für ministerielle Zwecke ungeeignet, zumal man(n) sich mit einem Neubau offensichtlich eher ein Denkmal setzen kann. Ob jedoch in jedem Fall die Funktionsfähigkeit besser ist, muß bezweifelt werden – das neue Bonner Parlament läßt künftige Schwierigkeiten nur ahnen.

Die Bestandssicherung hat jedoch nicht nur einen historischen, finanziellen, stadtstrukturellen Wert, sie bedeutet auch einen schon eingeübten Umgang mit Stadt. So existiert die Wohnbebauung an der Wilhelmstraße in unmittelbarer Nachbarschaft zum Treuhandgebäude. Diese Nutzungsverteilung funktioniert.

Dezentralisierung

Eines der ersten Hauptstadtthemen war die Debatte um zentrale oder dezentrale Regierungsansiedlung in Berlin. Auf Berliner Seite wurde die Vorstellung auf vielen offiziellen und inoffziellen Veranstaltungen immer wieder aufgegriffen: Die Kopfstelle oder „front offices" der Ministerien in die Innenstadt, die nachrangigen Dienststellen bzw. „back offices" an den Innenstadtrand, ggfs. noch dezentraler.

In welcher Form betrifft eine solche Entscheidung Frauen? Frauen arbeiten in den Ministerien, zum größeren Anteil in den unteren Gehaltsgruppen, Frauen müssen die Reproduktionsarbeit meistens in Verbindung mit der Erwerbsarbeit leisten. Arbeitsplätze in Wohnstandortnähe verringern die täglichen Wegezeiten. Dies bedeutet bessere Erwerbsbedingungen und mehr Zeit für Kinder, Partner, Reproduktionsarbeit und eigene Regeneration. Sicherlich werden nicht alle Frauen, die in einer Bundesverwaltung arbeiten, auch in der umliegenden Bebauung wohnen können. Vor allem ist dieses Kriterium bei der Wahl einer qualifizierteren Position nicht ausschlaggebend. Das Angebot wohnungsnaher Arbeitsplätze ist jedoch auf allen Qualifikationsstufen wichtig und ist vor allem für Frauen mit niedrigem Einkommen eine entscheidende Voraussetzung für einen gleichberechtigten Zugang zum Arbeitsmarkt.

Die Forderung, den Prozeß der Funktionstrennung aufzuhalten, erscheint angesichts der zunehmenden gegenteiligen Entwicklung rückwärtsgewandt. Jedoch sind bei weitem nicht die bestehenden planerischen Möglichkeiten ausgelotet, geschweige denn in die Praxis umgesetzt. (Jessen 1993).

Berlin hat die Dezentralisierung aus stadtstrukturellen Gründen immer thematisiert, ist aber bei den Bundesministerien auf völliges Unverständnis gestoßen. Wo doch gerade der Umzug nach Berlin alle Nachteile der Verteilung auf unterschiedliche Häuser in Bonn zu einem Besseren wenden soll. Um den Umzugsbeschluß zu beschleunigen, wurde von Berlin im weiteren Verfahren die Konzentration der künftigen Ministerienstandorte im Zentrum, der City-Ost, nicht mehr infrage gestellt.

Nutzungsmischung

Neben der Belebung eines Quartiers, auch in den Abendstunden, verbessert die Nutzungsmischung potentiell die Verbindungsmöglichkeit von Wohnen und Arbeiten. Verbal ist man sich einig, keiner will eine Stadt mit toten Zonen, alle wollen eine lebendige Stadt, in der man sich wohl fühlt, in der man gerne auf den Straßen flaniert, Geschäfte, Cafes, Restaurants, Museen zum Verweilen einladen. Die mittags oder abends aus den Ministerien strömenden Menschen wollen auch ein Ambiente, das Bedürfnissen nach Kommunikation, Versorgung und Unterhaltung gerecht wird. Aber wie kann diese Mischung erreicht werden? Was tragen die Ministerienstandorte dazu bei? Der Beschluß des Bundeskabinetts vom 17.12.1992 hat darauf eine eindeutige Antwort: grundsätzlich ist die Nutzungsmischung mit Wohnen und Gewerbe auf den Liegenschaften der Bundesregierung ausgeschlossen. Das ins Feld geführte Argument ist das der Sicherheit. Wenn man dieses ernst nimmt – und nicht infrage stellt, warum Kopierstellen, Schreibdienste, Öffentlichkeitsarbeit und vieles mehr von der Bevölkerung abzuschotten sind – sollten mindestens die Konsequenzen aufgezeigt werden: Verwaltungsgebäude füllen sich selten vor 7.00 Uhr und sind nur noch von wenigen Menschen nach 16.00 Uhr bevölkert. Danach sind sie ungemütliche Orte, die Leere und Tristesse ausstrahlen. Auch die schönsten Gebäude vermögen nicht, vor allem in der Dämmerung und bei Dunkelheit, die Ungenutztheit zu überspielen. Frauen meiden solche Räume. Untersuchungen belegen, daß durchschnittlich etwa 70% der Frauen bei Dunkelheit Angst in bestimmten Bereichen des öffentlichen Raums haben (Baumgart 1993:16). Tote Zonen sind Angsträume für Frauen. Sicherheitszonen für Ministerien können Unsicherheitszonen für Frauen sein.

Wohnen

Berlin setzt sich gegenüber den Investoren dafür ein, 20 % Wohnen bei den Projekten zu realisieren. Dieses Wohnen wird dem gehobenen Wohnen zugerechnet, Luxuswohnen in der Innenstadt sei das einzig finanzierbare. Richtig, wenn man Kerngebiete und hohe Dichten zuläßt. Wird ein Gebiet im Rahmen der Bebauungsplanung als Wohngebiet festgeschrieben, können nur entsprechende Bodenpreise realisiert werden und dann rückt ein Wohnungsbau nicht nur für Yuppies (young urban professionals) und Dinks (double income no kids) wieder in die Nähe des Machbaren. Alle beklagen den unattraktiven Wohnungsbau an der ehemaligen Otto-Grotewohl-Straße, die ca. 1000 Wohnungen „Luxusplatte", die noch nach Mauerfall fertiggestellt wurden. Sicherlich mag man den Städtebau und die Gestaltung der Plattenbauten verurteilen, aber ein Wohnstandort in zentraler Lage, mit ausreichend wohnungsnahen Freiflächen und Kita, mit Wohnungsgrößen für Familien mit Kindern, ist ein Glück für die erforderliche Lebendigkeit im Zentrum. Wohnungen in diesem Umfang würden an dieser prominenten Stelle unter den heutigen Verwertungszwängen nicht wieder entstehen. Frauen, die hier wohnen, haben die Möglichkeit der kurzen Wege zu ihren Arbeitsplätzen, haben ein Umfeld, in dem ihre Kinder versorgt sind und ausreichend Möglichkeiten der Nahversorgung.

Sozialer Wohnungsbau und wohnungsnahe Einrichtungen auch im Zentrum dürfen kein Tabuthema sein. Denn das Anmieten von Luxuswohnungen oder die Bildung von Wohnungseigentum ist für Frauen in weit geringerem Maße möglich, da der Verdienst von Frauen im Durchschnitt um knapp 28 % unter dem der Männer liegt und die Einkommensstruktur (Erwerbsausfallzeiten, niedriges Einkommen, Teilzeitarbeit) kaum steuerliche Vergünstigungen ermöglicht (Baumgart 1993:13)

Gentrification und Arbeitsmarktstrukturen

In allen Veranstaltungen zum Thema Parlaments- und Regierungsviertel, an denen Bürgerinnen und Bürger teilnahmen, war ein beherrschendes Thema die Angst vor Verdrängung. Derzeit gibt es im Regierungsviertel und am Rande große Wohngebiete, deren Mieten zwar steigen, die aber immer noch erträglich sind. Mit dem Umzug der Bundesregierung werden weitere regierungsnahe Nutzungen ihren Standort im Umfeld der Ministerien suchen. Altbauwohnungen lassen sich realtiv leicht in Büroflächen umwandeln, aber auch Plattenbauten sind Umwandlungsprozessen unterworfen. So wird hier der Prozeß der Gentrification zum ersten Mal in einem Umfang greifen, wie man es nur aus den „Boomtowns" der USA kennt (Hereijgers 1989).

Der vorhandene preisgünstigere Wohnraum in der Innenstadt wird verknappt, den neu entstehenden können sich nur noch Wohlhabende leisten, unter ihnen ein geringer Anteil von Frauen. Denn nur 6% aller erwerbstätigen Frauen haben ein Nettoeinkommen über 3 000 DM. (Breckner/Sturm 1993:13). Insbesondere alleinerziehende Frauen werden an den Stadtrand mit noch bezahlbaren Wohnungen verdrängt werden, wo die Verbindung von (Re-)Produktions- und Erwerbsarbeit erheblich erschwert ist. Eine Vertreibung aus angestammten Quartieren ist für Frauen besonders problematisch, wenn sie auf Bezugspersonen und soziale Hilfeleistungen angewiesen sind.

Es wird stadtstrukturell eine stärkere Polarisierung eintreten, auf der einen Seite hochqualifizierte Dienstleistungsarbeitsplätze und Luxuswohnen in der Innenstadt, sowie auf der anderen Seite Verfall einiger unterversorgter Quartiere am Stadtrand, vornehmlich von Teilen der Großsiedlungen in Plattenbauweise. Leitende Positionen und hoch qualifizierte Tätigkeitsbereiche bleiben überwiegend Männern vorbehalten, während weniger qualifizierte, schlecht entlohnte Hilfs- und Vorsorgungstätigkeiten im Dienstleistungsbereich von Frauen und hier vor allem von Arbeitsmigrantinnen wahrgenommen werden. Damit wird auch die Differenzierung und Polarisierung der Arbeits- und Lebensverhältnisse von Frauen steigen (Borst 1993).

Beteiligung

Die Beteiligung der Öffentlichkeit an dem Prozeß – Berlin wird Parlaments- und Regierungssitz – wird sehr unterschiedlich beurteilt. Sicherlich berichtet die Presse sehr ausführlich über alle politischen Themen, die die Hauptstadtentscheidung berühren. Die vorbereitenden Untersuchungen wurden mit vier Veranstaltungen vor Ort vorgestellt und vier Wochen öffentlich ausgelegt, Ausstellungen zu dem Thema, Veröffentlichungen, Architekturgespräche sind erfolgt. Die Wettbewerbe sind öffentlich ausgestellt, demnächst auch die Planung für den Lehrter Bahnhof. Die Betroffenen beklagen sich jedoch über mangelnde Beteiligung.

Wo sind die Frauen in dem Prozeß? Teilweise sind sie es, die sich über mangelnde Beteiligung beschweren. Vereinzelt wirken sie an dem Planungsprozeß mit: als Preisträgerin des Spreebogenwettbewerbs (Charlotte Frank) – sie wird jedoch, wenn überhaupt, nur als Partnerin gewürdigt –, als Beteiligte an den Preisgerichten (von 19 FachpreisrichterInnen vier Frauen, von 18 SachpreisrichterInnen zwei, dazu prominente politische Vertreterinnen – die Bundestagspräsidentin Dr. Rita Süssmuth, die Bundesbauministerin Dr. Irmgard Schwaetzer), als Vertreterin im Gemeinsamen Ausschuß zwischen Bund und Berlin (Frau Dr. Schwaetzer, Frau Bergmann – Senatorin für Arbeit und Frauen – von 10 VertreterInnen). Auch die Arbeitsebene der „Spitzenbeamten" ist fast ausschließlich männlich besetzt – von ca. 40 Personen vier Frauen in eher unbedeutsamen Positionen. Immerhin gibt es inzwischen einige Frauen in Spitzenpositionen, die Bundesbauministerin, die Präsidentin der Bundesbaudirektion. Aber das sind leider noch die Ausnahmen von der Regel. Es ist einfach nicht vorstellbar, daß bei einem Studentinnenanteil bei den ArchitektInnen von ca. 50 %, bei den PlanerInnen von ca. 35 % im Laufe der Berufskarrieren nur einzelne Spitzenpositionen übrig bleiben, davon kaum in den mit der Hauptstadt befaßten Bonner Ministerien und Berliner Senatsverwaltungen.

Resümee

Dies ist vielen Ursachen geschuldet. Die Forderungen der Frauenbewegung wie institutionalisierte Frauenbeiräte mit Entscheidungskompetenzen, Quotierung von Verwaltungsstellen, Förderung frauengerechter Beteiligungsmodelle, Forschungsmittel für frauenspezifische Planungsthemen sind weitgehend bekannt, sie müssen hier nicht erläutert werden. Wesentlich ist jedoch, daß die Realisierung Probleme aufwirft. Dies nicht nur, weil die Männer eher den Geschlechtsgenossen – und sich selbst natürlich – für qualifizierter halten und nicht kampflos ihre Vorrangstellung abgeben. Auch Frauen melden viel zu wenig ihren Anspruch auf wichtige Positionen an und stellen die eigene Qualifikation als ausreichend dar. Insofern kann die Forderung nach Quoten nur ein Hilfsmittel sein. Es müssen mehr Frauen in entscheidende Positionen – aufgrund der gleichwertigen Qualifikation und als Vorbilder. Nun gilt es aber nicht, den Frauen immer wieder vorzuhalten, was sie anzustreben hätten. Frauen haben andere Lebensmuster und entscheiden sich oft bewußt gegen das männliche Konkurrenzprinzip. Sie sind in ihren Entscheidungen ernst zu nehmen. Sie entscheiden sich für Teilzeitarbeit und damit weniger für die Karriere. Nicht immer ist beispielsweise der Ellenbogeneinsatz im Beruf das erstrebenswerte Ziel.

Trotzdem muß die Berücksichtigung von Zeitplanung und Zeitbudget (Sitzungstermine, Kinderbetreuung) genauso selbstverständlich werden wie die Schaffung von Voraussetzungen und Rahmenbedingungen zur Erhöhung der Artikulationsfähigkeit von Frauen.

Da oft die Familie im Vordergrund steht, sind Frauen weniger häufig selbständig, gibt es in Berlin kaum reine weibliche Planungs- oder Architektinnenbüros. Insofern ist die Forderung nach deren Beteiligung erfahrungsgemäß schwer zu realisieren.

Frauen sind viel häufiger an umsetzungsorientierten Themen interessiert, sie schenken deshalb Themen der Regional- und Flächennutzungsplanung weniger Aufmerksamkeit. Daher engagieren sie sich auch eher bei der Bürgerbeteiligung im Wohnumfeld. Die inhaltliche Auseinandersetzung über FNP und Regionalplanung wird ohnehin fast ausschließlich von der Fachöffentlichkeit wahrgenommen, für Bürgerinnen und Bürger

Veronika Honold, geb. 1949, Dipl.-Ing., Stadtplanerin bei der Senatsverwaltung für Stadtentwicklung und Umweltschutz Berlin, Sektorale Landesentwicklungskonzepte – Entwicklungsstrategien, Arbeitsschwerpunkt: Stadtentwicklung, Dienstleistungssektor, Mitglied bei der Vereinigung der Stadt-, Regional- und Landesplaner.

Annalie Schoen, geb. 1950, Dipl.-Ing., Stadtplanerin bei der Senatsverwaltung für Bau- und Wohnungswesen Berlin, Hauptstadtreferat, Arbeitsschwerpunkt: Entwicklungsmaßnahme Parlaments- und Regierungsviertel, Mitglied bei der Vereinigung der Stadt-, Regional- und Landesplaner.

sind die Aussagen zu abstrakt und kaum in der Auswirkung auf das eigene Leben erfaßbar.

Deshalb bleiben bei der Thematik „Frauen und Regionalentwicklung" folgende Fragen offen:

▷ Können auf allen Planungsebenen frauenspezifische Belange einfließen und wenn, mit welchen Inhalten?
▷ Welche Form der Öffentlichkeitsarbeit kann Frauen bewegen, sich stärker für ihre Belange – auch im Rahmen der Flächennutzungsplanung – einzusetzen?
▷ Muß der Status eines Frauenbeirates dahingehend geändert werden, daß er künftig im Planungsprozeß wie ein „Träger öffentlicher Belange" behandelt wird?
▷ Haben die Frauen eine Chance, daß ihre „Bedenken und Anregungen" zum Nachdenken anregen bzw. Planungsinhalte entsprechend ihren Vorstellungen geändert werden?

Anmerkung

[1] Berlin hatte 1990 einen Büroflächenbestand von ca. 12 Mio. Quadratmeter Bruttogeschoßfläche (BGF). Das Gros davon entfällt mit ca. 9 Mio. Quadratmeter BGF auf den Westteil der Stadt. Im Vergleich zu anderen deutschen Großstädten wie Frankfurt (12 m^2 BGF/EW) und Hamburg (5,7 m^2 BGF/EW) ist Berlin mit ca. 3,6 m^2 BGF/Einwohner nur unterdurchschnittlich ausgestattet.

Literatur

Baumgart Pahl-Weber Partner (1993): Planungskonzepte aus Frauensicht in Städtebau und Wohnungsbau, Kommunalplanung und Raumordnung. Expertise im Auftrag der Bundesforschungsanstalt für Landeskunde und Raumordnung für das Kolloquium Frauen planen die Stadt des Bundesministeriums für Raumordnung, Bauwesen und Städtebau am 25.2.1993 in Bonn (unveröff. Manuskript).

Borst, Renate (1993): „Frauen und sozialräumliche Polarisierung der Stadt". In: FOPA (Hg.). Raum greifen und Platz nehmen: Dokumentation der 1. Europäischen Planerinnentagung. Freiräume. Sonderheft 1992/93. Zürich/Dortmund. S. 71-101.

Breckner, Ingrid/Sturm, Gabriele (1993): Weibliche Lebenssituationen im Wandel: Gesellschaftliche Entwicklungen verändern die Gestaltungsspielräume von Frauen in räumlichen Strukturen. Expertise im Auftrag der Bundesforschungsanstalt für Landeskunde und Raumordnung für das Kolloquium Frauen planen die Stadt des Bundesministerium für Raumordnung, Bauwesen und Städtebau am 25.2.1993 in Bonn (unveröff. Manuskript).

Bundesforschungsanstalt für Landeskunde und Raumordnung (BfLR) (Hg.) (1990): Frauen und räumliche Entwicklung. Informationen zur Raumentwicklung, Nr. 8/9. Bonn.

emperica (1990): Berlin 2005. Bonn.

Dörhöfer, Kerstin/Terlinden, Ulla (1987): „Zur Diskussion: Einige Vorschläge für eine frauenfreundliche Umweltgestaltung". In: Dörhöfer Kerstin/Terlinden Ulla (Hg.). Verbaute Räume. Köln. S. 165-173.

Hereijgers, Ad (1989): „Konkurrenzkampf um Wohngebiete". In: Becker, Ulrich/ Schoen, Annalie (Hg.). Die Janusgesichter des Booms. Strukturwandel der Stadtregionen New York und Boston. Hamburg. S. 124-131.

Jessen, Johann (1993): „Stadtstruktur und Familienhaushalt". In: Buchmüller/Zibell (Hg.). Weibliche und männliche Aspekte in der Stadtplanung. ORL-Berichte. Bd. 86. Zürich.

Naumann, Jenny (1987): „Erwerbsarbeit und Stadtstruktur". In: Dörhöfer, Kerstin/ Terlinden, Ulla (Hg.). Verbaute Räume. Köln. S. 52-51.

Spitthöver, Maria (1990): „Frauen und Freiraum". In: Dörhöfer, Kerstin (Hg.). Stadt – Land – Frau. Freiburg. S. 81-103.

Senatsverwaltung für Stadtentwicklung und Umweltschutz (1992): Räumliches Strukturkonzept. Berlin.

Stefani Miseré

Im Ruhrgebiet blüht uns was!
Der Stellenwert frauenspezifischer Belange im regionalplanerischen Strategiekonzept der IBA Emscher-Park

Die „Internationale Bauausstellung Emscher-Park – Werkstatt für die Zukunft alter Industriegebiete" – unter dieser Namensgebung wird im Ruhrgebiet seit 1988 ein planerisches Strategieprogramm umgesetzt, das die Entwicklung von Zukunftsperspektiven für die von den Folgeproblemen der industriellen Monostruktur geprägten Region zum Ziel hat. Kernpunkt der IBA-Strategie ist es, durch die Einleitung eines wirtschaftlichen Strukturwandels die Voraussetzung für ökologische, soziale und räumliche Erneuerungsprozesse in der Emscherregion zu schaffen und damit eine Verbesserung der allgemeinen Lebensbedingungen zu erreichen (vgl. MSWV 1988). Ich gehe im folgenden der Frage nach, ob mit den Planungsstrategien der IBA auch konkrete Verbesserungen für die Lebensqualität von Frauen zu erwarten sind. Diese Frage stellt sich insofern als die historische und gegenwärtige Lebensrealität von Frauen im Lebensraum Ruhrgebiet in den wirtschaftlichen Aufschwungs- und Krisenentwicklungen im Zeichen von Kohle und Stahl kaum wahrgenommen wird.

Vor dem Hintergrund der strukturpolitischen Zielsetzung der IBA soll hier zunächst aufgezeigt werden, wie sich unter den Vorzeichen wirtschaftlicher Krise einerseits und beginnender Umstrukturierung andererseits die materiellen Rahmenbedingungen von Frauen im Ruhrgebiet darstellen. Im Anschluß daran werden die Planungsstrategien und Leitbilder der IBA daraufhin untersucht, ob und inwieweit sie einen Beitrag zur Verbesserung weiblicher Lebensbedingungen leisten (können).[1]

Die Erwerbs- und Einkommenssituation von Frauen in Nordrhein-Westfalen in den 80er Jahren[2]

Der beginnende Strukturwandel im Ruhrgebiet wird im allgemeinen als Impuls für eine verbesserte Arbeitsmarktsituation von Frauen gewertet (vgl. LAA/NRW 1990). Im Gegensatz zum Beschäftigungsrückgang bei den männlichen Arbeitnehmern hatten Frauen im Laufe der 80er Jahre auch tatsächlich einen überproportionalen Anteil an den Beschäftigungszuwächsen. Ihr Anteil an allen sozialversicherungspflichtig Beschäftigten stieg von 35 % 1980 auf 38 % 1989. Betrachtet man die Entwicklung branchenspezifisch, so stellt sich der Dienstleistungssektor zunächst als Impulsgeber für die Beschäftigungsentwicklung bei den Frauen dar. Von 1980 bis 1989 stieg die Frauenbeschäftigung hier um 11,5 %. Mit 58 % lag damit der Anteil an sozialversicherungpflichtig beschäftigten Frauen hier am höchsten. Den Beschäftigungsgewinnen im Dienstleistungsbereich steht jedoch der Arbeitsplatzabbau in anderen traditionell weiblichen Berufsbranchen gegenüber. So gingen beispielsweise in den Fertigungsberufen (u.a. Metall-, Elektro-, Montage-, Textil- und Ernährungsberufe) zwischen

1980 und 1989 11,6 % der Beschäftigungsverhältnisse verloren. Die weitere Betrachtung der Arbeitsmarktstrukturen von Frauen relativiert die auf den ersten Blick positive Tendenz weiterhin. Der Arbeitsmarkt ist nach wie vor in typische Männer- und Frauenberufe aufgeteilt. In allen Berufsgruppen gilt, daß der Frauenanteil dort am höchsten ist, wo es sich um „typische Frauenberufe", Berufe auf unteren Hierarchieebenen und unqualifizierte Berufe handelt. So sind beispielsweise im Fertigungsbereich die Anteile der weiblichen Beschäftigten in den Textil-, Montage- und Ernährungsberufen am höchsten. Die hochgradig arbeitsteiligen Produktionsabläufe führen hier zu einem vergleichsweise hohen Anteil an gering qualifizierten Arbeitsplätzen. Auch bei den Dienstleistungen nimmt der Anteil der weiblichen Beschäftigten mit der beruflichen Hierarchie ab. In beiden Bereichen liegen die höchsten Frauenanteile in den konsumorientierten Sektoren, wohingegen sie in den technischinnovativen, zukunftsorientierten Berufen gering sind (vgl. Grüne/NRW 1989). Eine geschlechtsspezifische Hierarchisierung läßt sich nicht nur bei der Qualität des Arbeitsplatzangebotes feststellen, sondern auch in bezug auf die Beschäftigungsarten. Die Erwerbstätigkeit von Frauen war in besonderem Maß von Teilzeitarbeit und der Arbeit in flexiblen und ungeschützten Beschäftigungsverhältnissen bestimmt. In Nordrhein-Westfalen arbeitete 1989 nahezu jede vierte Frau in einem Teilzeitbeschäftigungsverhältnis. Der Anteil von Frauen an allen Teilzeitbeschäftigten betrug 93 %. Im Dienstleistungsbereich stieg er von 1980 bis 1989 um 43 % (vgl. LAA/NRW 1990). Von der Befristung und Flexibilisierung von Arbeitsverhältnisssen sind ebenfalls in erster Linie Frauen betroffen. Sie findet insbesondere in Wirtschaftsbranchen mit einem hohen Anteil an beschäftigten Frauen statt und/oder in Branchen, die sich in Struktur- oder Beschäftigungskrisen befinden (z.B. Textil-, Bekleidungs-, Nahrungsmittelindustrie, Einzelhandel) (vgl. Parl. Staatssekr. 1990). Mit der Ausweitung des Dienstleistungssektors wird auch die Anwendung Neuer Technologien im Arbeitsbereich zunehmend an Bedeutung gewinnen. Vor dem Hintergrund der beschriebenen Beschäftigungsstrukturen wird diese Entwicklung die Arbeitsbedingungen von Frauen tendenziell weiter verschärfen.

In Berufssparten mit einem hohen Anteil an weiblichen Beschäftigten (z.B. im Einzelhandel, im Kredit und Versicherungswesen, im Verwaltungs- und Bürobereich, im Postbereich, im Fertigungsbereich) werden rationalisierbare Arbeiten zum Großteil von Frauen ausgeführt. Hier können durch den Einsatz computergestützter Technologien Arbeitsprozesse weitestgehend rationalisiert werden und einzelne Arbeitsschritte ganz entfallen, so daß die Gefahr der Verdrängung un- und angelernter Arbeitskräfte besonders groß ist. Ein weiterer Anwendungsbereich ist die Teleheimarbeit. In diesen arbeitsrechtlich meist nur unzureichend abgesicherten

Beschäftigungsverhältnissen arbeiten zum Großteil Frauen (vgl. Parl. Staatssekr. 1987). Die positiven arbeitserleichternden Aspekte des Einsatzes neuer Technologien liegen vor allem dort, wo der Frauenanteil gering ist (z.B. in Montage- und Wartungsberufen) und im Bereich höherqualifizierter Tätigkeiten (z.B. bei den IngenieurInnen/TechnikerInnen, Datenverarbeitungsfachleuten).

Betrachtet man das Vorangegangene im Zusammenhang mit den Rahmenbedingungen weiblicher Erwerbstätigkeit, wird die Zweischneidigkeit der gegenwärtigen Entwicklung deutlich. In der altersspezifischen Verteilung der weiblichen Erwerbsquote von 1985 zeigt sich ein deutlicher Rückgang in einer Familienphase, in der Phase eines beruflichen Wiedereinstiegs, sowie am Rand des Erwerbslebens. Im Gegensatz dazu waren männliche Arbeitnehmer während der „klassischen" Lebensarbeitszeit fast vollständig in das Erwerbsleben eingebunden (vgl. Parl. Staatssekr. 1987). Analog dazu zeigt die Erwerbslosenquote von 1989, daß Frauen in diesen Lebensphasen überproportional häufig vom Arbeitsplatzverlust betroffen sind (vgl. LAA/NRW 1990). Damit belegt die Statistik einmal mehr, daß Frauen durch die Übernahme sozialer Versorgungspflichten an einer gleichberechtigten Teilnahme am Erwerbsleben gehindert werden. Darüberhinaus haben sie das daraus resultierende ökonomische Risiko zu tragen. Die Entwicklung bei den weiblichen Erwerbslosen zeigt weiterhin, daß Frauen nicht nur in Krisenzeiten, sondern auch in Phasen wirtschaftlicher Umstrukturierungen als Arbeitsmarktreserve und flexibles Arbeitskräftepotential fungieren. In den 80er Jahren waren Frauen unabhängig von ihrer Qualifikation und ihrem beruflichen Status überproportional von Arbeitslosigkeit betroffen. Während 1980 der Anteil von Frauen an den sozialversicherungspflichtig Beschäftigten 35 % betrug, lag ihr Anteil an allen Erwerbslosen bei 50 %. Bis 1989 war ihr Anteil an allen sozialversicherungspflichtig Beschäftigten zwar auf 38 % gestiegen, ihr Anteil an allen Erwerbslosen lag jedoch mit 46 % immer noch überproportional hoch (vgl. LAA/NRW 1990). Die Beschäftigungsstrukturen von Frauen (Teilzeitarbeit, diskontinuierliche Erwerbslaufbahnen, Arbeit in unteren Einkommensgruppen etc.) führten außerdem dazu, daß sich die finanzielle Absicherung erwerbsloser Frauen im Laufe der 80er Jahre verschlechtert hat. Von 1985-89 bezogen nur rund 50 % aller erwerbslos gemeldeten Frauen Arbeitslosengeld bzw. -hilfe. Bei den Männern waren es rund 70 %. Frauen waren zudem im Vergleich zu Männern stärker von Langzeitarbeitslosigkeit betroffen. Der Anteil von Frauen, der länger als zwei Jahre keinen Arbeitsplatz hatte, ist ab 1985 um 16 % gestiegen (vgl. LAA/NRW 1990).

Die vorangegangenen Ausführungen zeigen, daß auch unter den Bedingungen des sich abzeichnenden Strukturwandels die Arbeitsmarktperspektiven von Frauen sehr kritisch zu beurteilen sind. Quantitative Beschäftigungsgewinne können nicht darüber hinwegtäuschen, daß die geltenden Arbeitsmarktmechanismen Frauen nach wie vor eine nachgeordnete Rolle zuweisen. Die Einschätzung, daß in erster Linie Frauen die Nutznießerinnen wirtschaftlicher Tertiärisierungsprozesse sind, entlarvt sich angesichts der dargestellten Entwicklung als vordergründig. Wie auch das Beispiel anderer Regionen und Ballungsräume zeigt, ist vielmehr zu erwarten, daß sich die Erwerbsbenachteiligung von Frauen auf anderen Ebenen und unter anderen Vorzeichen weiter fortsetzen wird (vgl. Borst 1993). Im folgenden Abschnitt wird untersucht ob und inwieweit durch die IBA Impulse zur Verbesserung der Erwerbsbedingungen von Frauen zu erwarten sind.

Positionen zur IBA

Die hier vorgenommene Einschätzung der Planungsleitbilder der IBA bezieht sich auf das IBA-Memorandum, das als Grundsatzprogramm die inhaltlichen und organisatorischen Konzepte der IBA 1988 der (Fach-) Öffentlichkeit vorstellte (MSWV 1988). Ich beziehe mich also auf die ursprünglichen Planungskonzepte, die – wie sich herausstellen wird – das Ergebnis einer ausschließlich von männlichen Politik-, Wirtschafts-, Planungs- und Wissenschaftsvertretern geführten Strategiediskussion waren. Die nicht nur von Frauenseite am IBA-Programm geübte Kritik und die in der Fachöffentlichkeit geführten Diskussionen über Inhalte und Beteiligungsformen haben mittlerweile vielfach zur erfolgreichen Einmischung in den IBA-Prozeß geführt. An dieser Stelle soll und kann jedoch kein vorläufiges Fazit hinsichtlich der Durchsetzung frauenspezifischer Belange in der Umsetzungsphase der IBA gezogen werden. In Anbetracht der Diskussion um die Durchsetzung frauenspezifischer Belange in Planungs- und „Ordnungs"prozessen auf regionaler Ebene ist es jedoch von Interesse sich die ursprünglichen Planungsleitbilder der IBA und die ihnen zugrundeliegende Auffassung räumlichfunktionaler Zusammenhänge zu vergegenwärtigen und das gesellschaftliche Verständnis zu hinterfragen, das ihnen zugrunde liegt. Diese Frage stellt sich auch deshalb, weil die IBA mit einem hohem Anspruch an die gesellschaftliche Wirkung der zukünftigen planerischen Prozesse angetreten ist. Im Hinblick auf den angestrebten Strukturwandel soll „... die Zukunft der gesellschaftlichen Entwicklung in der Auseinandersetzung mit künftigen technologischen Entwicklungen und einer fortschreitenden internationalen Arbeitsteilung ..." reflektiert werden (MSWV 1988: 33). „Diese Bauausstellung soll Innovation in allen gesellschaftlichen Bereichen hervorrufen. Die technologischen, sozialen und organisatorischen Innovationen selbst sind Gegenstand. Die bauliche Gestaltung dieser Prozesse ist davon abgeleitet" (ebd.). Die IBA fragt: „Was ist der gemeinsame Bezugsrahmen für eine Gesellschaft, in der eine zunehmende Ausdifferenzierung der Lebensstile und Lebensformen kennzeichnend ist? Welche räumliche Umwelt bietet bessere Voraussetzungen für mehr Liberalität, mehr Selbstbestimmung und ein Zusammenleben mit weniger Konflikten?" (MSWV 1988: 14). Der gesellschaftliche Wandel der letzten Jahrzehnte drückt sich vor allem auch in den veränderten Lebenslagen von Frauen aus. Gleichzeitig hat die Darstellung der Erwerbssituation von Frauen gezeigt, daß diese nach wie vor Diskriminierungen ausgesetzt sind, die ihre Ursache in der geschlechtsspezifischen Arbeitsteilung haben. Sieht die IBA im Rahmen ihrer angestrebten „Innovationen" in der Wandlung geschlechtsspezifischer Rollenbilder einerseits und der fortdauernden Diskriminierung von Frauen andererseits einen Handlungsbedarf, der für die planerischen Prozesse im Rahmen eines künftigen Strukturwandels „relevant" ist und somit ein potentielles Arbeitsfeld der IBA wäre?

Strategie und Planungsansätze der IBA

Die Chancen für einen Umbruch im Emscherraum werden in der Einleitung eines wirtschaftlichen Strukturwandels gesehen. Weiter wird davon ausgegangen, daß die Erfolgschancen der angestrebten wirtschaftlichen Umstrukturierung in entscheidendem Maße davon abhängen, inwieweit es gelingt, innovative Unternehmensstrukturen in der Emscherzone anzusiedeln. Hierbei wird den sogenannten „weichen Standortfaktoren" (Umweltqualität, Infrastrukturausstattung, kulturelles Angebot, Freizeitwert, stadträumliche Qualitäten) eine wichtige Rolle eingeräumt. In diesem Zusammenhang gilt es auch die Standortqualitäten der Städte der Emscherzone zu verbessern. Vor dem Hintergrund dieses Strategieansatzes sollen die Zielsetzungen der IBA in den folgenden Leitprojekten umgesetzt werden:
▷ Wiederaufbau von Landschaft – der Emscher-Landschaftspark,
▷ ökologische Verbesserung des Emscher-Systems,
▷ Erlebnisraum Rhein-Herne-Kanal,
▷ Industriedenkmäler als Kulturgutträger,
▷ Arbeiten im Park,
▷ neue Wohnformen und Wohnungen,
▷ neue Angebote für soziale, kulturelle und sportliche Tätigkeiten.

Es ist bereits gesagt worden, daß der einsetzende Strukturwandel an der spezifischen Erwerbsbenachteiligung von Frauen nichts grundlegendes geändert hat. Prognosen für die zukünftige Arbeitsmarktentwicklung müssen davon ausgehen, daß die Strategie einer wirtschaftlichen Umstrukturierung vor dem Hintergrund der internationalen Konkurrenz um weltweit wettbewerbsfähige Standorte zu sehen ist (EG-Binnenmarkt, Rheinschiene, Öffnung osteuropäischer Märkte). Es wird auf den Zufluß von privatem Investitionskapital und die Zuwanderung (zahlungskräftiger) Berufseliten gesetzt. Adressaten der Verbesserung der Standortqualitäten und der Aufwertung und Attraktivierung des Lebensraumes Ruhrgebiet sind damit in erster Linie in- und ausländische Investoren und die hochqualifizierten (männlichen) Führungskräfte der zukünftigen Unternehmensstrukturen. Ohne die Verbesserung der Wohnstandortqualitäten wird nach Auffassung der IBA „die Entwicklung von Unternehmen mit höherer Wertschöpfung, größerer Beschäftigungsintensität und höheren Qualifikationsanforderungen blockiert, da diese von der dann entstehenden gebauten und sozialen Umwelt abgestoßen würden" (MSWV 1988:35). Der Ausbau des Ruhrgebietes zu einem Wirtschafts- und Wissenschaftsstandort internationaler Ausrichtung wird die prekäre Arbeitsmarktsituation von Frauen, die bereits jetzt einem erhöhtem Beschäftigungsrisiko ausgesetzt sind und vom Arbeitsplatzabbau in den klassischen weiblichen Berufsbranchen betroffen sind, weiter verschärfen. Denn das Anforderungsprofil des Arbeitsmarktes verlangt einerseits eine dünne hochqualifizierte und -bezahlte berufliche Führungsschicht und andererseits ein großes Potential nachgeordneter, gering qualifizierter Arbeitskräfte für den Bereich von Unternehmensverwaltungen und unternehmensorientierten Dienstleistungen. Insbesondere hier ist mit einer Zunahme von deregulierten und ungeschützten Beschäftigungsverhältnissen zu rechnen. Für den Fertigungsbereich sind bei zunehmender Verlagerung von Produktionsstätten in Billiglohnländer weitere Einbrüche zu erwarten. Unter den gegenwärtigen geschlechtshierarchischen Erwerbsstrukturen wird sich damit die Polarisierung weiblicher Lebens- und Arbeitsverhältnisse weiter fortsetzen (vgl. Borst 1993).

Die Konkretisierung des Strategieansatzes der IBA erfolgt auf der Ebene der Leitprojekte. Wie sind die Planungskonzepte auf dieser Ebene zu beurteilen? Welche Planungsleitbilder liegen den Handlungsansätzen zugrunde? Zunächst ist festzuhalten, daß dem regionalen Ordnungskonzept das Prinzip der Funktionstrennung zugrunde liegt. Im Hinblick auf die künftigen Raumstrukturen wird Nutzungsmischung nur ansatzweise im Quartierszusammenhang gefordert. Sowohl auf der übergeordneten räumlichen Ebene, als auch kleinräumlich bleibt es bei traditionellen funktionalen Zuordnungen: Öffentlichkeit, Repräsentation, Erwerbsbereich versus Privatheit, Wohnen, Erholung und Freizeit. So sollen zwar explizit Bezüge zwischen den Leitprojekten „Neue Wohnformen und Wohnungen", „Emscher-Landschaftspark" und „Erlebnisraum Rhein-Herne-Kanal" hergestellt werden, ein funktionaler Zusammenhang zum Leitprojekt „Arbeiten im Park" wird jedoch nicht erwähnt. Analog dazu finden sich bei letzterem auch keine Anforderungen an Wohnstandortnähe. Die Frage der individuellen Erreichbarkeit der neuen Standorte bleibt in allen Leitprojekten unklar. Das gilt auch für die großräumige Ausweisung von Freiraum- und Freizeitarealen bei Emscher-Landschaftspark und Rhein-Herne-Kanal (Borst 1993:35f,47). Ebenso eindimensional sind die Aussagen zur Ausstattung der neuen Arbeitsstandorte. Die Anforderungen beschränken sich auf hohe städtebauliche und architektonische Gestaltungsstandards mit denen einige ausgewählte Standorte zu hoher „Qualität und Attraktivität" (ebd.:47) entwickelt werden sollen. Zur Ausstattung mit Kinderbetreuungseinrichtungen, Versorgungs- und sonstigen Dienstleistungsangeboten werden keine Aussagen gemacht. Vor allem in den Leitprojekten, die sich mit den Themen Wohnen und Wohnumfeld befassen wird deutlich, wie die Gegebenheiten weiblicher Lebens- und Erwerbsrealität ausgespart, bzw. vor dem Hintergrund männlicher Erfahrungshorizonte und Alltagsabläufe falsch bewertet werden. Im Leitprojekt „Neue Angebote für soziale, kulturelle und sportliche Tätigkeiten" besteht der einzige direkte Bezug zur Erwerbstätigkeit von Frauen: „Außerdem erfordert der Abbau der Arbeitslosigkeit und ein größeres Angebot an Erwerbsmöglichkeiten für Frauen eine gerechtere Verteilung der Arbeit und somit Arbeitszeitverkürzungen" (Borst 1993:53). Dabei wird übersehen, daß die Voraussetzung für verbesserte Zugangsmöglichkeiten von Frauen zum Arbeitsmarkt nicht (nur) eine Frage der Verteilung der Erwerbsarbeit ist, sondern in erster Linie der Verteilung der von Frauen geleisteten (Re-)Produktionsarbeit. Die Inhalte dieses Leitprojektes werden insgesamt unter dem Aspekt künftiger Arbeitszeitverkürzungen gesehen. „Die Internationale Bauausstellung wird somit Antworten finden, welche sozialen und kulturellen Tätigkeiten die Zeit außerhalb der Erwerbsarbeit ausfüllen können" (Borst 1993:53). Frauen, und insbesondere denen, die neben ihrer Erwerbstätigkeit Haushalts- und Familienarbeit zu bewältigen haben, muß diese Fragestellung sehr abwegig erscheinen. Ihr Zustandekommen muß wohl letztendlich auf Alltagserfahrungen zurückgeführt werden, in denen sich geleistete Arbeit ausschließlich über den Erwerbsbereich definiert, bzw. (Re-)Produktionsarbeit von der (Ehe-)Frau geleistet wird. Im Memorandum heißt es weiter: „Neben differenzierten und neuen Formen der Erwerbsarbeit und sozialkulturellen Tätigkeiten wird dabei auch die Eigenarbeit in Haushalt, Wohnung, Haus, Garten, Nachbarschaft und Stadtviertel zu beachten sein. Die Eigenarbeit – häufig auch in Gruppen organisiert – hat eine ökonomische, ökologische und soziale Dimension zugleich" (Borst 1993). Wie aus einer anderen Welt, verbrämt mit planerischen Fachausdrücken, werden hier Werte und Funktionen von Wohnen und Wohnumfeld „entdeckt", die seit jeher zur täglichen Lebensrealität von Frauen gehören. Auffällig ist, daß unter den ökonomischen und sozialen Rahmenbedingungen eines veränderten Erwerbsmarktes die „Domäne der Frauen" mit männlich definierten Verhaltensmustern entdeckt und besetzt wird. Auch im Leitprojekt „Neue Wohnformen und Wohnungen" bleibt der Aspekt der in Wohnung und Wohnumfeld stattfindenden Arbeit ausgespart. Die Schaffung „...attraktiver Wohnangebote für die Beschäftigten, die sich als Folge und als Voraussetzung der angestrebten wirtschaftlichen Entwicklung neu niederlassen oder für einen beschränkten Zeitraum aus geschäftlichen Gründen anwesend sein werden..." (Borst 1993:50) soll ein zentraler Arbeitsbereich dieses Projektes sein. Damit wird deutlich, wer die eigentliche Zielgruppe der Wohnstandortverbesserungen sein soll und es verwundert nicht, daß die spezifischen Wohnansprüche von Frauen keine Erwähnung finden. Denn im Zusammenhang mit dem Wohnbereich steht der Erholungs- und Freizeitcharakter im Vordergrund. Folglich werden hier ausschließlich Bezüge zu den Freiraumprojekten der IBA hergestellt. Wie wenig die von Frauen gegenwärtig und in der Vergangenheit geleistete Arbeit im gesellschaftlichen Bewußtsein wahrgenommen wird, verdeutlicht auch das Leitprojekt „Industriedenkmäler als Kulturgutträger". Hier sollen Möglichkeiten entwickelt werden, mit denen diese erhalten und neu genutzt werden können. Die Bedeutung ehemaliger Industriebauten für die „historische und kulturelle Identität" (Borst 1993:44) der Region soll bewußt gemacht werden. „Die Industriedenkmäler sollen (...) als kulturelle Ereignisse in die Landschaft integriert werden. (...) Für die Entwicklung von Kulturparks bieten sich Industriedenkmäler als Keimzelle besonders an" (ebd.). Die historischen Werksgebäude sind prägender Bestandteil der Ruhrgebietslandschaft und haben sicherlich einen hohen Stellenwert für die regionale Identität. Im IBA-Memorandum klingt jedoch mit keinem Wort an, daß sie gleichzeitig Sinnbild für die zerstörerischen Folgen einer rücksichtslosen Industrialisierung sind, die letztendlich für die Umwelt- und Wirtschaftsprobleme des Ruhrgebietes verantwortlich ist. In die ehemaligen Industriebauten wird stattdessen das überhöhte Bild kulturstiftender „Keimzellen" projiziert. Die von Frauen in den Kolonien des Werkswohnungsbaus erbrachten immensen Arbeitsleistungen, die in gleicher Weise die Geschichte des Ruhrgebietes räumlich, ökonomisch, sozial und kulturell geformt haben bleiben in diesem „Kultur"denken vollkommen ausgespart. Sie manifestieren sich ja auch nicht so signifikant und bedeutungsschwer im Raum.

Die IBA – Ein „innovatives" regionalplanerisches Strategiekonzept?

Den Planungsleitbildern der IBA liegt eine Logik zugrunde, die sich ausschließlich auf die Erfahrungshorizonte männlicher Alltagswahrnehmung bezieht. Betrachtet man die IBA, ihrem eigenen Anspruch gemäß, als einen Planungsprozeß, dessen Konzepte sich aus einem gesellschaftlichen Diskurs ableiten (vgl. MSWV 1988), so führt die völlige Ausblendung weiblicher Lebenszusammenhänge zunächst zu einer Verfestigung der mangelnden gesellschaftliche Teilhabe von Frauen. Die wirtschaftliche Umstrukturierung des Ruhrgebiets zu einem international konkurrenzfähigen Standort wird die strukturelle Erwerbsbenachteiligung von Frauen weiter verschärfen, wenn der Arbeitsmarkt dem „freien Spiel der Kräfte" überlassen bleibt. Die Tertiärisierungsprozesse vergleichbarer Ballungsräume zeigen, daß unter den herrschenden Beschäftigungsstrukturen dem überwiegenden Teil der weiblichen Erwerbsbevölkerung die Funktion einer flexiblen Arbeitsmarktreserve zukommt. Der Ausbau des Dienstleistungssektors wirkt sich zwar rein quantitativ positiv auf die Beschäftigungsentwicklung von Frauen aus, er führt jedoch nicht zu einer grundlegenden qualitativen Verbesserung ihrer Arbeitsmarktstrukturen. Bestehende Erwerbsbenachteiligungen setzen sich vielmehr auf einer anderen Ebene fort.

In der konzeptionellen Ausfüllung des Strategieansatzes der IBA auf der Ebene der Leitprojekte findet die Logik männlichen Planungsdenkens ihre Fortsetzung. Sie geraten zur Gußform für eine räumliche Ordnung, der ein traditionelles Rollenverständnis zugrunde liegt. Damit werden jene räumlichen Strukturen festgeschrieben, die zur Behinderung der Alltagsbewältigung von Frauen beitragen. Auf der Suche nach einem neuen Image für das Ruhrgebiet geht es eher um den großen (Ent-)Wurf und das Großereignis, als um alltagstaugliche räumliche Konzepte. Und so gehen die „Visionen" dann auch an den eigentlichen Problemen der Bevölkerung vorbei: Arbeitsplatzabbau, Langzeit- und Jugendarbeitslosigkeit, eingeschränkte materielle und soziale Lebensqualität sowie die Folgeprobleme einer langjährig verfehlten Planungspolitik (Umweltschäden und -belastungen, vielfach überalterte sanierungbedürftige Bausubstanz, Freiflächendefizit, unzureichende ÖPNV-Ausstattung, Zerstörung der Innenstädte und Freiräume durch autogerechten Ausbau bzw. massiven Autobahnbau). Durch das Engagement von Fachfrauen und Politikerinnen hat die „IBA-Philosophie" inzwischen wesentliche Korrekturen erfahren. Die Einmischung in den IBA-Prozeß hat nicht nur die Durchsetzung frauenspezifischer Belange in wesentlichen Bereichen bewirkt, sondern auch, daß die IBA die Praktizierung frauengerechter Planungs- und Beteiligungsmodelle (öffentlichkeitswirksam) zu ihrem Anliegen gemacht hat. Damit kann die IBA als Forum genutzt werden, um auf die Defizite geltender Planungsleitbilder und geplanter Realität hinzuweisen, die adäquate Planungsbeteiligung von Frauen auf allen Ebenen einzufordern und vor allem Projekte in einer Form zu realisieren, die sowohl inhaltlich, als auch organisatorisch frauenspezifischen Planungsanforderungen entsprechen. Nach wie vor gibt es jedoch keine institutionalisierten Beteiligungsinstrumente mit denen diesen Belangen verbindlich Geltung verschafft werden könnte. Die weitere Einmischung und die ständige Überprüfung der IBA-Projekte muß auch weiterhin die Aufgabe von Frauen bleiben, damit es nicht bei bloßen Absichtserklärungen und einigen Vorzeigeprojekten bleibt. Es ist zu hoffen, daß es gelingt einen institutionellen Rahmen für die Beteiligung von Frauen durchzusetzen. Andernfalls bestünde die Gefahr, daß das Engagement von Frauen zur bloßen Politikberatung gerät.

Stefani Miseré, Dipl. Ing. Stadt- und Regionalplanung, geb. 1964, FOPA Berlin.

Anmerkungen

[1] Die folgenden Ausführungen sind Ergebnisse meiner Diplomarbeit, die ich 1991 unter dem Titel „Die IBA Emscher-Park – Räumliche Konzepte zur Durchsetzung frauenspezifischer Belange im städtischen Umfeld" an der TU-Berlin verfaßt habe.

[2] Die Darstellung der Arbeitsmarktsituation von Frauen beruht hier auf Daten, die auf Landesebene (Nordrhein-Westfalen) erhoben wurden. Bezüglich der Aussagekraft für das Ruhrgebiet ist zu erwarten, daß sich die Tendenzen auf Landesebene hier stärker ausprägen. Innerhalb des Ruhrgebietes wiederum kann, aufgrund des Entwicklungsgefälles zwischen der wirtschaftlich stärkeren südlichen Hellwegzone und der nördlichen Emscherzone, davon ausgegangen werden, daß sich die aufgezeigten Tendenzen in der Emscherzone noch weiter verschärfen.

Literatur

Borst, Renate (1993): „Frauen und sozialräumliche Polarisierung der Stadt". In: FOPA Berlin (Hg.). Raum greifen und Platz nehmen. Dokumentation der 1. Europäischen Planerinnentagung. Freiräume. Sonderheft 1992/93. Zürich/Dortmund. S. 71-100.

Grüne/NRW (Grüne/Alternative in den Räten Nordrhein-Westfalens e.V.) (Hg.) (1989): Frauen im Ruhrgebiet. Essen.

MSWV (Minister für Stadtentwicklung, Wohnen und Verkehr des Landes Nordrhein-Westfalen) (Hg) (1988): Internationale Bauausstellung Emscher-Park. Werkstatt für die Zukunft alter Industriegebiete. Memorandum zu Inhalt und Organisation. Düsseldorf.

Miseré, Stefani (1991): Die Internationale Bauausstellung Emscher-Park. Räumliche Konzepte zur Durchsetzung frauenspezifischer Belange im städtischen Umfeld. Diplomarbeit an der TU-Berlin (unveröffentlicht).

Parl. Staatssekr. (Parlamentarische Staatssekretärin für die Gleichstellung von Frau und Mann beim Ministerpräsidenten des Landes Nordrhein-Westfalen) (Hg) (1987): Antwort der Landesregierung auf die große Anfrage der Fraktion der SPD zur Frauenpolitik. Düsseldorf.

Parl. Staatssekr. (Parlamentarische Staatssekretärin für die Gleichstellung von Frau und Mann beim Ministerpräsidenten des Landes Nordrhein-Westfalen) (Hg) (1990): Neue Techniken, Auswirkungen auf Arbeit, Beschäftigung, Weiterbildung. Ein frauenspezifischer Problem- und Literaturbericht. Düsseldorf.

Regionalentwicklung und Verkehrspolitik im Ruhrgebiet

Christine Bauhardt

Ruhrgebiet und Verkehrschaos sind zwei untrennbar miteinander verbundene Begriffe: In den meisten Köpfen taucht das Bild vom Stopandgo-Verkehr auf den reichlich vorhandenen Autobahnen auf, der sich mit schicksalhafter Unausweichlichkeit zum allmorgendlichen und allabendlichen Dauerstau verdichtet. Auch der öffentliche Personennahverkehr stellt keine attraktive Alternative dar, wenn sich zu Spitzenzeiten BerufspendlerInnen in überfüllten Zügen drängen und gerade noch so eben ein Stehplatz zu ergattern ist. Wer sich ein eigenes Auto nicht leisten kann oder wer sich gar bewußt gegen den automobilen Lebensstil entscheidet, erlebt in Essen, der Stadt der „rostigen Speiche"[1], sehr deutlich die Geringschätzung des nichtmotorisierten Verkehrs zu Fuß oder per Fahrrad. In den Vorstellungen der hiesigen Verkehrsplaner und Verkehrspolitiker nimmt er offensichtlich nicht viel Raum ein.

Arbeitsorganisation und Verkehr

Im herkömmlichen Verständnis gilt Verkehr als Bedingung ökonomischen Handelns und als Grundlage von Wachstum und Wohlfahrt. Verkehrsplanung sucht nach technischfunktionalen Lösungen für den Transport von Waren und Menschen, Verkehrspolitik sorgt für deren organisatorischmaterielle Umsetzung. Die Verkehrspolitik betrachtet Verkehr ausschließlich unter Aspekten der Tauschrationalität. Seien es Fragen, die den Gütertransport, den Pendlerverkehr oder autofreie Innenstädte betreffen mögen: Es sind die Ansprüche der Warenökonomie, die die Diskussionen um die zukünftige Gestaltung des Verkehrs bestimmen. Wie ich an anderer Stelle ausgeführt habe (Bauhardt 1993), orientieren sich auch die Lösungsvorschläge von ökologisch motivierten VerkehrskritikerInnen häufig an den Prinzipien ökonomischer Rationalität. Es wird gefordert, über die Erhöhung der Mineralölsteuer und damit die Internalisierung externer Folgekosten nach dem Verursacherprinzip Marktmechanismen im Verkehrssektor einzuführen. Anstelle von Neubau wird eine effizientere Nutzung der vorhandenen Infrastruktur zum Beispiel durch verbesserte Logistik angestrebt, und zur Ehrenrettung des Individualgefährts werden „umweltfreundliche" Automobile propagiert.

In diesem Aufsatz möchte ich zeigen, daß auch der Ausbau des öffentlichen Verkehrs allein nicht als Allheilmittel zur Lösung des Verkehrsproblems gelten kann. Bei Forderungen nach Ausbau des ÖPNV und Verlagerung des Gütertransports auf die Schiene wird allzu leicht übersehen, daß Verkehr nicht nur das Rückgrat einer arbeitsteiligen Wirtschaft ist, die Rohstoffbeschaffung, Produktion und Distribution weltweit organisiert. Verkehr ist

Abb. 1: Ruhrschnellweg Ortsdurchfahrt Essen. Schnittzeichnung. Quelle: Stadt Essen. 1970.

auch das Produkt der Arbeitsteilung zwischen den Geschlechtern. Der gesellschaftsstrukturierende Charakter der geschlechtlichen Arbeitsteilung äußert sich in der Trennung und Hierarchisierung zwischen Haus- und Erwerbsarbeit. Die soziale Hierarchisierung von Tätigkeiten verläuft entlang der Geschlechterlinie, wobei die von Frauen geleistete Arbeit geringer bewertet wird. Die organisatorische Trennung der Arbeitssphären erfährt ihren räumlichen Ausdruck in der funktional zonierten Stadt. Erst die Aufspaltung zwischen der Arbeit in der Privatsphäre des Hauses und der Lohnarbeit außer Haus machte das räumliche Auseinandertreten von gleichermaßen gesellschaftlich notwendiger Arbeit möglich (Terlinden 1990). Die Trennung der Arbeitssphären verursacht zwangsläufig Verkehr. Dieser Verkehr ist das individuelle Zusammenführen der gesellschaftlich getrennten Sphären von Erwerbsarbeit und Reproduktionsarbeit.

Die Mobilität von Frauen ist in zahlreichen Untersuchungen hinlänglich aufgearbeitet worden (u.a. Pickup 1988; Lichtenthäler-Reutter/Preis

1989; Spitthöver 1989; Buschkühl 1989; Flade 1991). Weibliche Mobilität ist geprägt durch die Koordination von Zeitansprüchen der eigenen Erwerbstätigkeit, der Zeitsysteme betreuter Personen und Institutionen und des Zeitbedarfs nichtmaterieller Bedürfnisbefriedigung (vgl. Müller-Wichmann 1984; Romeiß-Stracke/Pürschel 1988; Rerrich 1991). Geschwindigkeit und Langsamkeit, Phasen intensiver Zeitausnutzung und als sinnlos erlebtes Warten liegen oft dicht beieinander. Charakteristisch für die Wegestruktur von Frauen ist die Aneinanderreihung relativ kurzer Wege zu Wegeketten zwischen verschiedenen Orten. Die Wege bieten oftmals für sich genommen Zeit für Begegnung und Austausch, sie dienen nicht allein der Entfernungsüberwindung. Häufiger als Männer nutzen Frauen die eigenen Füße oder das Fahrrad bzw. die öffentlichen Verkehrsmittel zur Fortbewegung.

Es ist jedoch das Muster männlicher Mobilität, das in der Verkehrspolitik handlungsleitend war und ist. Männliche Mobilität ist geprägt durch die Vollzeiterwerbstätigkeit des Acht-Stunden-Tages und – je nach Zeitaufwand für die Entfernung zwischen Wohnort und Arbeitsplatz – durchschnittlich zehnstündiger Abwesenheit von der Wohnung, die Pendelbewegung zwischen Wohnort und Arbeitsplatz und die motorisierte Fortbewegung mit dem eigenen PKW.

Mir dient im folgenden die räumlichzeitliche Alltagsorganisation von Frauen als Hintergrund für die Analyse und Bewertung der Verkehrspolitik im Ruhrgebiet. Sie bildet darüberhinaus den Ausgangspunkt für die Perspektive einer feministischen Regionalentwicklung, die über die Frage der Verkehrsorganisation hinausgeht. Es ist davon auszugehen, daß die Region im Kontext von Technologieentwicklung und Wandel der politischen Rahmenbedingungen den räumlichen Bezugsrahmen für zukünftige wirtschaftliche und politische Strukturveränderungen darstellt (vgl. Danielzyk/Oßenbrügge 1993). Eine feministische Perspektive in der Regionalentwicklung muß sich meiner Ansicht nach daran messen lassen, ob sie eher zur Modernisierung patriarchaler Strukturen beiträgt oder zu deren Abbau (Rodenstein 1993).

Verkehrspolitik im Ruhrgebiet: schnell + weit = mobil?!

Die Ergebnisse, die eine konsequent autofreundliche Verkehrspolitik zeitigt, sind im Ruhrgebiet besonders drastisch zu erleben. Die vom Ministerium für Stadtentwicklung, Wohnen und Verkehr des Landes Nordrhein-Westfalen in Auftrag gegebene Ruhrkorridorstudie (MSWV/Socialdata/metron 1989) stellt für das Verkehrsverhalten im Ruhrgebiet fest:
▷ Der Anteil des motorisierten Individualverkehrs (MIV) am modal split ist im Vergleich mit vielen anderen deutschen Städten in Bochum und

Essen am größten. Die Nutzung des ÖPNV bzw. die nichtmotorisierte Fortbewegung besonders per Fahrrad ist vergleichsweise gering.

▷ Der Anteil der PKW-Fahrten an allen zurückgelegten Wegen ist innerhalb der letzten fünfzehn Jahre in Bochum und Essen um die Hälfte angestiegen. Dieser Anstieg ist insbesondere auf den Ersatz von Fußwegen durch Autofahrten zurückzuführen.

▷ Die wachsende Motorisierung von Frauen ist ein wesentliches Moment für die deutliche Zunahme des MIV[2].

Die aktuelle Verkehrsmittelwahl im Ruhrgebiet ist ohne Zweifel auf die Verkehrspolitik der vergangenen zwanzig Jahre zurückzuführen. Sie ist das Ergebnis einer Politik, die einseitig den Schnellverkehr gegenüber der nichtmotorisierten Fortbewegung begünstigte. Nahräumliche Bezüge wurden vernachlässigt, während die möglichst schnelle Überwindung größerer Distanzen zum Leitbild von Mobilität wurde. Regionalentwicklung wurde als Verkehrserschließungspolitik verstanden: „Die Verdichtung des Netzes aus autobahnähnlichen Straßen sowie insbesondere die Entwicklung der Schnellbahnen im Ruhrgebiet lassen bei gleichem Zeitaufwand größere Fahrtweiten zu. Hierdurch entstehen verkehrliche Verflechtungen, die sich weit über das Ruhrgebiet spannen und Ausdruck der Regionalisierung sind." (SVR 1970:21f.)

Es war und ist das Muster männlicher Vollzeiterwerbstätigkeit, das als Leitbild der Verkehrsplanung sowohl im Straßenbau wie in der ÖPNV-Planung diente. Der Ausbau des Schnellverkehrs wurde mit dem Strukturwandel des Ruhrgebiets und der Arbeitsplatzsituation begründet. Der Niedergang der Montanindustrie seit Ende der fünfziger Jahre machte eine wirtschaftliche Neuorientierung notwendig (vgl. hierzu Brümmer/Weichert 1982; Danielzyk u.a. 1987:40ff.). Der Arbeitsplatzabbau bei Kohle und Stahl sollte durch die Spezialisierung der Produktion und die Entwicklung des tertiären Sektors aufgefangen werden. Günstige Standortbedingungen sollten Handel und Dienstleistungsunternehmen ins Revier ziehen. Attraktive Verkehrsanbindungen waren ein wesentliches Element der planerischen Konzeptionen zur Entwicklung der regionalen Infrastruktur (Hommel 1988). Neben der Erhöhung des Investitionsanreizes war die Zielvorstellung der Städte und der Landesregierung, durch gute, d.h. schnelle Verkehrswege die Mobilität der erwerbstätigen Bevölkerung zu erhöhen: Die Kumpel und Stahlkocher sollten die Möglichkeit haben, sich nach dem Verlust ihres in der Regel wohnortnahen Arbeitsplatzes einen anderen Arbeitsplatz in den neu angesiedelten Branchen und Unternehmen[3] zu suchen.

Die Leitlinien der Verkehrsplanung im Ruhrgebiet gehen auf das vom Siedlungsverband Ruhrkohlenbezirk (SVR) Ende der sechziger Jahre erarbeitete regionale Planungskonzept „Siedlungsschwerpunkte im Ruhrgebiet" zurück (SVR 1970). Diese Konzept strebt eine Verdichtung des zersiedelten Ballungsraumes gemäß dem Konzept der zentralen Orte an. Die planerische Absicht einer geordneten Siedlungsentwicklung ging einher mit dem Ausbau von Verkehrsverbindungen zwischen den Siedlungsschwerpunkten.

Straßenbau

„Die Landesregierung will durch den verstärkten Neubau, Umbau und Ausbau von Straßen eine höhere 'Mobilität' der Menschen und bessere Standortbedingungen der Wirtschaft im Ruhrgebiet erreichen" (Landesregierung NRW 1968:27).

Das regionale Straßennetz soll ein Raster von Bundesautobahnen bzw. autobahnähnlich ausgebauten Schnellstraßen bilden, um die Zentren von Durchgangsverkehr zu entlasten (SVR 1970:14). Entscheidend für die Planungskonzeption ist die Orientierung an Zuwächsen sowohl der absoluten Bevölkerungszahl wie der Anteil der Beschäftigten im tertiären Sektor (SVR 1970:13). Unterstellt wird für die zukünftige Verkehrsentwicklung „die ständig steigende Fahrtenhäufigkeit (...): die Mobilität der Bevölkerung wächst" (SVR 1970:18).

Diese Straßenausbaukonzeption kann als beispielhaft für eine Verkehrspolitik gelten, die sich durch das Vorhalten von Verkehrsinfrastrukturen ihre eigene Nachfrage schafft. Die Orientierung am prognostizierten Bedarf führt schließlich dazu, daß die Prognose sich realisiert. Die hohe PKW-Nutzung im Ruhrgebiet erklärt sich nicht zuletzt aus der ausgezeichneten Infrastruktur: Autobahnen und vierspurige Bundesstraßen, die mitten durch Stadtzentren verlaufen und Schneisen in gewachsene Stadtteilstrukturen schlagen.

Schnellbahnen

„U-Bahnbau als Instrument der Stadtentwicklung und Regionalpolitik trägt dazu bei, die Stadtteilzentren schneller und bequemer zu erreichen, ihre Wirtschaftskraft zu steigern und damit die Stadtstrukturen zu verbessern" (Peter Steckeweh, früherer Baudezernent der Stadt Essen, Stadt Essen 1986:8).

Ein regionales Schnellbahnnetz soll die infrastrukturellen Voraussetzungen für den öffentlichen Personennahverkehr verbessern. Ergänzend zum S-Bahn-Netz der Bundesbahn, das die Ost-West-Verbindungen[4] herstellt, wird der Plan für ein Stadtbahnnetz entworfen, das die Aufgabe hat, die Nord-Süd-Erschließung des Ruhrgebiets zu sichern und die Siedlungsschwerpunkte miteinander zu verknüpfen. Das 1970 von der Landesregierung vorgelegte Nordrhein-Westfalen-Programm enthält die Netzplanungen für ein Stadtbahnsystem, die Stadtbahn Rhein-Ruhr. Die von den kommunalen Verkehrsunternehmen betriebenen Strecken müssen danach vereinheitlicht bzw. ergänzt werden. Als bestimmende Systemelemente gelten der Ausbau der Schieneninfrastruktur in Normalspur (1435 mm), Einführung des Stadtbahnwagens B Kölner Bauart, Hochbahnsteige zum stufenlosen Ein- und Ausstieg sowie die Auslegung der Leistungsfähigkeit der neuen Strecken auf 100km/h Höchstgeschwindigkeit (vgl. Minister für Wirtschaft, Mittelstand und Verkehr 1976/77).

Die Modellstrecke des reinen Stadtbahnbetriebs[5] stellt die 1977 eröffnete U 18 zwischen Essen und Mülheim dar. Diese Stadtbahnlinie ist die Vergegenständlichung des Prinzips der maximalen Geschwindigkeit in der Verkehrspolitik. Sie wurde nämlich zeitgleich mit dem Ausbau des Ruhrschnellwegs (B1) zur Autobahn (A430) erstellt: Eingeklemmt zwischen die vier Fahrspuren der Autobahn sind Fahrweg und Haltestellen der U-Bahn, der Bahnsteig ist nur über Brücken und Treppen zu erreichen, und wer hier jemals inmitten von Lärm und Abgasen der vorbeirasenden Autos auf eine Bahn gewartet hat, wird dieses „Abenteuer der Großstadt" wohl noch lange in Erinnerung behalten.

Die ursprünglichen Planungen wurden im Laufe der Bauzeit immer wieder modifiziert; es ist absehbar, daß noch in Planung befindliche Teilstrekken aufgrund von Finanzknappheit nicht mehr realisiert werden können. Zwischen 1971 und 1992 wurden insgesamt knapp 8 Mrd. DM verbaut (VRR 1993: 7), die gemäß GVFG zu 60% vom Bund, zu 30% vom Land NRW und zu 10% von den Kommunen getragen wurden.[6] Der Löwenanteil der Investitionen floß in die Tunnelbauten: Allein in Essen kosteten 12,5 km Tunnel bis Ende 1991 1,5 Mrd. DM (Stadt Essen 1991), in Duisburg wurden für 6 km Tunnelstrecke 1 Mrd. DM aufgewendet (Burmeister 1992: 33).

Kosten und Nutzen

Die vergangenen zwanzig Jahre der Verkehrspolitik im Ruhrgebiet waren durch immense Investitionen in den ÖPNV gekennzeichnet. Zur Verbesserung der Mobilitätsbedingungen haben diese Investitionen nicht beigetragen. Sie haben im Gegenteil Platz geschaffen für einen immer stärker anwachsenden Individualverkehr, der die nichtmotorisierte Fortbewegung durch Abgase, Lärm und Flächenanspruch drastisch beeinträchtigt. Darüberhinaus haben Infrastrukturen für den Schnellverkehr sowohl im ÖPNV wie im Individualverkehr nahräumliche Strukturen zerstört. Weiter entfernt liegende Ziele sind dadurch schneller und leichter erreichbar geworden als Ziele in relativer Nähe.

Auf das Leben und die Mobilität von Frauen hatte diese Entwicklung entscheidende Auswirkungen. Als Hauptnutzerinnen des ÖPNV haben sie die direkten Nachteile der U-Bahnen zu ertragen: Verlängerung der Zugangswege zu den U-Bahnhöfen, eingeschränkte Beweglichkeit von Frauen mit Kinderwagen oder sperrigem Gepäck, Bedrohungsgefühle in U-Bahnhöfen insbesondere zu verkehrsschwachen Zeiten (vgl. stellvertretend für viele ähnliche Untersuchungen: Ministerium für die Gleichstellung von Frau und Mann 1991).

Drastischer als die unmittelbar zu erlebenden Mobilitätshindernisse, die die U-Bahn verursacht, sind die Eingriffe des Schnellverkehrs in die Raumstruktur. Hierin liegen entscheidende Einflüsse auf die Alltagsorganisation von Frauen. Die Alltagsorganisation von Frauen ist durch die hohe Komplexität von Tätigkeiten und Zeitansprüchen geprägt. Die Lebenswirklichkeit der meisten Frauen besteht in der Integration von Erwerbs- und Reproduktionsarbeit in einer Person, aus der sich raumzeitliche Zwänge ergeben, die sich nur durch „virtuose Balance-Akte" (Romeiß-Stracke/Pürschel 1988:9) bewältigen lassen. Wenn die räumlichen Bedingungen für die Vereinbarkeit von Erwerbs- und Privatarbeit nicht gegeben sind, müssen auch Frauen zwangsläufig ihren Bewegungsraum ausdehnen und ihre Fortbewegung beschleunigen. Der Griff zum Autoschlüssel liegt dann nahe.

Fazit

Die verkehrsplanerische Orientierung am männlichen Arbeitsmuster hat für die Regionalentwicklung vor allem eins gebracht: viel Verkehr. Für eine grundsätzliche Neuorientierung der Verkehrspolitik muß dies die Abkehr vom Leitbild männlicher Mobilität und die Auflösung patriarchaler Raum-Zeit-Strukturen bedeuten. Die Organisation von Arbeit ist ein zentraler Bestandteil einer veränderten Verkehrspolititk, sowohl in zeitlicher (vgl. Kurz-Scherf 1990) wie in räumlicher Hinsicht. Frauen führen mit ihrer Mobilität die gesellschaftlich und räumlich getrennten Arbeitssphären jeweils individuell wieder zusammen. Die Perspektiven einer feministischen Verkehrs- und Regionalentwicklung liegen in einer Raumstruktur, die die gesellschaftliche Vereinbarkeit von Erwerbs- und Reproduktionsarbeit berücksichtigt.

In der Verkehrsplanung sind hierfür vorerst keine Anzeichen auszumachen. Selbst der sich als fortschrittlich begreifende, an ökologischen Prinzipien orientierte Gesamtverkehrsplan Nordrhein-Westfalen (Vorrang für den ÖPNV, ökologischer und sozialverträglicher Umbau des vorhandenen Verkehrsnetzes, Verkehrsberuhigungsmaßnahmen im Wohnumfeld) scheidet die Bevölkerung „nach der Lebenssituation" in elf Personengruppen, darunter Kinder, Studenten, Arbeiter/Beamte/Angestellte, Arbeitslose, Rentner und Hausfrauen.[7] Als Verkehrszweck werden Berufs-, Ausbildungs-, Geschäfts- und Dienstreiseverkehr einerseits, Einkaufs- und Versorgungsverkehr andererseits unterschieden. Daß mann dabei zu Aussagen wie der folgenden kommt, überrascht dann kaum noch: „Rund vier Fünftel der Berufsverkehrswege werden von abhängig Beschäftigten unternommen, immerhin fast ein Zehntel von Schülern, Hausfrauen und Rentnern." (MSWV 1990: 31, 89, 91 ff.)

Perspektiven

Die polyzentrische Struktur des Ballungsraumes Ruhrgebiet wird häufig als Grund für die hohe Verkehrsbelastung angeführt. Hier werden Ursache und Wirkung verwechselt: Der polyzentrische Ballungsraum ist in seiner aktuellen Erscheinung das Ergebnis einer Siedlungsentwicklung, die auf die Stärkung von Stadtzentren abzielte. Die Zentrenorientierung spiegelt sich in der ÖPNV-Planung deutlich wider. Der Schnellverkehr konzentriert Verkehrsströme und dünnt die Flächenerschließung aus, die Hauptbahnhöfe einzelner Städte sind besser erreichbar als Stadtteile und Stadtteilzentren untereinander. Im Gegensatz zur Vorstellung des Ruhrgebiets als einem völlig dispersen Geflecht von Verkehrsbeziehungen kommt die Ruhrkorridorstudie (MSWV/Socialdata/metron 1989) zu dem Ergebnis, daß zum einen die Verkehrsströme ähnlich wie in Solitärstädten stark zentrenorientiert sind, zum anderen der Anteil des Binnenverkehrs innerhalb der Städte sehr hoch ist. Wir haben es im Ruhrgebiet nicht mit einer Ausnahmesituation zu tun, die die Notwendigkeit des MIV begründen würde, sondern mit durchaus als regelhaft zu bezeichnenden Verkehrsbeziehungen.

Die Chancen des polyzentrischen Raumes liegen in der Entwicklung dezentraler Strukturen, die von der Zentrenhierarchie Abstand nimmt. Auf dem Hintergrund der Alltagsorganisation von Frauen ist die Dezentralität eine bedeutsame Entwicklungsperspektive für den Nahraum. Für die Regionalentwicklung lassen sich aus feministischer Sicht Forderungen formulieren, die den Abbau von Mobilitätszwängen durch eine patriarchale Raum-Zeit-Organisation bewirken:

Die Regionalentwicklung darf sich nicht auf die Stärkung der Innenstädte konzentrieren. Die Integration von Wohnen, Arbeiten, Versorgung und Freizeitgestaltung kann nur in der Stadtteilentwicklung gelingen. Es müssen qualifizierte wohnortnahe Arbeitsplätze für Frauen und Männer[8] geschaffen werden, wobei die Sicherung des Wohnraumbestandes vor gewerblichen Umnutzungen gewährleistet sein muß. Die Aufenthaltsqualität des öffentlichen Raumes zu verbessern, ist eines der wichtigsten Ziele für die Stadtteilentwicklung: Verkehrsberuhigungsmaßnahmen dürfen nicht dem Zweck der Parkraumschaffung dienen, wie es in Essen das sog. Frohnhauser Modell vor Augen führt. Darüberhinaus ist besonders im Hinblick auf soziale Gerechtigkeit die gesamtstädtische Perspektive zu berücksichtigen. Nicht einzelne privilegierte Stadtteile bzw. die City sollen von der Verkehrsberuhigung profitieren, sondern alle Stadtteile mit dem Ziel der Verdrängung von Autos aus dem Lebens- und Wahrnehmungsraum. Gleichzeitig muß dem Ausbau langsamer und flächenerschließender Verkehrsinfrastukturen auf hohem Standard Vorrang vor teuren Investitionen in den Schnellverkehr eingeräumt werden. ÖPNV-Beziehungen dürfen nicht allein auf die Stadtzentren bzw. die Hauptbahnhöfe ausgerichtet sein, sondern sollen die Stadtteile untereinander verbinden. Die Orientierung am Muster männlicher Erwerbstätigkeit in der ÖPNV-Planung, zum Beispiel die Verstärkung des Verkehrsangebots zu Berufsspitzenzeiten auf Kosten des Angebots tagsüber und abends, ist aufzugeben.

Zum Abschluß möchte ich zwei Beispiele aus Essen benennen, die auf der Ebene sowohl feministischer Inhalte wie auch feministischer Arbeitsweisen exemplarischen Charakter beanspruchen können.

Als Beispiel für eine integrierte Stadtteilentwicklung kann das Projekt „Wohnen, Arbeiten, Freizeit und Kultur in Altenessen" gelten, das vom Verein „Altenessener Forum" entwickelt wurde und als Modellvorhaben in das Programm der IBA Emscher Park aufgenommem wurde (Frankenberger/Soldansky 1993). Es ist das bislang einzige Projekt aus bürgerschaftlicher Initiative, das den IBA-Stempel bekommen hat. Ziel des Projektes ist es, die verschiedenen Alltagssphären im Nahraum des Stadtteils zu integrieren. Zentraler Baustein des Konzeptes ist die Schaffung eines Netzes von Fuß- und Radwegen auf aufgelassenen Bahntrassen: „Die Projekte des Altenessener Forums liegen inmitten eines Grünzuges, der sich entlang ehemaliger Eisenbahntrassen von Osten nach Westen erstreckt. Seit dem Verschwinden der Montanindustrie sind die Bahntrassen überflüssig geworden, die den Stadtteil bislang rücksichtslos zerschnitten. Das heißt zum einen, der Stadtteil kann nun zu einem Ganzen zusammenwachsen, zum anderen bietet sich durch stillgelegte Trassen die einmalige Chance, ein Fuß- und Radwanderwegenetz als Grünwegeverbindung zu schaffen, wie es in alten gewachsenen Städten nicht mehr möglich ist" (Altenessener Forum 1992).

Die Einflußnahme von Frauen auf die politische und planerische Praxis basiert auf der Kommunikation und Vernetzung von Frauen untereinander. Auf dieser Erkenntnis aufbauend hat sich im Jahre 1991 auf Initiative der Essener Baudezernentin ein Arbeitskreis „Frauen und Stadt" gegründet, der sich mit Fragen der Stadtentwicklung aus Frauensicht beschäftigt. In diesem Arbeitskreis arbeiten Frauen aus verschiedenen Verwaltungsbereichen, aus den politischen Parteien, aus der Hochschule und fallweise aus Frauenprojekten zusammen.

Christine Bauhardt, geb. 1962, Politologin, Stipendiatin des DFG Graduiertenkollegs Arbeit zum Thema: „Geschlechterverhältnis und sozialer Wandel. Handlungsspielräume und Definitionsmacht von Frauen."

Die Realisierungschancen feministischer Planungskonzepte sind im Spannungsfeld von ökonomischen Rahmenbedingungen und politischen Zielvorgaben angesiedelt. Wie weitreichend die Handlungsspielräume von Frauen in „vermittelnden Strukturen" (Marianne Rodenstein) sind, die zwischen dem etablierten politischen System, zwischen Parteien, Verwaltung, Verbänden und Planungsinstanzen angesiedelt sind, ist Gegenstand einer weitergehenden Untersuchung.

Anmerkungen

[1] Die „rostige Speiche" ist die Prämierung der fahrradunfreundlichsten Stadt in der Bundesrepublik. Bei einer Untersuchung von 41 Großstädten über 200 000 Einwohner der Zeitschrift „Aktiv Radfahren" im Jahre 1991 landete Essen auf dem letzten Platz (vgl. Margenau 1992). Zur selben Einschätzung gelangte eine Studie im Auftrag der Stiftung Warentest (Meinefeld 1990).

[2] Die Studie verweist auch darauf, daß die Verkehrsmittelwahl nach wie vor geschlechtsspezifische Züge trägt. Danach erledigen auch im Ruhrgebiet Frauen ihre Wege zum größeren Teil nichtmotorisiert oder mit dem ÖPNV, Männer zwischen zwanzig und sechzig Jahren sind deutlich häufiger im eigenen PKW unterwegs. Der Zuwachs der Motorisierung von Frauen liegt jedoch zwischen 1982 und 1988 bei 41% (MSWV/Socialdata/metron 1989: 5).

[3] Der Strukturwandel brachte zwar den Abbau von klassischen Männerarbeitsplätzen mit sich, auf die traditionell niedrige Frauenerwerbstätigkeit im Ruhrgebiet wirkte sich die Tertiarisierung jedoch zunächst positiv aus. Der industrielle Schrumpfungsprozeß der Region konnte aber auch durch die Tertiarisierung nicht ausgeglichen werden (vgl. Rommelspacher 1992; zum ökonomischen Strukturwandel allgemein vgl. z.B. Häußermann/Siebel 1987: Kap. 2). Hier liegen im Gegenteil die Rationalisierungsansätze der nächsten Zeit, was sich wiederum nachteilig insbesondere auf die Beschäftigungssituation von Frauen auswirken wird.

[4] Die Verkehrserschließung des Ruhrgebiets ist aus historischen Gründen stark ost-west-orientiert.

[5] Der Stadtbahnbetrieb wird definiert als „Betrieb mit Stadtbahnwagen auf unabhängigen Stadtbahnstrecken nach Maßgabe der Ansprüche einer modernen Schnellbahn" (VRR 1993: 5). In allen Städten des Ruhrgebiets gibt es Mischbetriebe von ober- und unterirdisch geführtem Schienenverkehr. In Essen beherrscht das „Essener Systemchaos" die Situation im Schienenverkehr: Sowohl meterspurige Straßenbahnen wie normalspurige Stadtbahnen fahren ober- wie unterirdisch.

[6] Der Finanzierungsmodus erklärt auch die durchweg positive Haltung der Kommunen zum U-Bahnbau. So konnten die Sanierung der unterirdischen Versorgungsleitungen und die Erneuerungen des kommunalen Straßennetzes kostengünstig vorgenommen werden. Die Folgekosten des U-Bahnbaus, die die Städte tragen müssen (z.B. Stromkosten für Beleuchtung, Wartung der Fahrtreppen etc.), gingen in diese Rechnungen nicht ein.

7 Dieser in der Verkehrsplanung, auch und besonders in der ÖPNV-Planung, gängigen Unterscheidung liegen Untersuchungen „verhaltensähnlicher Personenkreise" zugrunde (vgl. z.B. Schmiedel 1984; zur Kritik vgl. Klamp 1992).
8 Die Nähe des Arbeitsplatzes zum Wohnort darf nicht zu einer frauenspezifischen Forderung werden, um Frauen nicht einseitig auf Nähe und kleinteilige Strukturen festzulegen.

Literatur

Altenessener Forum (1992): Wohnen, Arbeiten, Freizeit und Kultur in Altenessen. Essen.

Bauhardt, Christine (1993): „Frauen, Arbeit und Mobilität – immer noch ein blinder Fleck in der Verkehrsdiskussion?". In: Verkehrszeichen, 2.

Brümmer, Hermann/Weichert, Dieter (1982): „Zur Produktions- und Beschäftigungssituation im Ruhrgebiet". In: Katalyse-Technikergruppe (Hg.). Ruhrgebiet – Krise als Konzept. Bochum.

Burmeister, Jürgen (1992): „Was lange währt... Stadtbahn in Duisburg eröffnet". In: Stadtverkehr. Heft 10. S.26-38.

Buschkühl, Angelika (1989): „Frauen in der Stadt. Räumliche Trennung der Lebensbereiche, Mobilität von Frauen, veränderte Planung mit Frauen". In: urbs et regio. 52.Jg. S.101-116.

Danielzyk, Rainer u.a. (1987): „Zur Ökonomie und Planung des Ruhrgebiets". In: Projektgruppe Ruhrgebiet (Hg.). Ruhrgebiet. Vom Modell Deutschland zum starken Stück. Schriftenreihe des Ev. Studienwerkes Villigst. Bd. 8. Münster.

Danielzyk, Rainer/Oßenbrügge, Jürgen (1993): „Perspektiven geographischer Regionalforschung. "Locality Studies„ und regulationstheoretische Ansätze". In: Geographische Rundschau (Schwerpunkt Regionalforschung). Heft 4. S.210-216.

Der Minister für Wirtschaft, Mittelstand und Verkehr des Landes NRW (Hg.) (1976): Stadtbahnen an Rhein und Ruhr. Schriftenreihe des Ministeriums, Bd. 7. o.O. (Düsseldorf).

Flade, Antje (1991): „Frauenalltag im Straßenverkehr". In: Der Städtetag. Heft 1. S. 7-12.

Frankenberger, Tamara/Soldansky, Ute (1993): „Bürgerschaftliche Projekte in der IBA. Das Beispiel Altenessener Forum". In: Müller, Sebastian /Schmals, Klaus M. (Hg.). Die Moderne im Park (im Erscheinen).

Häußermann, Hartmut/Siebel, Walter (1987): Neue Urbanität. Frankfurt/Main.

Hommel, Manfred (1988): „Das Ruhrgebiet im siedlungs- und wirtschaftsgeographischen Strukturwandel". In: Geographische Rundschau (Schwerpunkt Ruhrgebiet). Heft 7-8. S. 14-20.

Klamp, Heike (1992): Den Wegen auf der Spur. Wegeprotokolle in der Verkehrsforschung. Vortragsmanuskript der Tagung „Mobilität von Frauen im ländlichen Raum" am 4.11.1992 in Mainz.

Kurz-Scherf, Ingrid (1990): „Das Patriarchat als Organisationsform der Arbeit". In: Fricke, Werner (Hg.). Jahrbuch Arbeit und Technik.

Landesregierung NRW (1968): Entwicklungsprogramm Ruhr 1968-1973. Düsseldorf.

Lichtenthäler-Reutter, Ulrike /Preis, Ute (1989): „Frauen unterwegs – Wege für eine weibliche Stadt". In: Die Grünen im Bundestag (Hg.). Welche Freiheit brauchen wir? Zur Psychologie der AutoMobilen Gesellschaft. Berlin.

Margenau, Peter (1992): „In Essen wird dem Auto geopfert". In: Radfahren. Heft 1. S. 26ff.

Meinefeld, Werner (1990): Die Radfahrfreundlichkeit der Großstädte in der Bundesrepublik Deutschland. Studie im Auftrag der Stiftung Warentest. Erlangen.

Ministerium für die Gleichstellung von Frau und Mann des Landes NRW (Hg.) (1991): Frauen und ÖPNV. Ein frauenspezifisches Programm für den öffentlichen Nahverkehr. (Dokumente und Berichte 14). Düsseldorf.

MSWV (Der Minister für Stadtentwicklung, Wohnen und Verkehr des Landes NRW) (Hg.) (1990): Gesamtverkehrsplan Nordrhein-Westfalen. Düsseldorf.

MSWV/Socialdata/metron (1989): Trendwende zum ÖPNV – im Ruhrkorridor. (Berichts- und Tabellenband). o.O. (München/Windisch).

Müller-Wichmann, Christiane (1984): Zeitnot. Untersuchungen zum „Freizeitproblem" und seiner pädagogischen Zugänglichkeit. Weinheim/Basel.

Pickup, Laurie (1988): „Hard to get around: A Study of Women's Travel Mobility". In: Little, Joe /Peake, Linda /Richardson, Pat (Hg.). Women in Cities. Gender and the Urban Enviroment. London/Basingstoke.

Rerrich, Maria S. (1991): „Seine Lebensführung + ihre Lebensführung = gemeinsame Lebensführung? Empirische Befunde und kategoriale Überlegungen". In: Voß, Günter G. (Hg.). Die Zeiten ändern sich – Alltägliche Lebensführung im Umbruch. (Mitteilungen des SFB 333, Sonderheft II). München.

Rodenstein, Marianne (1993): Feministische Stadt- und Regionalforschung. Zum Stand der Diskussion städtischer Lebensverhältnisse. In: FreiRäume. Sonderheft 1992/93.

Romeiß-Stracke, Felizitas /Pürschel, May-Britt (1988): Frauen und Zeitpolitik. (ILS-Schriften 8). Dortmund.

Rommelspacher, Thomas (1992): „Wandel der Großstadtpolitik in einer alten Industrieregion: Die Beispiele Duisburg, Essen und Bochum". In: Häußermann, Hartmut (Hg.). Ökonomie und Politik in alten Industrieregionen Europas. Probleme der Stadt- und Regionalentwicklung in Deutschland, Frankreich, Großbritannien und Italien. Basel/Boston/Berlin

Schmiedel, Reinhard (1984): Bestimmung verhaltensähnlicher Personenkreise für die Verkehrsplanung. Diss. Karlsruhe.

Spitthöfer, Maria (1989): Frauen in städtischen Freiräumen. Köln.

Stadt Essen /U-Bahn-Bauamt (1991): U-Stadtbahn Essen: Stand Oktober 1991 (Informationspapier). o.O. (Essen).

Stadt Essen /U-Bahn-Bauamt (Hg.) (1986): Eine Stadt bahnt sich den Weg. Eine Dokumentation: Zwanzig Jahre U-Bahn-Bau in Essen. Berlin/Wien.

SVR (Siedlungsverband Ruhrkohlenbezirk) (1970): „Siedlungsschwerpunkte im Ruhrgebiet. Untersuchungen zum Schnellbahnsystem". In: Schriftenreihe des Siedlungsverbandes Ruhrkohlenbezirk Bd.37. Essen.

Terlinden, Ulla (1990): Gebrauchswirtschaft und Raumstruktur. Ein feministischer Ansatz in der soziologischen Stadtforschung. Stuttgart.

VRR (Verkehrsverbund Rhein-Ruhr) (Hg.) (1993): Stadtbahn Rhein-Ruhr: Stand der Bauarbeiten 1993. Gelsenkirchen.

Silvia Körntgen
Karin Drach
(Mitarbeit)

Koordination von Kinderbetreuung und frauengerechtem öffentlichen Personennahverkehr im Landkreis Bitburg-Prüm

(Ein Modellprojekt des Ministeriums für die Gleichstellung von Frau und Mann des Landes Rheinland-Pfalz)

Zum Anlaß des Modellvorhabens

Das Leben von Frauen wird durch eine starke Einbindung in nichtberufliche Pflichten bestimmt. Frauen sind – nach dem gegenwärtig überwiegenden Rollenverständis – für die Haus- und Familienarbeit zuständig. Daraus ergeben sich Wege zum Einkaufen, zu Behörden, zur Begleitung von Kindern... Frauen – egal ob „Nur-Hausfrauen" oder noch zusätzlich erwerbstätig – müssen ihre vielfältigen und komplexen Mobilitätsbedürfnisse zu Kettenwegen/-fahrten koordinieren. Im ländlichen Raum sind diese Wege aufgrund der dispersen Siedlungsstrukturen länger als in Städten, schwerer zu organisieren und aufgrund des geringen Angebots an öffentlichen Verkehrsmitteln ohne Pkw kaum zurückzulegen.

Dieser steht aber nur wenigen Frauen uneingeschränkt zur Verfügung. Selbst wenn Frauen ein Auto besitzen, ist durch Hausarbeit und Kinder ihre „Automobilität" eingeschränkt.

Neben der eingeschränkten Mobilität ist das unzureichende Angebot an Kinderbetreuungseinrichtungen ein zentrales Problem für Frauen auf dem Land: zu kurze und starre Öffnungszeiten, fehlende Ganztagseinrichtungen, nicht immer existiert ein an den Öffnungszeiten orientierter Busdienst. Die gängige Einstellung, daß aufgrund familiärer/nachbarschaftlicher Strukturen jederzeit eine kostenfreie Unterbringung der Kinder möglich ist, trifft nicht für alle zu. Auch auf dem Land gibt es vermehrt kleinere Familien und alleinerziehende Frauen.

Die Frauen auf dem Land haben nicht die gleichen materiellen und sozialen Ausgangschancen für ihre Lebens- und Berufsplanung wie Stadtbewohnerinnen und Männer. Aus diesem Grunde ist ein zentraler Arbeitsschwerpunkt des im Mai 1991 neugegründeten Ministeriums für die Gleichstellung von Frau und Mann des Landes Rheinland-Pfalz die Verbesserung der Situation von Frauen im ländlichen Raum.

Auf einer Tagung zum Leben von Frauen im ländlichen Raum im Dezember 1991 kamen die Themen zur Sprache, die den Frauen auf dem Land am meisten unter den Nägeln brennen: ein unzureichendes Angebot an Kinderbetreuungseinrichtungen und zu starre Öffnungszeiten sowie Mobilitätsprobleme für die Frauen selbst und die Personen, die sie betreuen (Kinder, ältere Menschen, pflegebedürftige Menschen). In weit stärkerem Maße als bei Städterinnen stellen sich für die Frauen im ländlichen Raum vor dem Behördengang, dem Besuch von ÄrztInnen, der Aufnahme einer Beschäftigung, zuerst die Fragen: „Wie komme ich dahin?" und „Wer betreut in dieser Zeit meine Kinder?".

Das Modellprojekt ist die konkrete Reaktion auf Forderungen von Frauen aus dem ländlichen Raum. Mit der Konzepterstellung und wissenschaftlichen Begleitung wurde das Fachgebiet Verkehrswesen der Universität Kaiserslautern beauftragt. Ziel der Konzepterstellung ist es, die bislang unberücksichtigten Alltagserfahrungen von Frauen in eine Überplanung/Modifizierung/Koordinierung von ÖPNV und Kinderbetreuung einzubeziehen. Warum Planung Frauenerfahrungen und -bedürfnisse nicht berücksichtigt und auf welchen Handlungsebenen im Rahmen des Modellprojektes hier Lösungsansätze aufgezeigt werden, wird an anderer Stelle ausführlich erläutert. Das maßnahmenorientierte Konzept soll die Mobilitätschancen der Frauen erhöhen und die Kinderbetreuungsmöglichkeiten verbessern. Seine Umsetzung soll modellhaft Rahmenbedingungen schaffen, die zu einer Alltagsentlastung und damit zu mehr Lebensqualität für Frauen in ländlichen Regionen führen. Dabei ist zu berücksichtigen, daß dies nur ein kurzfristiges Ziel ist. Es darf mit der Alltagsentlastung für Frauen nicht zu einer weiteren Verfestigung und Stabilisierung der geschlechtsspezifischen Arbeitsteilung kommen, sondern das übergeordnete Ziel ist eine Zuständigkeit beider Geschlechter für die Haus- und Familienarbeit.

Das Modellgebiet: der Landkreis Bitburg-Prüm

Im Mai 1992 fand an verschiedenen Orten im Landkreis Bitburg-Prüm eine Tagung zum Thema „Mobilität von Frauen im ländlichen Raum" statt. Beeindruckt vom starken Engagement der Frauen vor Ort und deren Bereitschaft zur parteien- und institutionenübergreifenden Zusammenarbeit entschloß sich Frau Staatsministerin Rott, das Modellprojekt dort durchzuführen.

Der Landkreis Bitburg-Prüm liegt in Deutschland peripher. Er ist der flächengrößte (1627 km^2) und der am dünnsten besiedelte (56 EW/km^2) in Rheinland-Pfalz. Die Siedlungsstruktur ist dispers mit einem hohen Anteil an Kleinstgemeinden und Wohnplätzen. Das bedeutet, daß viele Frauen ihre Mobilitätsbedürfnisse (Arbeit, Versorgung, Freizeit) nicht an ihrem Wohnort erfüllen können.

Besondere Probleme haben alleine lebende ältere Frauen, die meist ohne Führerschein sind. Sie verzichten oft auf Mobilität und sind für ihre Versorgung auf die Hilfsbereitschaft von anderen Menschen angewiesen. Der Einzelhandel ist durch starke Konzentrationsprozesse gekennzeichnet. Im Landkreis waren 1990 70% aller Gemeinden ohne Geschäft, in diesen Orten leben 34% der Bevölkerung (Planungsgemeinschaft Region Trier 1991). Im Mittelbereich Prüm müssen bereits heute für kleinere Einkäufe 9-12 km zurückgelegt werden. Weitere Läden werden schließen, die mobilen Dienste können nicht immer ein angemessener Ersatz sein, höheres Preisniveau, eingeschränktes Sortiment, zum Teil unregelmäßige Touren sind die

Gründe. Mit dieser Entwicklung gehen vor allem Frauenarbeitsplätze verloren, was auch für die geplante Schließung von Poststellen gilt.

Der Tourismus als Wirtschaftsfaktor hat sich zwar positiv entwickelt, die Arbeitsmöglichkeiten für Frauen in diesem Bereich sind jedoch oftmals ungeschützte Arbeitsverhältnisse, Saison- oder Wochenendarbeit. Die Arbeitsmarktsituation insgesamt ist durch einen stark negativen Pendelsaldo gekennzeichnet. Die EinwohnerInnenzahlen sind rückläufig, vor allem junge Menschen ziehen fort, weil die Landwirtschaft zurückgeht und das Angebot an außerlandwirtschaftlichen Arbeitsplätzen quantitativ und qualitativ unzureichend ist. Frauen sind vom schlechten Angebot vor Ort stärker betroffen, da sie erfahrungsgemäß aufgrund ihrer vielfältigen Verpflichtungen und der geringeren Pkw-Verfügbarkeit nur kurze Pendeldistanzen akzeptieren können/wollen.

Als Fazit kann festgehalten werden, daß die Erwerbsmöglichkeiten für Frauen – vor allem bei qualifizierten Arbeitsplätzen – im Landkreis Bitburg-Prüm schlecht sind und das Angebot sich weiter reduzieren wird.

Das Angebot an Kindertageseinrichtungen im Vorschulbereich stellt sich – pauschal betrachtet – im Bundesvergleich für den Landkreis Bitburg-Prüm als überdurchschnittlich gut heraus (Raumordnungsbericht der Bundesregierung 1991). Auf Kreisebene standen 1990 1,2 Plätze pro Kind zur Verfügung (Ministerium für die Gleichstellung 1993). Viele Kinder können jedoch nicht an ihrem Wohnort in eine Kindertageseinrichtung gehen.

Zum Mobilitätsverhalten im Landkreis liegen aus dem Jahr 1983 Ergebnisse von Personenbefragungen vor. Eine Pkw-Fahrerlaubnis besaßen nur 35 % der Frauen (64 % der Männer), über 60jährige Frauen haben kaum eine (Bracher/Heinze 1985). Den meisten Männern zwischen 18 und dem Rentenalter steht im allgemeinen ein Pkw zur Verfügung, viele Frauen können den Pkw erst nach Absprache benutzen. Bei den über 50jährigen sagten die meisten, daß sie jemanden benötigen, der/die sie fährt.

Bei der Analyse des Verkehrsmittelwahlverhaltens fehlt die geschlechtsspezifische Differenzierung, Hausfrauen sind als gesonderte Kategorie ausgewiesen. 42 % von ihnen besaßen einen Führerschein, 16 % einen Pkw. Damit rangieren die Hausfrauen deutlich hinter Arbeitslosen, Azubis und Rentnern. Interessant ist auch, daß in den anderen Personengruppen fast alle, die einen Führerschein haben, auch ein Auto besitzen. Nur bei den Hausfrauen besteht eine große Diskrepanz zwischen dem Anteil der Führerscheininhaberinnen und den Pkw-Halterinnen.

Eine Alternative zum Auto kann nur der öffentliche Verkehr sein, da Distanzen und Topographie Fuß- und Radwegen entgegenstehen. Der konventionelle ÖV-Linienbetrieb unterliegt in ländlich strukturierten Gebieten einem „Teufelskreis" aus Unwirtschaftlichkeit, Verlagerungen zum

Pkw, steigenden Fehlbeträgen, Angebotseinschränkungen usw. Verschärft wird diese Problematik – so auch im Untersuchungsgebiet – durch den Rückzug der Bundesbahn und ihrer Regionalbusgesellschaften aus der Fläche. Davon sind Frauen aufgrund der geringeren Pkw-Verfügbarkeit überdurchschnittlich betroffen.

Die flächendeckende ÖV-Erschließung des Kreisgebietes erfolgt durch Busse, lediglich im südöstlichen Teil verläuft eine Regionalstrecke der Bahn von Köln über Gerolstein nach Trier. Frauen bemängeln am Angebot die Orientierung am SchülerInnen- und Berufsverkehr, so daß für ihre Erledigungen (Einkäufe, Behördengänge usw.) zeitliche wie räumliche Erschließung unzureichend sind. Oftmals fehlt die Möglichkeit zur Rückfahrt z.B. aus den Mittelzentren in kleine Orte.

Derzeit wird im Landkreis ein ÖPNV-Konzept umgesetzt. Basis ist die Integration des SchülerInnenverkehrs in den Linienverkehr. Das Konzept ist hierarchisch gestuft von Regionallinien im Schnellverkehr bis hin zu bedarfsorientierten Zubringerverkehren. Auch ist als flexible Bedienungsform der Anrufnahverkehrsdienst ANDI vorgesehen (Adames/Keilen 1990/91). Dem Konzept liegt eine umfangreiche Datenanalyse zugrunde. Auf mögliche frauenspezifische Anforderungen ist nicht explizit eingegangen worden. Warum dies bei Planungen üblicherweise so ist, welche Folgen das hat und welche Handlungsansätze im Rahmen des Forschungsprojektes daraus abgeleitet werden, wird im folgenden aufgezeigt.

Thesen und Handlungsansätze zur Berücksichtigung von Graueninteressen

In der (Verkehrs-)Planung ist i.d.R. der Haushalt die kleinste Einheit, die betrachtet wird. Die Frauen „verschwinden" im Haushalt, ihre spezifischen Alltagserfahrungen und Bedürfnisse werden nicht wahrgenommen. Daß es – aufgrund der geschlechtsspezifischen Arbeitsteilung – massive Unterschiede im Leben von Frauen und Männern gibt, ist bereits dargestellt worden.

Die bisher praktizierte „Nicht"-Wahrnehmung der Frauen und ihrer spezifischen Probleme und Bedürfnisse hat drei Ursachen:
1. die Männerperspektive in der Planung
2. Beteiligungsformen, die Frauen nicht berücksichtigen
3. Erhebungstechniken und -modelle, die Frauen nicht/nur ungenügend erfassen.

Zu 1:
Es ist sicherlich kein böser Wille der Planenden, daß die Erfahrung von Frauen, Kindern und alten Menschen nicht in dem Maße wie die Belange

der berufstätigen Männer berücksichtigt werden. Das Problem ist, daß in den entsprechenden Positionen Männer entscheiden, denen i.d.R. die Haushalts- und Familienbetreuung abgenommen ist, die vollerwerbstätig sind und jederzeit über ein Auto verfügen. Im Bereich des Verkehrswesens ist der Frauenanteil an den Hochschulprofessuren/Leitungspersonen verschwindend gering. Alltagserfahrungen von Frauen sind somit von Planungsentscheidungen ausgeschlossen.

Zu 2:

Als von Planungen Betroffene kommen Frauen i.d.R. kaum zu Wort. Bürgerbeteiligung findet abends statt, ohne ein Kinderbetreuungsangebot. Oftmals werden weit fortgeschrittene Planungen vorgestellt und für Nicht-Fachleute unlesbare Pläne ausgelegt. Gerade Frauen fühlen sich dadurch ohnmächtig und inkompetent. Wenn sie es zeitlich organisieren können, zu den entsprechenden Versammlungen zu gehen, melden sie sich nur in unterdurchschnittlichem Maße zu Wort.

Zu 3:

Die gängigen Erhebungstechniken sind nicht geeignet, das Mobilitätsverhalten von Frauen zu erfassen. Im Vergleich zu Männern ist für Frauen bestimmend:
▷ die starke Einbindung in nichtberufliche Pflichten (Haus- und Familienarbeit, Wege mit Gepäck, Wege zur Begleitung),
▷ die Notwendigkeit, die vielfältigen Wegebedürfnisse zu Kettenwegen zu koordinieren,
▷ die geringere Pkw-Verfügbarkeit und Unsicherheit, z.B. an einsamen Haltestellen, aufgrund der „strukturellen Gewalt" gegen Frauen und Mädchen, was dazu führt, daß sie sich in ihrem Verhalten einschränken.

Die gängigen Erhebungsmethoden und Fragebogenkonzeptionen führen zu Fehlschlüssen bezüglich des Verkehrsverhaltens von Frauen. So wird ein Weg als direkte Verbindung von Ort zu Ort definiert, „Nebenher"-Aktivitäten fallen damit raus. Auch wird als Wegzweck nur der Hauptzweck erfaßt, womit Fahrtenketten unzureichend abgesichert sind. So z.B. in der KONTIV, der kontinuierlichen Verkehrserhebung, 1976, 1982 und 1989 durchgeführt; ihr Fragebogen wird für kommunale Erhebungen empfohlen. Begleitmobilität und unterdrückte Wege werden mit diesem Instrumentarium nicht erfaßt.

Das komplexe Verhalten der Frauen ist mit den gängigen, in hohem Maße standardisierten Fragebögen nicht zu erfassen. Das Modellprojekt soll einen Beitrag dazu leisten, auf allen drei Handlungsebenen Defizite auszuräumen.

Im Projekt arbeiten im Gleichstellungsministerium und an der Universität Kaiserslautern **Fachfrauen.** Auf dieser Ebene können wir gemeinsam Frauenaspekte einbringen. Durch die Zusammenarbeit mit anderen Ministerien/Institutionen etc. kann eine breite Sensibilisierung erzielt werden, die dahin führt, daß Frauen als Zielgruppe ernst genommen werden. In regelmäßigen Abständen finden **ressortübergreifende Arbeitssitzungen** auf der ministeriellen Ebene statt. Beteiligt sind die Ministerien für Wirtschaft und Verkehr, für Arbeit, Soziales, Familie und Gesundheit, für Bildung und Kultur sowie für Landwirtschaft, Weinbau und Forsten.

Des weiteren ist ein **Planungsbeirat** einberufen worden, in dem VertreterInnen aller relevanten Institutionen die Träger des Projektes in der Planungs- und Realisierungsphase beraten sollen. Im Beirat sind auch die Kreisverwaltung und der ÖPNV-Planer des Kreises vertreten, die sich ihrerseits kooperativ zeigen.

Vor Ort sind **Informationsstellen** eingerichtet worden. Die eingestellten Frauen leisten Öffentlichkeitsarbeit und sprechen gezielt Frauen durch spezielle Veranstaltungen an. Damit soll im Vorfeld für die Bekanntheit des Modellprojektes gesorgt werden, um eine hohe Akzeptanz der durchzuführenden Maßnahmen zu gewährleisten. Außerdem werden hiermit Frauenarbeitsplätze geschaffen, für die eine relativ flexible Zeiteinteilung möglich ist.

Sensibilisierung auf breiter Basis

In Vorbereitung der Tagung im Mai 1992 fanden zwei Treffen von Frauen aus dem Landkreis Bitburg-Prüm statt. Die Frauen setzten sich intensiv mit ihrer Situation auseinander, haben eine Befragungsaktion zum Thema Mobilität durchgeführt und die Ergebnisse sowie Analysen der Situation von Frauen im Landkreis im Rahmen der Konferenz vorgetragen. Nachdem der Landkreis als Modellgebiet festgelegt worden ist, wurde aus der Gruppe ein parteien- und institutionenübergreifender Frauenarbeitskreis gegründet. Er ist Teil der Bürgerinnenbeteiligung und begleitet das Projekt in allen Arbeitsschritten. Die Frauen arbeiten ehrenamtlich mit. So wurden Erhebungstechniken diskutiert, Fragebögen getestet und die Erhebungsgebiete abgegrenzt. Die Frauen haben versucht, mit öffentlichen Verkehrsmitteln frauenrelevante Wegebeziehungen zurückzulegen, die Ergebnisse sind von ihnen auf einer Tagung im Juni 1992 vorgestellt worden.

In weiteren Arbeitskreistreffen wurden ÖPNV-Bedienungsformen im ländlichen Raum diskutiert. Wichtige Unterstützung liefern die Frauen bei der Durchführung der Erhebungen. Als Multiplikatorinnen haben sie Gruppen zur Durchführung von Diskussionen zusammengestellt und Frauen zum Führen von einwöchigen Wegeprotokollen gewonnen.

Der Arbeitskreis begleitet alle Projektschritte, d.h. Frauen vor Ort sind mit ihrem Sachverstand frühzeitig in die Konzepterstellung eingebunden.

Der Frauenarbeitskreis als innovative Beteiligungsform

Frauen des Arbeitskreises sollen auch die Informationsstellen vor Ort besetzen, im März 1993 ist von ihnen ein Trägerverein gegründet worden, um die Umsetzung der Maßnahmen zu begleiten.

Erhebungen, die dem komplexen Mobilitätsverhalten von Frauen gerecht werden

Im Landkreis sind von MitarbeiterInnen der Universität Kaiserslautern 835 Frauen mit Hilfe eines umfangreichen Fragebogens interviewt worden. Nur wenige Fragen haben standardisierte Antwortvorgaben, die meisten sind offen gestellt, was natürlich mit einem erheblichen Mehraufwand bei der Auswertung verbunden ist. Der Bogen ist so abgefaßt worden, daß Frauen, die auskunfts- aber nicht in ihrem Haus interviewbereit waren, ihn auch eigenständig ausfüllen konnten. Damit gingen zwar die Vorteile des Intensivinterviews verloren, aber im Rahmen der Erhebungen haben viele Frauen von der Möglichkeit Gebrauch gemacht, so daß sich die im Vorfeld getroffene Annahme als richtig erwiesen hat.

Im Rahmen der Interviews wurden interessierte Frauen gebeten, über eine Woche lang Wegeprotokolle zu führen. Der Bogen für die Anfertigung der Wegeprotokolle wurde von Heike Klamp (1992) modifiziert übernommen. Der Rücklauf fiel deutlich schlechter aus als erwartet. Deshalb erklärten sich die Frauen des Arbeitskreises bereit, Frauen aus ihrem Umfeld direkt anzusprechen und die Bögen auch wieder persönlich abzuholen.

Da Themen wie unterdrückte Mobilität, Angsträume usw. nicht in Fragebögen und Protokollen erfaßbar sind, wurden – neben Gesprächen mit dem Frauenarbeitskreis – weitere Gesprächsrunden mit Frauen vor Ort durchgeführt. Hier konnten Meinungs-/Stimmungsbilder zu bestimmten Themenbereichen erfaßt werden.

Aufbauend auf diesen drei Handlungsebenen liefert das laufende Modellprojekt ein Bild der Frauen im Landkreis. Die Umsetzung der daraus abgeleiteten Maßnahmen hat im Bereich Öffentlichkeitsarbeit im April 1993 mit der Einrichtung von zwei Informationsstellen vor Ort begonnen, hier wurden zwei Halbtagsstellen mit flexibler Zeiteinteilung für Frauen geschaffen, die Maßnahmen in den Bereichen Kinderbetreuung und ÖPNV sind, und Vorbereitung/Abstimmung und sollen ab Ende 1993/1994 umgesetzt werden.

Silvia Körntgen; Dipl.-Geogr.; wiss. Mitarbeiterin im Fachgebiet Verkehrswesen an der Universität Kaiserslautern; Schwerpunkte: Frauen in der Planung, ÖV im ländlichen Raum, Stadtverkehrsplanung.

Karin Drach; Studienrätin z.A.; Referentin für Frauen im ländlichen Raum beim Ministerium für die Gleichstellung von Frau und Mann Rheinland-Pfalz; Schwerpunkt: Raum- und Regionalplanung.

Literatur

Adames/Keilen. 1990/91. Der öffentliche Personennahverkehr im Landkreis Bitburg-Prüm. Trier, Bitburg.

Bracher, Tilman/Heinze, Gert Wolfgang (1985): Lebensbedingungen und Verkehrsmobilität – Determinanten, Entwicklungsformen und Perspektiven ländlicher Verkehrsmittelwahl. Schriftenreihe des Institutes für Verkehrsplanung und Verkehrswegebau TU Berlin Nr.17. Berlin.

Klamp, Heike (1992): Frauenwege – Männerwege: Räumliche Mobilität als Notwendigkeit. Eine Untersuchung zum Verkehrsverhalten aus feministischer Sicht. Diplomarbeit. Frankfurt.

Ministerium für die Gleichstellung von Frau und Mann. Rheinland-Pfalz. 1992. Sozio-ökonomischer Strukturatlas zur Situation der Frau in Rheinland-Pfalz, erstellt von Heinz Schürmann, Jamill Sabbagh und Matthias Türk. Mainz.

Planungsgemeinschaft Region Trier. 1991. Die Nahversorgung in der Region Trier mit Waren des täglichen Bedarfs (Lebensmittel). Materialien und Informationen Heft 18. Trier.

Bundesministerium für Raumordnung Bauwesen und Städtebau (Hg.). 1991. Raumordnungsbericht der Bundesregierung. Bonn.

Uta Bauer

Frauenpolitische Forderungen anläßlich der Neufassung des niedersächsischen Landes-Raumordnungsprogrammes – ein Zwischenbericht

Ende 1991 vergab das niedersächsische Frauenministerium kurzfristig ein Gutachten, das die Überprüfung des Landes-Raumordnungsprogrammes Niedersachsen (LROP) hinsichtlich frauenpolitischer Belange zur Aufgabe hatte. Ziel des Frauenministeriums war es, sich in das laufende Verfahren zur Neuaufstellung des LROP mit fachlich fundierten Argumenten und konkreten Formulierungsvorschlägen inhaltlich einzumischen.

Ein in der Bundesrepublik Deutschland in doppelter Hinsicht erwähnenswertes Vorgehen,

▷ da zum einen die Anforderungen an übergeordnete Planungsebenen (Bundesraumordnung, Landes- und Regionalplanung) aus feministischer Sicht bislang nur selten diskutiert und noch seltener erforscht wurden. Schriftlich liegen bislang allenfalls Ideensammlungen vor (Bauer/Hoffmann/Striefler 1990). Nicht zu reden von dem statistischen Grundlagenmaterial, das auf regionaler Ebene geschlechterdifferenzierte Aussagen (z.B. zum Wanderungsverhalten oder zur Beschäftigungsstruktur) so gut wie gar nicht zuläßt (Breckner/Sturm 1993).

▷ zum anderen, weil wenige Beispiele bekannt sind, wo die Verankerung frauenpolitischer Inhalte in rechtsverbindlichen planerischen Regelwerken gelungen ist.

Dabei bietet die Landesplanung gerade in letztgenannter Hinsicht nicht unerhebliche Chancen. Denn über die Anpassungspflicht der nachgeordneten Planungen (in erster Linie die Regionalplanung) eröffnen sich neue Handlungsspielräume für Frauenbeauftragte, Planerinnen und Politikerinnen. Feministische Planungsinhalte, offiziell als ministeriabel definiert, könnten systematisch die ganz „normale" Planungspolitik auf Trab halten. Nicht mehr ständig angewiesen sein auf eine ewig zu spät kommende „Feuerwehrpolitik", das wäre eine beachtenswerte Perspektive!

Sicher, das mag zu optimistisch klingen. Einige Formulierungen in einem Landesraumordnungsprogramm werden kaum die nachgeordneten Planungsbehörden zu einer Neuorientierung zwingen, zumal die räumlichen Steuerungsmöglichkeiten der Raumordnung und Landesplanung ohnehin umstritten sind. Doch nach der bisher eher praktizierten kommunalen „vor Ort"-Politik sollte dieser Weg nicht unversucht bleiben.

Immerhin haben große Teile des Gutachtens die erfolgte Ressortabstimmung auf der Ebene der Landesministerien überlebt und es könnte der Anfang gemacht sein, die auch in anderen Bundesländern begonnene Diskussion um die Novellierung der Landesplanungsgesetze und Landesraumordnungsprogramme (Hessen und Rheinland-Pfalz) in dieser Hinsicht zu inspirieren. Deshalb sollen im folgenden die inhaltlichen Schwerpunkte des Gutachtens skizziert und die möglichen Konsequenzen für die Regionalplanung erörtert werden.

Leider konnten im Rahmen des Gutachtens überwiegend „nur" überarbeitungsvorschläge für den allgemeineren Teil I (landesweit gültige

Grundsätze und Ziele der Raumordnung) des LROP gemacht werden, da für die räumlich konkreter werdenden Zielaussagen des Teils II nicht nur die Zeit sondern auch entsprechende geschlechterdiffenzierende Regionalanalysen fehlen. Dies ist deshalb bedauerlich, da die Verbindlichkeit der im LROP getroffenen Zielaussagen und ihre Umsetzungschancen umso größer sind, je konkreter und präziser sie formuliert und festgelegt sind.

Aspekte einer feministischen Landesplanung

Kritik am LROP und die Formulierung von Anregungen haben sich relativ eng an den vorgegebenen Entwurf orientiert, wobei folgende Leitlinien als die wesentlichen „Prüfkriterien" fungierten:
▷ Dezentralisierung und Enthierarchisierung von Entscheidungsstrukturen;
▷ Verkehrsvermeidung und Erhöhung der Lebensqualität durch räumliche Funktionsmischung und kleinräumige Nutzungsvielfalt auf allen Planungsebenen statt räumliche Arbeitsteilung und Funktionstrennung;
▷ Stärkung der regionsinternen wirtschaftlichen, ökologischen und sozialen Beziehungen;
▷ Berücksichtigung neuer Haushaltsstrukturen und neuer Lebensentwürfe (sozialer Wandel) bei allen raumrelevanten Planungen;
▷ Bewegungsfreiheit für Mädchen und Frauen tags und nachts.

Zu den landesplanerischen Ziel- und Maßnahmenformulierungen beispielhaft an zwei Schwerpunkten einige Erläuterungen:

Zu den Hauptzielen der Bundes- und Landesraumordnung gehört die Formulierung der „Herstellung gleichwertiger Lebensverhältnisse" und die Sicherstellung der „freien Entfaltung der Persönlichkeit". Als sog. unbestimmte Rechtsbegriffe schließen sie die weibliche Bevölkerung sicher nicht aus. Jedoch werden durch das Ignorieren bestehender Ungleichheiten zwischen den Geschlechtern, Disparitäten eher verschärft als abgebaut. Für Frauen lassen sich deshalb gleichwertige Lebensverhältnisse nur dann realisieren, wenn räumlich nachweisbare, geschlechtsspezifisch begründete, ungleiche Lebenschancen analysiert, erkannt und durch geeignete räumlich wirksame Maßnahmen beseitigt werden. Da dieser Zusammenhang bislang kaum oder gar nicht beachtet wurde, bedarf er im Rahmen der Grundsatzformulierung der ausdrücklichen Erwähnung.
 Der Leerformelcharakter dieser Aussagen erfordert natürlich eine sachliche und räumliche Konkretisierung. So ist z.B. den Bereich der Wirt-

Herstellung und Sicherung der Chancengleichheit

schaftsstruktur betreffend die eigenständige Existenzsicherung für Frauen inzwischen zu einer bedeutenden Zielgröße der Lebensplanung geworden. Einschränkungen wie
▷ ein unzureichendes Angebot an qualifizierten Ausbildungs- und Erwerbsmöglichkeiten (Regionen mit einseitiger Industriestruktur, strukturschwache ländliche Räume),
▷ fehlende Kinderbetreuungseinrichtungen (ländliche Räume, Umland von Verdichtungsgebieten),
▷ und die schlechte Erreichbarkeit von Erwerbsarbeitsplätzen (ländliche Räume, Großstädte) sind regional unterschiedlich stark ausgeprägt. Eine Aufgabe der Landesplanung ist es in diesem Zusammenhang, regionale Engpässe durch entsprechende Planungen und Maßnahmen zu beseitigen.

Mögliche Instrumente wären z.B:
▷ die Genehmigung von Gewerbegebieten an die Anbindung mit dem ÖPNV zu koppeln,
▷ eine sinnvolle Zuordnung der Flächennutzungen im Sinne einer räumlichen Nähe von Versorgungseinrichtungen, Wohnungen und Erwerbsarbeitsplätzen zu fördern (regionalisierte EinwohnerInnen/Arbeitsplatzquotienten),
▷ öffentliche Mittel der regionalen Wirtschaftsförderung vorrangig an Betriebe mit einem verbindlichen Frauenförderplan (feste Zeit- und Zielvorgaben) zu vergeben,
▷ räumliche Förderschwerpunkte zu bilden und insbesondere in monostrukturierten Industrieregionen und strukturschwachen ländlichen Regionen qualifizierte Ausbildungs- und Arbeitsplätze für Frauen, Beschäftigungsinitiativen und Existenzgründungen von Frauen zu fördern,
▷ im Bereich der Landwirtschaft die Erwerbsmöglichkeiten für Frauen durch die Verbesserung der eigenständigen sozialen Sicherung, die Förderung von Betriebsleiterinnen, die Förderung von kooperativen Projekten in der landwirtschaftlichen Produktion, Verarbeitung und Vermarktung im Rahmen der eigenständigen Regionalentwicklung zu verbessern.

Kritik an traditionellen Leitbildern und Instrumenten

Die traditionellen Leitbilder der Raumordnung und Landesplanung wie z.B. Entwicklungspole, funktionsräumliche Arbeitsteilung sind ähnlich wie das Leitbild der Funktionstrennung in der Stadtplanung einseitig an wirtschaftlichen Rentabilitäts- und Machtinteressen ausgerichtet. Damit mag die unter einzelwirtschaftlichen Aspekten betrachtete Nutzungsoptimierung bestimmter Räume erreicht werden; ökologische Anforderungen wie auch die Lebensinteressen von Frauen, die sich nicht in dieses Verwertungsraster einfügen lassen, bleiben dabei jedoch auf der Strecke.

In ähnlicher Tradition stehen die gängigen hierarchisierenden und funktionalisierenden Instrumente der Landesplanung wie das Zentrale-Orte-Konzept und sog. Entwicklungsachsen. Empirisch nachgewiesen ist inzwischen, daß die zentralörtliche Förderpolitik insbesondere in ländlichen Räumen dazu beigetragen hat, daß sich das Ausstattungsniveau auf regionaler Ebene im Vergleich zu früher verbessert hat, lokal auf dörflicher Ebene hat es sich jedoch vielfach verschlechtert. Die aktuell praktizierte öffentliche Unterstützung sog. Nachbarschaftsläden ist letztlich als indirektes Eingeständnis für den nicht eingelösten Anspruch der flächendeckenden Versorgungsgerechtigkeit mittels der zentralörtlichen Förderpolitik zu werten. Es wäre damit nur logisch das Instrument als solches in Frage zu stellen. Was allerdings so viel bedeuten würde, wie der Stadtplanung die Bauleitplanung zu nehmen. Realistische Forderungen zur Verhinderung von Versorgungslücken wären meiner Ansicht nach:

▷ die Erweiterung der Zentrale-Orte-Hierarchie nach unten um sog. Basis- bzw. Nachbarschaftszentren zur Absicherung der täglichen Grundversorgung;
▷ die verbindliche Definition der zumutbaren Entfernungen zu zentralen Orten (z.B. 15 ÖPNV-Minuten zu Grund-, 30 ÖPNV-Minuten zu Mittelzentren, Basiszentren müßten mindestens mit dem Fahrrad erreichbar sein);
▷ die Überprüfung der ausgewiesenen Zentren hinsichtlich der regionalen und lokalen Versorgungsnotwendigkeiten;
▷ die Erweiterung der Ausstattungsmerkmale der zentralen Orte um Kinderbetreuungseinrichtungen und frauenbezogene Infrastruktureinrichtungen (Weiterbildung etc.).

Bilanz zum derzeitigen Verfahrensstand

So weit so gut. Was ist nun von den vorgeschlagenen Anregungen nach der Ressortabstimmung in Niedersachsen übrig geblieben? Nach den teilweise ernüchternden Erfahrungen anläßlich der Novellierung der Wohnungsbauförderrichtlinien z.B. in Berlin, waren die Erwartungen deutlich zurück geschraubt. Umso erfreulicher dann die Tatsache, daß in den Entwurf, der den Bundesbehörden zur Stellungnahme vorlag[1], viele Vorschläge/Formulierungen des Gutachtens sowohl in die Grundsätze und Ziele als auch in den entsprechenden Begründungen entweder vollständig oder nur leicht verändert Eingang gefunden haben.

Die anfängliche Freude bekommt jedoch bei genauerem Hinsehen einige Dämpfer. Entschärft wurden fast alle akzeptierten Forderungen durch ihre Umwandlungen in weniger verbindliche „Soll"- Vorschriften.

Darüber hinaus werden alle jene Aussagen vermißt, die konkrete und damit natürlich auch finanzielle Konsequenzen nach sich ziehen. Dazu gehören z.B. die vorgeschlagene Erweiterung des „Zentralen Orte-Systems" um sog. „Basiszentren", eine genaue Definition der zumutbaren Entfernungen zur „autolosen" Erreichbarkeit der Zentralen Orte, die verpflichtende Förderung von Frauen-Nacht-Fahr-Angeboten, solange der ÖPNV den Sicherheitsansprüchen von Frauen nicht genügt etc.

Konsequenzen für die Regionalplanung

Die Gegenüberstellung der geforderten und übernommenen Inhalte macht deutlich, daß auf der Ebene der Grundsatz- und allgemeinen Zielformulierung erste Erfolge erzielt werden konnten, allerdings sind quasi alle Forderungen, die bei einer Umsetzung zwangsläufig zu Zielkonflikten mit anderen Interessen führen würden, über Bord gegangen. So gesehen dürfte die Anpassungspflicht der Regional- und Kommunalplanung an die Inhalte der Landesplanung in Bezug auf die Durchsetzung von Frauenbelangen wenig Konsequenzen auslösen. Auch wird es naiv sein, zu glauben, daß die Regionalplanung ohne Druck von außen die gemachten Vorgaben sachlich präzisiert und räumlich konkretisiert.

Damit ist selbstverständlich nicht gemeint, daß die Träger der Regionalplanung sich darauf beschränken sollten, den auf Landesebene erweiterten „Pflichtkatalog" abzuarbeiten. Ganz im Gegenteil sind sie aufgefordert, selber aktiv zu werden und im Sinne eines neuen Selbstverständnisses der Regionalplanung ihre Initiativ- und Moderatorenfunktion wahrzunehmen.

Folgende Bausteine für die Absicherung frauenspezifischer Inhalte in der Regionalplanung wären darüberhinaus denkbar:

1. Engagierte Frauen (Politikerinnen, Planerinnen, Bürgerinnen) vor Ort, in den Gremien der Regionalplanung, in den Kreisen und Kommunen fordern eine Umsetzung der im LROP enthalten Zielaussagen. Der gängige initiative Weg „von unten", mit dem Unterschied, daß sich nun die Frauen nicht mehr legitimieren müßten, sondern auf die definierten Ziele des LROP verweisen könnten. Dies setzt allerdings voraus, daß die fach- und frauenpolitische Öffentlichkeit von den neuen Gestaltungsspielräumen informiert ist. D.h. eine aktive Öffentlichkeitsarbeit ist erforderlich, die ich mir u.a. in Form von frauenpolitischen „Regionalkonferenzen" vorstellen könnte. Organisiert werden sollten sie vom niedersächsischen Frauenministerium (und evtl. der obersten Landesplanungsbehörde/Innenministerium). Diese Regionalkonferenzen hätten einerseits das Ziel, über planungspolitische Instrumentarien zu informieren und andererseits die für

Frauen in der Region drängenden Probleme zu eruieren und Frauen in der Region untereinander zu vernetzen. Ersetzen können die Konferenzen allerdings nicht das notwendige Engagement von Frauen „vor Ort".

2. Die Formulierung von konkreten geschlechterdifferenzierten Entwicklungszielen in den jeweiligen Regionen wird immer wieder von nicht entsprechend aufbereiteten Strukturdaten (insbesondere Daten zur Beschäftigtenstruktur, Pendlerinnenströme, Wanderungsbewegungen) erschwert, eindeutig eine Aufforderung an (Forschungs-)Behörden des Bundes und der Länder, im Rahmen der laufenden Raumbeobachtung/ Raumordnungsberichte entsprechende Informationen zur Verfügung zu stellen.

3. Nach Verabschiedung des LROP und der sich damit ergebenden Pflicht zur Fortschreibung der Regionalen Raumordnungsprogramme gemäß den neuen Zielaussagen des LROP sollte die sachliche Präzisierung und räumliche Konkretisierung modellhaft an einem Regionalen Raumordnungsprogramm aus Bundes- und Landesmitteln gefördert werden. Es wäre zu prüfen, inwieweit für ein solches Modellvorhaben EG-Mittel (Regionaler Strukturfonds) beansprucht werden können.

In diesem Rahmen hätte ein externes Gutachten die Aufgabe, geschlechterdifferenzierte Strukturdaten zu analysieren, daraus abgeleitet frauenpolitisch relevante, regionalisierte Entwicklungsziele zu erarbeiten und ein Beteiligungskonzept für Frauen in der Region zu entwickeln. Erst nach einem solchen „Probelauf" sollten verallgemeinerbare Vorschläge für den möglichen Verfahrensablauf und für materielle Anforderungen gemacht werden.

4. Neben der Diskussion um die inhaltliche Präzisierung, ist das Nachdenken über die institutionelle Absicherung feministischer Inhalte nicht weniger bedeutsam. Durchaus kühn (zum derzeitigen Zeitpunkt) wäre es, die personelle, fachliche und feministische Kompetenz in der obersten Landesplanungsbehörde (Innenministerium) und den oberen Landesplanungsbehörden (Bezirksregierungen) einzufordern. In jedem Fall sollte aber dem Frauenministerium (Landesebene) und den Frauenbeauftragten der Bezirksregierungen bei wichtigen Planungen der Fachressorts und bei der Fortschreibung der Regionalen Raumordnungsprogramme ein Mitzeichnungsrecht eingeräumt werden.

Bei der beabsichtigten Novellierung des Niedersächsischen Raumordnungsgesetzes (NROG) wäre dringend darauf zu achten, daß die Beteiligungsrechte für Fachfrauenorganisationen, Politikerinnen, Frauenbeauftragte etc. an der Landes- und Regionalplanung verbindlich geregelt werden. Hierbei geht es sowohl um die quotierte Besetzung der entsprechenden Gremien als auch um z.B. die Anerkennung von Fachfrauenorganisationen (wie z.B. FOPA) als „Träger öffentlicher Belange". Letzte-

Uta Bauer; geb. 1957, Dipl.-Geographin, Referentin für Stadt- und Verkehrsplanung im Frauenreferat Frankfurt/ Main. Arbeitsschwerpunkte: Feministische Stadt- und Regionalplanung, Mitglied FOPA Rhein-Main.

res kann allerdings nur ernsthaft gefordert werden, wenn damit auch eine Grundfinanzierung der Vereine/Verbände verbunden ist.

Der Versuch der frauenpolitischen Einflußnahme in das LROP Niedersachsen hat deutlich gemacht, daß das Thema „Landes- und Regionalplanung" noch längst nicht abgeschlossen ist und eine inhaltliche Standortbestimmung noch aussteht. So gesehen dürfte auch mit dem aktuellen „Frei-Räume"- Heft ein hoffnungsvoller Anfang gemacht sein. Die eigentliche Arbeit – auch in Niedersachsen – steht aber noch an.

Anmerkung

[1] Inzwischen werden diese Stellungnahmen eingearbeitet, der letzte überarbeitete Entwurf wird anschließend dem Landtag zur Beratung und zum Beschluß vorgelegt.

Literatur

Bauer, Uta (1991): Überprüfung des Landes-Raumordnungsprogrammes Niedersachsen unter Berücksichtigung frauenpolitischer Belange. Gutachten im Auftrag des Niedersächsischen Frauenministeriums (unveröff. Manuskript).

Bauer, Uta (1990): „Gesundes Familienglück in ländlicher Idylle? – Über den Umgang mit der Frauenfrage in der ländlichen Regionalpolitik". In: FreiRäume. Nr. 4. S. 77-83.

Breckner, Ingrid/ Sturm, Gabriele (1993): Weibliche Lebenssituation im Wandel: Gesellschaftliche Entwicklungen verändern die Gestaltungsspielräume von Frauen in räumlichen Strukturen. Expertise im Auftrag der Bundesforschungsanstalt für Landeskunde und Raumordnung (unveröff. Manuskript).

Bauer/Hoffmann/Striefler (1990): Emanzipation vom Auto – das Recht der Frauen auf eine ökologische Verkehrswende. Teil I-III. Antwort der Bundesregierung auf die Große Anfrage der Fraktion der GRÜNEN. Bundestagsdrucksache 11/8516, 8518, 8519. Bonn.

Hoffmann, A./ Striefler, K (1990): „Arbeitsgruppe Regionalplanung und Frauen". In: Platz nehmen und Raum greifen. Arbeitsberichte des Fachbereiches Stadtplanung und Landschaftsplanung der GHK Kassel, Nr. 86. S. 110-111.

Marksteine zur frauengerechten Stadt- und Regionalplanung?
Ein Beitrag zur Region Rhein-Main

Hanne Schäfer

Die Region Südhessen weist günstige Faktoren auf, um überwiegend von Fachmännern als wachstumsstarker Raum innerhalb Hessens und der Bundesrepublik Deutschland anerkannt zu sein. Fachfrauen betrachten diese Region weniger vom ökonomischen Standpunkt, als viel mehr aus feministischer Sicht, wie Frauen ihren Alltag in der Region (Stadt, Land) erleben, so wird deutlich, daß häufig Frauen aufgrund der gewalt(-tät)igen Stadt- und Regionalstrukturen benachteiligt sind. Daß sich Frauen vermehrt auch in planerische Prozesse einmischen, wo sie sich einmischen und welche „Marksteine" sie zu einer frauengerechteren Stadtplanung plazieren konnten/können, wird im folgenden dargestellt.

Plakette der Region?

Ein Vergleich zwischen den drei hessischen Planungsregionen, Nord-, Mittel- und Südhessen, aufgrund von Faktoren wie Bevölkerungsdichte[1], Beschäftigtenanteil[2] im wirtschaftsdynamischen tertiären Sektor sowie dem regionalen Anteil an der erwirtschafteten Bruttowertschöpfung[3] des Landes verdeutlicht die überdurchschnittliche Stärke der Region Südhessen. Ministerpräsident Hans Eichel (SPD) befürwortet für den mittelhessischen Raum ein „Konversionsprogramm" innerhalb dessen 150 Mio. DM für die nächsten 8 Jahre bereitgestellt werden sollten und betitelt diesen Raum als „Region ohne eigenständiges Profil"[4]. Demgegenüber hält die Region Südhessen selbst dem interregionalen Vergleich stand und wird von kommunalen Fachkräften zur Spitzengruppe der Bundesrepublik Deutschland gezählt. Diese interregionalen Vergleiche basieren einzig auf dem grenzenlosen ökonomischen Fetisch des akkumulierenden Kapitals. Der unerschütterliche „Wachstumsfanatismus" prägt den Raum Rhein-Main von einem ehemals „polyzentrischen Raum" zu einem unüberschaubaren „Siedlungsbrei" (Die Grünen Darmstadt, 1993). Noch immer werden ökologische und am Menschen orientierte Kriterien für eine lebenswerte Umwelt des städtischen oder ländlichen Raumes nicht als zukunftsträchtig, weil nicht direkt profitabschöpfend, anerkannt.

Die Frage: wer stellt das „Aushängeschild" für die „starke" südhessische Region dar?, führt unmittelbar zum Verdichtungsraum Rhein Main und direkt zur prosperierenden Stadt Frankfurt, die einen zentralen Standort innerhalb der verschiedensten geographischen Ebenen einnimmt (international, national, regional).

Die Folgefrage nach den grundsätzlichen Vorraussetzungen, um als „starke" Region betitelt zu werden, findet ihre Antwort in der Chance, das kontinuierliche Funktionieren des Verdichtungsraumes Rhein-Main unter den kapitalistischen Zwängen (Gesetzen) des freien Marktes realisieren zu können. Das bedeutet: Die Konzentration führender internationaler Wirtschafts- und Finanzunternehmen mit Sitz in Frankfurt, aber dezentraler weltweiter Standortverteilung ihrer Sparten sowie die Konzentration notwendiger unternehmensbezogener Dienstleistungen (Zulieferer für Großkapitale) verleiht Frankfurt zum einen die Headquarter-Funktion, zum anderen den umstrittenen und imageaufwertenden Begriff der Metropole. Entscheidungen, die hier getroffen werden, finden häufig ihre Wirkung in ganz anderen Regionen der Welt. (z.B. Verlagerung von Produktionsbetrieben in Billiglohnländer). Die Umlenkung finanzieller Mittel in den Aufbau-Ost, das Zwangssparen der öffentlichen Haushalte aufgrund momentaner Stagnation der Volkswirtschaft und hohe städtische Verschuldungen, lenken die Hoffnung auf einen prosperierenden Europäischen Markt. Um im EG-Binnenmarkt metropolitane Funktionen trotz krisenhafter Erscheinungen erhalten zu können, wird der Druck der Konkurrenzfähigkeit zu anderen europäischen Metropolen wie London oder Paris weiter zunehmen. Dieser überregionale Druck wird auf städtischer Ebene scheinbar zu einem Konkurrenzsog um Standortqualitäten. Für Frankfurt zählen unter Angebote weicher Standortfaktoren z.B. hochwertiges Wohnen am Mainufer, kulturelles Spektakel auf der Zeil und dem Museumsufer – Glanzfassaden des neuartigen Einkaufszentrums „Les Facettes" Zeilgalerie – und zeiteinsparende Verkehrsknotenpunkte und -netze in der Luft, auf den Schienen oder Fernverkehrsstraßen.

Ein zweiter wichtiger Aspekt der regionalen Entwicklungsdynamik ist jedoch die beidseitige Abhängigkeit der Zitadelle Frankfurt von ihren umliegenden Gemeinden, der Verdichtungsregion Rhein-Main. Auswirkungen innerstädtischer Widersprüche sprengen den städtischen Rahmen und verlagern sich raumgreifend ins Umland (Flächenengpässe); steigende Standortkosten verdrängen lokale NutzerInnengruppen (kleinere Betriebe oder Geringverdienende) in mittlerweile räumlichdistanzierte Gemeinden. Metropolnahe mittlere und Oberzentren sind prosperierende Ableger Frankfurts, vorwiegend dienstleistungskonzentriert (Friedberg, Neu-Isenburg, Langen). Folgen sind soziale und räumliche Segregation, was sich im Wohnraumdefizit bemerkbar macht. Qualifiziertes Fachpersonal kann sich luxeriöses Wohnen auf dem Lande am reicheren Taunusrand, innerhalb Frankfurts im Nordend leisten; sozial Schwächere, unqualifizierte Arbeitskräfte drängen notwendigerweise in ärmere Randgebiete wie den Rodgau.

Bedeutend für die wirtschaftsdynamische Region Südhessen ist zum einen die metropolitane Funktion der Stadt Frankfurt, zum anderen ihre (Flächen-) Ressourcen im Umland.

Der Bedeutungszunahme der Region trägt in erster Linie der Prozeß der Entkopplung monetärer von produktiver Akkumulation Rechnung, worüber produzierendes Gewerbe zugunsten dienstleistungsorientierter Betriebe ausgelagert wurde und dieser städtische Strukturwandel Frankfurts zunehmend (ausgewählte) weltweite Verflechtungen hervorruft sowie metropolitane Funktionen einbringt.

Kurzsichtig betrachtet, paßt sie sich synonym den aktuellen ökonomischen Anforderungen der kapitalistischen Gesellschaft an, ähnlich einem Chamäleon. Wandeln sich kapitalistische Strukturen, so verändert sich dementsprechend der regionale Verdichtungsraum, letztendlich auch die Strukturen Frankfurts. Langfristig gedacht, bleibt die Frage offen, wie lange die Region die immanenten zunehmenden Widersprüche aushalten kann?

Der „Zeitgeist" verlangt globalisierendes Denken. Nicht städtisches, sondern regionales Bewußtsein gilt es zu entwickeln. Folglich gilt: „Die Region als Bühne zur Selbstdarstellung der regionalen Wohlstandsgesellschaft ist in erster Linie von diesen für diese geschaffen". Regionale Entwicklung basiert auf geschlechtsspezifischer Planung und Aneignung. Sind es ökonomisch/politisch starke Individuen oder Gruppen, die regionalen Raum prägen, auf alle Fälle sind es vorrangig Männer, die diese Bühne gestalten.

Auch aktuelle Beispiele städtischer und regionaler Planungsprozesse verdeutlichen noch immer, daß männliche Planung der Vielfalt lebenswerter Räume (natürliche Erlebnisräume) entgegenwirkt zugunsten wachstumsorientierter Standortfaktoren.

Männer erleben den Alltag anders als Frauen und denken und planen daher spezifisch männlich. Ihre Planung unterliegt den Prämissen des Wachstums, der Konkurrenz, der Macht/Stärke sowie des Darstellens nach außen (Image), ähnlich wie Carol Gilligan die Spiele der Jungen beschreibt. Während Männer häufig Polarisierung und Hierarchisierung vorantreiben, versuchen Frauen verstärkt getrennte Kategorien in Dualismen (Öffentlichkeit/Privatheit, Wohnen/Arbeiten) zu vereinen, Gegensätze eher zu überwinden, Verantwortung für die Bedürfnisse anderer zu entwickeln und kreativ Neues zu gestalten sowie für Wandel und Flexibilität offen zu sein.

Weil in männlicher Planung überwiegend frauenspezifische Belange nicht integriert sind, mischen sich Frauen immer häufiger in Planungsprozesse ein. Im folgenden soll deutlich werden, wo und wie Frauen aktiv werden. Ursächlich für den Bekanntheitsgrad überwiegend städtischer Prozesse ist der fehlende Austausch zwischen Stadt-Land-Bewohnerinnen, sowie die Veröffentlichung überwiegend städtischer Aktionen. Informationsbarrieren verhindern die Vorstellung von eigenständigen Handlungen ländlicher BewohnerInnen, sich in Planungsprozesse einzumischen. Festzuhalten ist an dieser Stelle, daß die Forderungen frauenspezifischer Belange spezielle Forderungen der engagierten, organisierten Frauen sind. Diese schließen nicht Belange aller Frauen in und um Frankfurt ein.

Marksteine zur frauengerechteren Stadt- und Regionalplanung?

Ein Überblick der ca. 170 sozialen Gruppen, Beratungsstellen, Verbände, Organisationen von Frauen für Frauen innerhalb Frankfurts spiegelt ein vielfältiges weibliches Engagement in verschiedensten gesellschaftlichen Bereichen wider, in denen sich einzelne Frauen zu kommunalen Basisgruppen zusammenschließen (Hrsgin Frauenreferat der Stadt Frankfurt, 1991). Überwiegend parteiunabhängig werden jeweilige Fraueninteressen in den differenzierten Gruppierungen gebündelt, teilweise erfolgen Austausch und Zusammenarbeit der Gruppen bis hin zur Bildung von kommunalen oder interregionalen Netzwerken und/oder Dachverbänden. Frauen greifen als Betroffene und politisch Handelnde ein.

Drei unterschiedliche Initiativen zeigen beispielhaft Ansätze, wie Frauenbedürfnisse konkret in Politik eingebracht und auf den verschiedensten administrativen Ebenen konsequent verfolgt werden.

Bedauerlicherweise überwiegt die Darstellung städtischer Aktivitäten, aufgrund fehlender Informationen aus der Region.

Städtisches Frauenreferat

Ein Beispiel für interaktive Zusammenarbeit ist die 11-wöchige Kampagne „Frauen nehmen sich die Stadt" im Herbst 1992. Zwanzig Frankfurter Gruppen (Mädchentreff, Notruf u. Beratung für vergewaltigte Frauen e.V., Agisra e.V., Frauen in Bewegung e.V. u.a.) kooperierten mit städtischen Ämtern – Stadtbücherei, Volkshochschule, Stadtwerke – und Institutionen – Post, Kirchen, Polizei, Staatsanwaltschaft. Das Frauenreferat der Stadt Frankfurt initiierte und finanzierte diese Aktionsmonate mit dem Ziel, die Sicherheit und Bewegungsfreiheit von Frauen in der Stadt zu thematisieren. Wie die Referentin für Öffentlichkeitsarbeit im Frauenreferat G. Wibelitz berichtete, wurde eine Vielzahl unterschiedlicher Formen und Methoden aus dem Bereich der Öffentlichkeitsarbeit eingesetzt, um eine möglichst große Bevölkerungsgruppe zu erreichen. Dazu boten Gruppen und Institutionen konkrete Angebote für alle interessierten Bürgerinnen wie Stadtteilrundgänge, Exkursionen in besonders problematische städtische Bereiche wie z.B. das Bahnhofsviertel, innerstädtische Grünanlagen etc., eine Fahrrad-Tour nach Mitternacht in Betriebe, wo Frauen in Schicht arbeiten, etc. Speziell für die Stadtteile Bockenheim, Rödelheim und Höchst erfolgten dezentrale Veranstaltungen die von zwei Mitarbeiterinnen des Frauenreferates in regelmäßigen Austausch- und Informationstreffen vorbereitet und strukturiert wurden. Bewohnerinnen des Stadtteils fanden sich zusammen, um Unzufriedenheit und mögliche Alternativen im nahen Wohnumfeld gemeinsam zu bearbeiten.

Zentrale Veranstaltungen und Pressekonferenzen mit anderen Ämtern/Institutionen (Stadtwerke, Staatsanwaltschaft) stellten weitere Formen der Öffentlichkeitsarbeit dar, in denen die städtische Gewaltproblematik artikuliert wurde. In einer schriftlich ausgearbeiteten Bilanz der Kampagne veröffentlicht das Frauenreferat konkrete Ergebnisse dieser ca. 80 städtischen Aktivitäten und ebensoviel Artikeln in drei Frankfurter Tageszeitungen mit überwiegend positiver Resonanz.

▷ Als Form breiter Bürgerinnenbeteiligung – Rentnerinnen, Ausländerinnen, Mütter, Studentinnen, Berufstätige – erhielten Frauen über diese Kampagne die Möglichkeit, sich aktiv bei Planungsprozessen zu beteiligen sowie öffentlich für ihre Ideen und Belange einzutreten.

▷ Die zahlreich gewonnenen Kontakte unter den Bewohnerinnen tragen zum Sicherheitsgefühl in den Stadtteilen bei.

▷ Aktionen, die über Stadtteilgruppen längerfristig anhalten sind u.a. die Veränderung des Rödelheimer S-Bahnhofes, das Anbringen von Notrufsäulen, verbesserungbedürftige Infrastruktur für Frauen in Höchst. Bockenheimer Frauen entwickeln eine Kartei „Frauen begleiten Frauen" für gemeinsame Unternehmungen. Das Frauenreferat übernahm im Rahmen des Modellversuchs einer Wohnungsbaugenossenschaft die organisatorische und koordinierende Funktion zur Erarbeitung spezifischer Wohnbedürfnisse von Frauen.

Diese Kampagne erreichte über Medien und Veranstaltungen eine Vielzahl von interessierten und betroffenen Frauen. Diverse Gruppen/ Institutionen wurden qualitativ und quantitativ in ihrer stadtteilbezogenen Arbeit gestärkt.

Weitere wichtige Schritte politisch verantwortlicher, aktiver Frauen:

▷ der im Januar 1992 durch den Magistrat beschlossene umfangreiche Frauenförderplan. In ihm sind Forderungen nach Quotierung in städtischen Verwaltungsebenen und Betrieben festlegt. Er beinhaltet Kriterien zur Überprüfung und Durchsetzung dieser Forderungen. Weiterhin empfiehlt er die Arbeitsbedingungen in Frauenberufen zu untersuchen und ihren ideellen sowie materiellen Stellenwert zu steigern (Anfang dieses Jahres abgeschlossene Untersuchungen von städtischen Hilfspolizistinnen, Angestellten in der Stadtbücherei sowie Bedürfnisanstaltswärterinnen mit dem Erfolg der materiellen Gleichstellung und der Imageaufwertung)[5].

▷ um Frauenbelange vorerst in städtische Planungsprozesse einzubringen und durchzusetzen, arbeiten Fachreferentinnen des Frauenreferats mit dem Planungsdezernat zusammen. Bebauungspläne von wichtigen städtebaulichen Projekten werden ins Frauenreferat geliefert und dort bearbeitet. In der Magistratsplanungskommission ist eine Referentin des Frauenreferats integriert und wird informiert.Die Einrichtung eines Frauenreferats erweist sich als sinnvoll. Bedürfnisse, die hier formuliert und Aktionen, die geplant werden, können bis in den ländlichen Raum hinein wirken. Sinnvoll auch insofern, als daß sie (Dezernentin und acht Fachreferentinnen) das verlängerte Sprachrohr der autonomen wie etablierten Vereine / Verbände / Organisationen darstellen. Als institutionalisierte städtische Frauengruppe sind ihre Möglichkeiten der Durchführung von kommunaler Frauenpolitik gerade deswegen realisierbarer. Sinnvoller (und notwendiger) Weise erfolgt über dieses verlängerte Sprachrohr kein Mono- sondern ein Dialog (beidseitige Abhängigkeiten) unterschiedlich qualifizierter Frauen.

Basisorientierte Frauengruppen

Eine andere Form des Agierens von Frauen in der Region Rhein-Main zeigt sich in Darmstadt. Hier sind es unmittelbar Betroffene und Expertinnen gewesen, die sich intensiv mit Themen wie: Wohnungsbau, Stadtplanung, ÖPNV und Alltag aus der Sicht von Frauen beschäftigt haben. Damit Anforderungen oder Angebote an die Stadt herangetragen werden konnten, erarbeiteten sie Ende 1991 ein Grundsatzpapier „Auf dem Weg zu einer frauengerechten Stadt" gemeinsam mit der damaligen Frauenbeauftragten Dr. W. Mohr. Diese Fassung beinhaltete Prämissen und Thesen zum weiblichen Blick auf die Stadtplanung sowie problematische Beispiele dazu aus der Stadt. Sie erhielt Ende 1991 die Zustimmung des Magistrats und folgende Forderungen wurden/werden zukünftig zur „Sicherheit von Frauen im Öffentlichen Raum" umgesetzt:
▷ Errichtung von Frauenparkplätzen (durchgeführt)
▷ frauengerechter öffentlicher Personennahverkehr (in Planung)
▷ Frauenkultur- u. Kommunikationszentrum (aktuelle Durchführung)
▷ (Foueninteressen im sozialen Wohnungsbau – u.a. flexible Grundrisse für Alleinerziehende)

Die derzeitige Darmstädter Frauenbeauftragte T. Baur berichtet von zukünftiger Planung. Ein aktuelles Projekt ist die Installierung eines Fahrgastbeirates der zur Hälfte aus Frauen besteht. Dieser soll bei Verkehrsbetrieben der Hessischen Elektrizitäts AG (HEAG) eingerichtet werden (sollte schon 1991 passieren laut FR-Artikel vom 12.12.91) und einen ständigen Informationsaustausch zwischen Straßenbahn- und BusbenutzerInnen einerseits und der Geschäftsleitung andererseits gewährleisten. Mögliche Verbesserungsvorschläge könnten über diesen Beirat ebenfalls an die Verkehrsbetriebe weitergeleitet und verwirklicht werden.

In Diskussion ist aktuell (April 93) eine Verflechtung der Gruppe „Frauengerechte Stadt" mit Politik und Verwaltung. Verschiedene Modelle (Heidelberg, Berlin) und Fachfrauen werden zu Rate gezogen, um sinnvolle Verbindungen zwischen o.g. zu erhalten. Möglich wäre: ein Forum „Frauengerechte Stadt", bestehend aus verschiedenen Arbeitsgruppen für alle interessierten Darmstädterinnen. Ein parallel gegründeter Beirat mit ca. 12 Fachfrauen (Verwaltung, Fachfrauen), auch aus dem Forum heraus, ist der Frauenbeauftragten oder dem/der Oberbürgermeister/in zugeordnet. Die Verflechtung mit Verwaltung und Politik ist durch ständigen Austausch und Beratung von Forum und Beirat gegeben. Ein zweites Diskussionsmodell wäre: die Arbeitsgruppen (AG Wohnen, Verkehr...) direkt dem Beirat unterzuordnen. Ideen, Entwürfe und Forderungen der AG's werden im Beirat beraten und an Verwaltung und Politik weitergeleitet. Endgültiges Konzept wird in Diskussionen je nach Argumentatiosstärke entschieden.

Ergebnisse in regional strukturierten Planungsprozessen wie ÖPNV und sozialer Wohnungsbau haben in weitem Radius um die Stadt Auswirkungen für dort Lebende und Arbeitende. Weiterhin finden institutionalisierte städtische Einrichtungen von Frauen für Frauen in den Orts- und Gemeindeverwaltungen des Umlandes nachahmenden Modellcharakter (und umgekehrt?) oder eröffnen kreative Neugestaltungen je nach Bedarf und Durchsetzungsfähigkeit.

Interaktion regionaler Frauen und Gleichstellungsbeauftragter

Eine weitere Form des regionalen Verfahrens von Frauen im Raum Rhein-Main stellt die Landesarbeitsgemeinschaft der kommunalen Frauenbeauftragten (LAG) dar. Kommunale Frauen- und/oder Gleichstellungsbeauftragte haben sich zur Landesarbeitsgemeinschaft der kommunalen Frauenbeauftragten (LAG) zusammengeschlossen. In monatlichen Treffs arbeiten sie in themenspezifischen Arbeitsgruppen. Eine von 7 Arbeitsgruppen ist die AG Rhein-Main-Region. Frauenbeauftragte bearbeiten seit Sommer 1991 angesichts des EG-Binnenmarktes und der zunehmenden Bedeutung der Region Themen wie: Wirtschaftsraum Rhein-Main; Auswertung von Statistiken (aus Volkszählung 1987) zu Pendlerinnen, Wohnstätten ...; Kindertagesstättensituation in der Region; Regionaler Raumordnungsplan (RROP) und zukünftig dem Rhein-Main-Verkehrsverbund (RMV). Die Probleme dieser wachstumsdynamischen Region erfordern von allen Fachfrauen themenspezifische Zielformulierungen um Frauenbedürfnisse unter diesen Bedingungen zu sichern. Regionale Zielvorstellungen, wie sie auch auf städtischer Ebene formuliert werden, z.B. Nähe von Wohnung und Arbeitsplatz, familienfreundliches Infrastrukturangebot, ausreichendes Angebot an Kindertagesstätten, das allen Frauen die Beteiligung am Erwerbsleben garantieren kann, u.v.m., werden von Frauenbeauftragten und verstärkt von UmweltpolitikerInnen diskutiert.

Aktuell beabsichtigte die Regional-Arbeitsgruppe der LAG mit der Gesellschaft zur Vorbereitung und Gründung des Rhein-Main-Verkehrsverbundes mbH in Diskussion zu treten, um an der „großen Lösung" der Verkehrsverbindung (umfaßte 33 Kommunen und Kreise) zwischen Fulda und Bad Kreuznach, Heppenheim und Gießen, frauenspezifische Belange vertreten zu können. Da jedoch Bundesfinanzminister Waigels „föderales Konsolidierungs-Programm" bezüglich der Übernahme und Finanzierung des öffentlichen Nahverkehrs von den Kommunen und ihren Ministerpräsidenten blockiert und abgelehnt wird, arbeitet nunmehr die Vorbereitungsgesellschaft des RMV[6] auf eine kleinere regionale Lösung hin. Da die Finanzierung dieses Projektes von den Kommunen getragen werden sollte (ein Obolus von zehn Mark pro EinwohnerIn), ist aufgrund aktueller krisenhafter Entwicklung an eine Realisierung nicht zu denken. Zu weiterführenden Diskussionen werden sich die Frauenbeauftragten der Hessischen LAG wieder einmischen.

Hessische Initiativen: Festlegung frauenspezifischer Anhörungen

Vorbildlich ist zum einen eine Stellenbesetzung im Hessischen Ministerium für Landesentwicklung, Wohnen, Landwirtschaft, Forsten und Naturschutz mit einer Fachreferentin als Koordinatorin für Frauenbelange in regionalen Planungsvorhaben. Sie berichtete im März 93, daß bei städtebaulichen Verfahren Frauen- und Gleichstellungsbeauftragte als Trägerinnen öffentlicher Belange (TÖB) anerkannt sind. Die Beteiligung der Frauen wurde im Mai 1992 in Zusammenarbeit mit der Fachabteilung Wohnen in den „Richtlinien über die Beteiligung der Träger öffentlicher Belange" festgeschrieben. Hierüber können Verwaltungswege verkürzt und direkte Auseinandersetzungen zwischen Planenden und Betroffenen möglich werden.

Ebenfalls seit Mai 1992 findet die veränderte Hessische Gemeindeordnung (HGO) Gültigkeit. Die Kommunen sind dazu aufgerufen, Frauen-/Gleichstellungsbeauftragte zu benennen und einzustellen oder vergleichbare Maßnahmen zu verwirklichen, um den Verfassungsauftrag „Männer und Frauen sind gleichberechtigt" in den einzelnen Gemeinden umzusetzen. Bis Heute haben jedoch viele Gemeinden (Dieburg, Münster, Fischbachtal u.a.) aus Kosten- und Bequemlichkeitsgründen diese Gemeindeordnung umgangen. Damit die Durchsetzung von Frauenbelangen in den Gemeinden realisiert wird, fordern Frauen in einzelnen Gemeinden ihr Recht.

Diese dargestellten Initiativen verdeutlichen, wie Frauen gestaltend auf den unterschiedlichsten Ebenen eingreifen. Die Besetzung jedes Ministeriums und jeder Kommune in Hessen, derzeit auch jedes städtischen Amtes in Frankfurt mit Frauen- und/oder Gleichstellungsbeauftragten sowie die Quotierung in allen städtischen Ämtern und Betrieben zeugt von der Anerkennung männlich beschränkten Denkens und Handelns und weiblicher Durchsetzungsfähigkeit.

Trotz der Setzung von Marksteinen zur frauengerechten Stadt- und Regionalplanung auf unterschiedlichen Feldern bedarf es auch zukünftig vermehrt engagierter Frauen. Forderungen und Ergebnisse städtisch un- und organisierter Frauen sollten nicht als die „wahren" Bedürfnisse erkannt werden. Damit sich ein breites Spektrum verschiedenster Belange entwickeln kann, bedarf es auch der Aufnahme von Belangen nichtorganisierter (ländlicher) Frauen. Letztere unterscheiden sich oft in ihren Belangen durch ihre spezifischen Alltage gegenüber städtisch lebenden Frauen. Zusätzlich sollten im politischen und soziokulturellen Bereich vielfältigste Formen von Öffentlichkeits- und Zusammenarbeit aufgetan werden, um Frauenbelange vermehrt in Planungsprozessen umzusetzen. Erst wenn das Formulieren speziell weiblicher Planungsinteressen aufgrund von Unzufriedenheit in alltäglichen Situationen überflüssig geworden ist, können wir diesen Prozessen den Titel der „frauengerechten Stadt- und Regionalplanung" verleihen. Noch sind die Lorbeeren zu dünn gestreut, um weich gebettet uns auszuruhen!

Hanne Schäfer, Studentin d. Soziologie, geb. 1961, Schwerpunkt: Sozial- u. Stadtplanung, Mitglied bei FOPA Rhein-Main.

Anmerkungen

[1] 457 EinwohnerInnen je qkm in Südhessen, 263 EinwohnerInnen je qkm im Landesdurchschnitt (Raumordnungsbericht 1989).
[2] Mehr als zweidrittel (67,3 %) der insgesamt 1,3 Mio. Sozialversicherungspflichtigen arbeiten in der Region Südhessen (ebd.2).
[3] 1986 entfielen ca. 72 % allein auf die Planungsregion Südhessen, während Nord- und Mittelhessen weniger als 1/3 der Bruttowertschöpfung gemeinsam erwirtschafteten
[4] Frankfurter Rundschau, September 1992.
[5] Bericht des Magistrats an die Stadtverordnetenversammlung 1993, Frankfurt/M.
[6] Informationen aus: Konzeption zur Vorbereitung und Gründung des Rhein-Main-Verkehrsverbundes 1992

Literatur

ARL Akademie für Raumforschung und Landesplanung (Hg.). 1991. Entwicklungsaspekte Rhein-Main-Raum. Hannover.

Arbeitsgruppe der Frauenbeauftragten (Hg.). Januar 1993. Protokoll der AG Rhein-Main-Region vom 27. Januar 1993. Rüsselsheim.

Dezernat Frauen und Gesundheit (Hg.).19.2.1993. Bericht des Magistrats an die Stadtverordnetenversammlung, Bd. 143. Frankfurt am Main.

Die Grünen (Hg.). Dezember 1992. Global denken, Kommunal handeln. Darmstadt.

Frauenreferat/Stadt Frankfurt/M. (Hg.). 1991. Wegweiser für Frauen in Frankfurt. Frankfurt am Main.

Frauenreferat der Stadt Frankfurt/M. (Hg.). 1993. Abschlußbericht der Kampagne „Frauen nehmen sich die Stadt". Frankfurt am Main.

Frauenbeauftragte der Stadt Darmstadt (Hg.). Dezember 1991. Dokumentation – 2 Jahre Frauenbeauftragte der Stadt Darmstadt. Darmstadt.

Frauenbeauftragte der Stadt Darmstadt (Hg.). Dezember 1991. Darmstadt auf dem Weg zu einer frauengerechten Stadt. Darmstadt.

Gilligan, Carol (1988): Die andere Stimme – Lebenskonflikte und Moral der Frau. 3. Aufl. München.

Regierungspräsidium Darmstadt (Hg.). Nov. 1989. Raumordnungsbericht; Teil II. Darmstadt.

RMV Gesellschaft zur Vorbereitung und Gründung des Verkehrsverbundes Rhein-Main mbH (Hg.). Sept. 1992. Konzeption zur Vorbereitung und Gründung des Rhein-Main-Verkehrsverbundes. Hofheim/Ts.

Regionalplanung – Frauen mischen sich ein!
Ein Werkstattbericht über die Arbeit der Regionalplanungsgruppe FOPA Rhein-Main e.V.

Ute Hünlein

Die Rhein-Main Region stellt einen bedeutenden Faktor im Wirtschaftsleben der Republik dar. Frankfurt, das Banken- und Dienstleistungszentrum, Messestadt, der Rhein-Main Flughafen, Darmstadt mit der Technischen Universität und Wiesbaden – die Landeshauptstadt Hessens – in unmittelbarer Nähe. Das ganze umrahmt von Taunus, Vogelsberg, Spessart und Odenwald. Ausgestattet mit allen Problemen einer Ballungsregion: knappe Wohnungen, große PendlerInnenströme, ökologische Belastungen usw.

FOPA Rhein-Main hat nicht nur durch den Namen und dadurch, daß die Mitgliedsfrauen aus den unterschiedlichen Bereichen des Rhein-Main Gebiets kommen, einen Bezug zur Region. Auch in unseren Diskussionen kamen wir immer wieder auf Fragen, Probleme und Ansatzpunkte, die über die Stadtplanung hinausgehen und Belange der Regionalplanung betreffen und uns veranlaßten, eine intensivere Auseinandersetzung zu beginnen.

Die Chronologie der Ereignisse

Angeregt durch die Diskussionen, begann unsere Auseinandersetzung mit dem Thema Regionalplanung, indem wir im April 1992 eine Zukunftswerkstatt mit dem Titel „Region Rhein-Main: Wie sollen und wollen Frauen leben, wohnen und arbeiten?" veranstalteten.

Einen Tag lang sollten hierbei – losgelöst von Realisierungsmöglichkeiten – auf phantasievolle, freie und kreative Weise Kritik, Vorstellungen und mögliche Ziele im Hinblick auf das Thema artikuliert und soweit möglich Ansatzpunkte für unsere weitere Arbeit gefunden werden.

Die hierbei formulierten Kritikpunkte spiegelten die bereits vorher häufig angeklungenen Probleme wider. So z. B. die Zentralisierung der Arbeitsplätze innerhalb der Region und Auslagerung der Wohnfunktionen, Monofunktionalisierung und Zersiedlung, aber auch Trennung von Wohnen, Arbeiten, Erholungs- und Freizeitbereichen oder die Problematik der Verkehrsplanung. Die Diskussion zeigte jedoch nicht nur sehr deutlich, daß viele der formulierten Probleme in einem Zusammenhang mit Fragen der Regionalplanung und -entwicklung stehen. Vielfach wurde darüber hinaus auch ein fehlendes „Regionalbewußtsein" kritisiert, das dazu führt, Probleme häufig nur auf kommunaler Ebene wahrzunehmen, obwohl sie den gesamten Ballungsraum betreffen und Lösungsansätze großräumig ansetzen müßten.

Als ein Ergebnis dieser Veranstaltung gründete sich eine Arbeitsgruppe, die sich mit Fragen der Regionalplanung beschäftigt. Neben dem Ziel der Auseinandersetzung mit der Regionalplanung, dem Aufdekken frauenspezifischer Belange und der Formulierung einer feministischen Kritik, stand auch die Zielsetzung, Netzwerke mit Frauen aus der Region zu bilden, mit ihnen diese Themenbereiche zu diskutieren und ihre Beteiligung an der Regionalentwicklung und -planung zu unterstützen.

Diese unterschiedlichen Punkte unserer Zielsetzungen bedingten gleichzeitig eine Herangehensweise auf mehreren Ebenen, denn die Beteiligung und Zusammenarbeit mit Frauen der Region sollte nicht erst nach Abschluß unserer Diskussionen erfolgen, sondern steht als ein wesentlicher Träger im Mittelpunkt unserer gesamten Arbeit.

Den Einstieg in unsere Arbeit fanden wir zunächst durch die Auseinandersetzung mit dem bestehenden Regionalen Raumordnungsplan Südhessen (RROP) und dem Regionalen Raumordnungsbericht Südhessen (ROB) an.[1]

Gleichzeitig entstand eine fruchtbare Zusammenarbeit mit den Frauenbeauftragten der Region Rhein-Main, die sich im Rahmen der Regionaltreffen der Frauenbeauftragten (eine Arbeitsgruppe der Landesarbeitsgemeinschaft der hessischen Frauenbeauftragten) mit diesen Fragen bisher nicht auseinandergesetzt hatten, aber, angeregt durch die bevorstehende Veröffentlichung des Gutachtens zum Regionalen Raumordnungsplan, reges Interesse zeigten. FOPA Rhein-Main wurde eingeladen, ein Referat vor den Frauenbeauftragten der Region zum Thema: „Regionaler Raumordnungsplan" zu halten, in dem Grundsatzfragen, Bedeutung, Ablauf, formale Rechtstellung usw. des RROPs erläutert und mögliche Ansatzpunkte frauenspezifischer Belange diskutiert wurden. FOPA wurde anschließend auch eingeladen, weiterhin an den Diskussionen der Frauenbeauftragten teilzunehmen.

Parallel dazu wandten wir uns an verschiedene Organisationen bzw. Institutionen im Rhein-Main-Gebiet, um die Berücksichtigung von Foraueninteressen einzufordern. So wurde z.B. ein Schreiben an die Vorbereitungsgesellschaft zur Gründung des Rhein-Main-Verkehrsverbundes (RMV) formuliert, in dem die Berücksichtigung von Foraueninteressen und die Beteiligung von Fachfrauen und betroffenen Frauen an der Zusammensetzung eines geplanten Fach- und eines NutzerInnenbeirates gefordert wurde. Inzwischen wurde FOPA Rhein-Main – durch tatkräftige Unterstützung der Frauenbeauftragten – Mitglied des NutzerInnenbeirats, in dem ausdrücklich eine Beteiligung von Frauen entsprechend ihrem Fahrgastaufkommen angestrebt wird.

Auch dem Umlandverband Frankfurt[2] wurde ein Schreiben zugeleitet, in dem wir die geringe Vertretung von Frauen und die einseitige Darstellung des Rhein-Main-Gebiets – ausgerichtet auf den Wirtschaftsraum und mit männlichem Blick – in den Publikationen des Umlandverbandes zum Anlaß nahmen auf eine stärkere Berücksichtigung von Foraueninteressen und eine größere Beteiligung von Frauen hinzuweisen.

Inzwischen schritt die Fortschreibung des Regionalen Raumordnungsplans weiter fort. Das Gutachten zum Regionalen Raumordnungsplan erschien.

Die weitere inhaltliche Arbeit der Regionalplanungsgruppe und ihre Auseinandersetzung mit diesem Gutachten führte dazu, daß FOPA Rhein-Main e.V. eine schriftliche Stellungnahme an das Regierungspräsidium sowie an das Hessische Ministerium für Landesentwicklung, Wohnen, Landwirtschaft, Forsten und Naturschutz und an das hessische Ministerium für Frauen, Arbeit und Sozialordnung schickte, in der unsere Vorstellungen und Kritik zum Ausdruck gebracht wurden.

Da die Frauenbeauftragten in Hessen laut Ministererlaß für Planungsfragen die Funktion von Trägerinnen öffentlicher Belange (TÖBs) im Bereich Frauenbelange und im Rahmen kommunaler Beteiligung wahrnehmen, ergab sich hier die Möglichkeit für die Frauenbeauftragten Stellungnahmen zum Gutachten zum Regionalen Raumordnungsplan abzugeben. Dies wurde auch soweit möglich wahrgenommen.

Währenddessen erreichte uns die Information, daß die Novellierung des Hessischen Landesplanungsgesetzes (HLPG) und des Hessischen Landesraumordnungsprogramms (HLRP) angestrebt wird. FOPA wandte sich daher noch einmal an die beiden oben genannten Ministerien, um auch hierbei die Berücksichtigung von Fraueninteressen zu fordern.

Insgesamt zeigten sich sehr schnell positive Reaktionen. Als ein erstes Ergebnis wurde FOPA zu einer Gesprächsrunde mit verschiedenen Fachfrauen und der Frauenauftragten für Planungsfragen des Ministeriums eingeladen, um die angesprochenen Punkte zu diskutieren. Angeregt wurde bei diesem Gespräch die Gründung der Arbeitsgruppe „Frauenplanung" im Landesentwicklungsministerium, die sich seither in regelmäßigen Abständen trifft, um frauenpolitische Fragestellungen im Bereich Landes- und Regionalplanung zu diskutieren und gegebenenfalls einbringen zu können.

Die inhaltliche Auseinandersetzung

Bisher wurde einiges von der Arbeit der Regionalplanungsgruppe berichtet, wenig jedoch zu den inhaltlichen Punkten Stellung genommen. Dies soll nun, nachdem die verschiedenen Ebenen unserer Aktivitäten gezeigt wurden, geschehen. Im folgenden sollen daher die bisherigen Ergebnisse unserer Diskussionen und unseres Arbeitsprozesses zum Themenbereich Regionalplanung aus frauenspezifischer Sicht zusammenfassend vorgestellt werden. Hierbei werden jedoch in erster Linie übergreifende Gesichtspunkte aufgegriffen.

Unsere Forderungen und unsere Kritik gliedert sich dabei in verschiedene Ebenen.

Grundsätze

Eine grundsätzliche Forderung stellt hierbei eine geschlechtsspezifisch auszuweisende bzw. zu erhebende Datengrundlage dar. Erst geschlechtsspezifische Daten können wesentliche Aufschlüsse über die unterschiedliche Lebenssituation von Frauen in der Planungsregion liefern und somit die Grundlage für eine Planung bilden, die die jeweiligen Bedürfnisse und geschlechtsspezifisch unterschiedlichen Anforderungen aufgreift und berücksichtigt.

Erfreut konnten wir feststellen, daß bereits im Grundsatz des Gutachtens zum Regionalen Raumordnungsplan eine Empfehlung zur Nähe von Wohnen und Arbeiten formuliert wurde. Hierbei wurde insbesondere auf die Reduzierung der Verkehrs- bzw. PendlerInnenströme hingewiesen.

Dieser Aspekt erscheint uns aber auch aus frauenspezifischer Sicht von wesentlicher Bedeutung, da vor allem Frauen aufgrund der Notwendigkeit, verschiedene Tätigkeitsbereiche wie Haus-, Erwerbs- und Familienarbeit miteinander zu vereinbaren, auf die Nähe von Wohnen und Arbeiten angewiesen sind bzw. durch ihre Trennung vielfach eine besondere Benachteiligung erfahren. Dem sollte auch im Rahmen der Regionalplanung Rechnung getragen werden. Das Thema Nutzungsmischung stellte in unseren Diskussionen immer wieder einen wesentlichen Kernpunkt dar, da hierbei deutlich wird, wie die funktionsräumliche Trennung der Lebensbereiche nicht nur negative ökologische Auswirkungen, sondern auch direkte Auswirkungen auf die unmittelbaren Lebensbereiche von Frauen zeigt. Dies äußert sich nicht nur in schlechteren Erwerbschancen, sondern auch in höheren zeitlichen Belastungen durch mehr und längere Verkehrswege von bzw. zur Arbeitsstelle. Frauen sind hiervon in größerem Maße betroffen, da sie häufiger auf den ÖPNV angewiesen sind und dieser vielfach längere Fahrtzeiten bedingt. Die Problematik zeigt sich auch in der Fortsetzung dieser Trennung durch Ausbreitung der Monofunktionalität bis hin zur Wohnwüste ohne Infrastruktureinrichtungen, die neben dem Fehlen von Kommunikationsmöglichkeiten zudem noch lange, teilweise auch zusätzliche (z.B. Fahrdienste für Kinder u.ä.) Wege für Einkauf und Versorgung abverlangen, wobei auch hier die Frauen durch die noch immer bestehende stärkere Zuweisung zu den Bereichen Haushalts-, Versorgungs- und Familienarbeit häufiger, vielfach nach wie vor alleinig, betroffen sind.[3]

Räumliche Ziele

In der Formulierung der räumlichen Ziele greifen der Raumordnungsplan, der Raumordnungsbericht und das Gutachten auf Planungssysteme wie Strukturraumausweisung, Achsensysteme und das System der Zentralen Orte zurück.

Diese jedoch scheinen uns in ihrer Kriteriengrundlage als unzureichend, um die Situation von Frauen zu erfassen und damit Zielvorstellungen hinsichtlich der ungleichen Lebensbedingungen von Frauen und Männern, aber auch hinsichtlich der unterschiedlichen Räume zu entwickeln. In die Ausweisungen sollten z.B. auch Kriterien einfließen, die die Arbeitsmarktbedingungen für Frauen aufgreifen.

Ähnliches gilt für das System Zentraler Orte. Hierbei fehlen gerade für Frauen wichtige Kriterien wie Versorgungseinrichtungen, soziale und frauenbezogene Infrastruktureinrichtungen. So werden z.B. Kindergartenplätze als eine für Frauen mit Kindern wichtige Infrastruktureinrichtung nicht aufgegriffen. Die Frage nach frauenbezogener Infrastruktur wie z.B. Beratungsstellen, Frauenhäuser oder Frauenkommunikationseinrichtungen wird überhaupt nicht thematisiert.

Auch läßt die räumliche Zielformulierung, die mit diesem Planungsinstrumentarium verbunden ist – so z.B. in der Verteilung der Wohnfunktion auf die Zentralen Orte im Verflechtungsbereich – wenig von dem Grundsatz der Nähe von Wohnen und Arbeiten erkennen, sondern macht immer noch lange Pendelwege in die Oberzentren erforderlich. Hierbei könnte z.B. eine Ausweisung von „Defizit-Gebieten" hinsichtlich des Verhältnisses von EinwohnerInnen zu Arbeitsplätzen – die die Frage nach (qualifizierten) Arbeitsplätzen für Frauen aufgreift – Schwachpunkte aufzeigen und Ansätze zu einer anderen Verteilung durch Ausgleichung bieten.

Auch in der Formulierung wirtschaftlicher Ziele findet die Frage nach geschlechtsspezifischen Zugangsbedingungen zum Arbeitsmarkt wenig Beachtung. Hier aber könnten auch im RROP wichtige Ansatzpunkte gefunden werden. So könnte z.B. Kommunen mit erhöhter Frauenarbeitslosigkeit die Möglichkeit eingeräumt werden, durch Ausweisung von Gewerbeflächen für Betriebe, die insbesondere Arbeitsplätze für Frauen bieten, Ausgleich zu schaffen.

Bei einer Ausweisung möglicher Wohnflächen sollten Aspekte wie z.B. eine günstige Anbindung an den ÖPNV und eine ausreichende soziale Infrastruktur sowie die bereits viel zitierte Nähe zu Erwerbsarbeitsplätzen wichtige Kriterien bilden.

Der bisherigen Verkehrsplanung ist der Aspekt, daß Frauen häufigere ÖPNV-Nutzerinnen sind als Männer, nicht anzumerken. Hier ist insbesondere ein Ausbau des ÖPNV zu fordern, wobei auch Querverbindungen, d.h. Verkehrslinien auch außerhalb der Hauptachsen, ebenso wie die zeitliche Ausdehnung außerhalb der BerufspendlerInnenzeiten berücksichtigt werden müssen. Bei der Ausweisung von Gewerbegebieten muß eine leistungsfähige Anbindung an den ÖPNV gewährleistet sein. Außerdem sollten alternative Verkehrskonzepte (z.B. Anrufsammeltaxi, Ruf-Bus u.ä.)

Ute Hünlein, geb. 1961, Studentin der Geographie, Mitglied bei FOPA Rhein-Main.

in die Planung einbezogen werden, dies insbesondere auch im ländlichen Raum.

Ein weiterer wichtiger Punkt unserer inhaltlichen Auseinandersetzung mit der Regionalplanung stellte die Frage nach möglichen Beteiligungsformen dar.

Diskutiert wurden hierbei außer einer Quotierung innerhalb der Regionalen Planungsversammlung auch die Beteiligung von Fachfrauenorganisationen am Planungsverfahren und der damit verbundenen Möglichkeit, Stellungnahmen als TÖB (Trägerin öffentlicher Belange) abzugeben, sowie die Beteiligung von Fachfrauenorganisationen am Regionalen Planungsbeirat. Wichtig erscheint uns auch eine weitergehendere Beteiligung der Frauenbeauftragten.

Der Werkstattbericht gibt einen Einblick in die bisherige Arbeit der Regionalplanungsgruppe von FOPA Rhein Main. Ersichtlich wird, daß vielfach Ansatzpunkte für eine Einmischung in Fragen der Regionalplanung zu finden sind, doch unsere Diskussionen und Aktivitäten stehen erst am Anfang und sind noch lange nicht beendet.

Anmerkungen

[1] Die Fortschreibung des Regionalen Raumordnungsplans basiert auf dem Raumordnungsbericht und darauf folgend dem Gutachten zum Regionalen Raumordnungsplan. (Siehe hierzu auch Schema zur Regionalen Raumplanung.)

[2] Der Umlandverband ist ein freiwiliger Zusammenschluß von Gemeinden der Rhein-Main Region mit parlamentarischer Vertretung. Ihm obliegt u.a. auch die Flächennutzungsplanung der angeschlossenen Gemeinden.

[3] Hierbei sind nur einige Problempunkte genannt, die sich für Frauen aus der funktionsräumlichen Trennung ergeben. Zu berücksichtigen ist in diesem Zusammenhang z.B. auch die Situation älterer Frauen, die von dieser Problematik häufig besonders stark betroffen sind.

Wohnungsbau für Frauen in Argentinien: Internationales Kooperationsprojekt FOPA, Berlin – CEMYS, Córdoba

Ida Schillen, Berlin

FOPA vor Ort

Seit 1986 arbeitet FOPA Berlin mit der Organisation CEMYS Córdoba Centro Mujer y Sociedad gemeinsam daran, Wohnungsbau- und Infrastrukturprojekte in einem südlichen Stadtteil der Stadt Córdoba in Argentinien zu planen und realisieren. Das entwicklungspolitische Konzept besteht darin, menschenwürdige Wohnungen für Frauen zu bauen und keine notdürftigen Behelfsbauten. Zur Durchführung werden lokale Baufirmen bzw. Kooperativen eingesetzt. Bauliche Selbsthilfe der Frauen wird unter Berücksichtigung ihrer Lebensumstände nicht vorausgesetzt. Die Existenzsicherung, Erwerbstätigkeit und in der Regel die alleinige Verantwortung für die Kinder lassen zusätzliche Bauarbeiten nicht zu. Die unbezahlte Eigenleistung der Frauen, die aufgrund der begrenzten Mittel jedoch erforderlich ist, besteht darin, Geld zu akquirieren, die Projekte zu konzipieren und zu organisieren.

CEMYS verfügt über fünf nebeneinanderliegende Grundstücke auf dem Gelände einer Siedlungskooperative. Im ersten Bauabschnitt werden ein Gemeinschaftszentrum und eine Notwohnung und im zweiten Abschnitt drei weitere Wohnhäuser gebaut. Das Gemeinschaftszentrum dient als Büro und Versammlungsort für CEMYS, als Bildungszentrum für zukünftige Projekte und als kultureller und politischer Treffpunkt für die Frauen aus dem Stadtteil. Die Wohnung ist zur vorübergehenden Nutzung für obdachlose bzw. durch männliche Gewalt bedrohte Frauen und Kinder vorgesehen.

Der Kontakt zu FOPA Berlin wurde 1986 durch Elsa Jacobsohn hergestellt, die in Berlin im Exil lebte, 1987 nach Argentinien zurückkehrte und seitdem mit vier bis sechs anderen Frauen, die die Diktatur im inneren und äußeren Exil überlebt hatten, kontinuierlich an der Umsetzung dieses Projektes arbeitet.

Die Hauptarbeit von FOPA bestand und besteht darin, die notwendigen Finanzen für die Fertigstellung des ersten Bauabschnitts zu beschaffen sowie in der planerischen Unterstützung in der Anfangsphase. Durch Veranstaltungen, Spenden und ein großes Solidaritätsfest im Januar 1988 konnten ca. 40 000 DM aufgebracht werden. Mit diesen Mitteln wurde die Bebauung der beiden ersten Grundstücke begonnen.

Baubeginn

Im Herbst 1988 reiste die Berliner Gruppe nach Córdoba, um die Frauen von CEMYS persönlich kennenzulernen und sie vor Ort zu unterstützen. In dieser Zeit wurden gemeinsam die planerischen Grundlinien des Projekts abgestimmt, die projektexterne Architektin Mirina Curutchet und Yolanda Rippol als Bauleiterin aus der Projektgruppe CEMYS beauftragt.

Im Dezember 1988 wurde mit dem Bau des Zentrums begonnen. „Die erste Schwierigkeit, mit der wir zu tun hatten und die besonders Yolanda als Bauleiterin anging, ist die Anwesenheit einer Gruppe sehr qualifizierter und erfahrener Arbeiter auf der Baustelle, die natürlich sehr ungehalten darüber sind, daß eine Frau die Bauleitung macht und die sehr genau jeden Fehler und jede Unsicherheit bemerken und darauf herumhacken. Vom Zählen der Backsteine bis hin zum winzigsten Detail wird sie darauf hingewiesen, daß sie eine Frau ist." (CEMYS 1991: 10) Weitere Probleme folgten: der Diebstahl von Baumaterialien und ein bewaffneter Überfall auf den Bauwächter. Die Inflation stellte das Projekt zusätzlich auf eine harte Bewährungsprobe. „Wir waren alle erschöpft und resigniert aufgrund der Krise. Es herrschte große Unsicherheit über die Zukunft. In den Supermärkten wurden beispielsweise die Preiserhöhungen mit Lautsprecher angesagt, einfach weil es keine Zeit mehr gab, die Lebensmittel mit den jeweiligen Preiserhöhungen auszuzeichnen. Die Preise für Baumaterialien änderten sich von Minute zu Minute." (CEMYS 1991: 14). Trotz dieser Hürden konnten die vorhandenen Baumittel bis Ende 1989 verbaut und die beiden Gebäude im Rohbau erstellt werden.

Stagnation

Der fehlende finanzielle Nachschub aus Berlin und die Unmöglichkeit, in Argentinien Geld für dieses Projekt aufzutreiben, führten zu einer mehr als zweijährigen Stagnation des Baus. Die provisorische Nutzung der Gebäude durch wohnungslose Frauen und Kinder und der inzwischen erhöhte Bekanntheitsgrad der CEMYS-Gruppe in der unmittelbaren Umgebung gewährleisteten eine Art Baustellenkontrolle, wodurch größere Schäden durch Diebstahl und Vandalismus verhindert wurden.

Die Akquisition von Spenden seitens FOPA gestaltete sich immer schwieriger, u.a. auch aufgrund der politischen Veränderungen in Deutschland, Mittel- und Osteuropa. Potentielle Geldgeber/innen verwiesen auf veränderte Schwerpunkte innerhalb ihrer Organisationen, die es zunächst als vordringlich ansahen, osteuropäische Projekte zu unterstützen.

Im Sommer 1991 stellte FOPA Berlin erstmalig einen Projektantrag an das Bundesministerium für wirtschaftliche Zusammenarbeit (BMZ). Beantragt wurden Mittel zur Herstellung des zentralen Wasser- und Elektrizitätsanschlusses und zur Grundausstattung der beiden Gebäude. Der Erstantrag eines privaten Trägers darf maximal 50 000 DM betragen. Von den beantragten Mitteln müssen jeweils 25 % aus Eigenmitteln des Trägers finanziert werden. Im Juni 1992, ca. ein Jahr nach Antragstellung, bewilligte das BMZ den FOPA-Antrag in voller Höhe. Zur Finanzierung des Eigenanteils von FOPA wurden private Darlehen aufgenommen, die mit den Einnahmen aus Solidaritätsfesten zurückgezahlt werden.

Probleme beim Geldtransfer nach Argentinien verzögerten den Bau erneut um mehrere Monate. Die Erhöhung der Baukosten in Argentinien sowie die Währungsreform (Umstellung von argentinischem Peso auf US-Dollar) hatten inzwischen zu einer enormen Verteuerung des Baus geführt.

Eröffnung

Anfang 1993 konnten die Gebäude endlich fertiggestellt werden. Die offizielle Eröffnung wurde pünktlich zum Internationalen Frauentag am 8. März 1993 gefeiert.

Mit der Fertigstellung des ersten Bauabschnitts sind zwei in sich funktionsfähige Einheiten entstanden. Die Wohnung ist bewohnbar, die inhaltliche Arbeit im Zentrum kann stattfinden. Schwerpunkte sind: Stadtteilarbeit mit den Bewohnerinnen, Gesundheitsprävention, Schaffung von Erwerbsmöglichkeiten und Wohnungsbau. Die organisatorischen und baulichen Erfahrungen werden zur Bebauung der übrigen Grundstücke genutzt.

Die Bautätigkeit von CEMYS wirkte sich motivierend auf die nähere Umgebung und auf die Bautätigkeit der Siedlungskooperative aus, die davon profitiert, daß CEMYS den gesamten Wohnblock mit offiziellem Strom- und Wasseranschluß versorgt hat. „Der Bau hat in der Umgebung viel Sympathie geweckt und das Wichtigste: das Grundstück der Kooperative, zu dem das Zentrum gehört, insgesamt 150 Teilgrundstücke, wird unter seinen Bewohner/innen ca. 100 Frauen als alleinerziehende Mütter haben. Das bedeutet natürlich interessante Perspektiven für unserer Arbeit." (CEMYS 1991: 11)

Beide Träger, FOPA Berlin und CEMYS Córdoba, haben praktische Erfahrungen in binationaler Entwicklungszusammenarbeit gewonnen, in der Akquisition und Baudurchführung, im Projektmanagement und in der Abwicklung öffentlicher Gelder. Fachliche und persönliche Kontakte konnten intensiviert werden. Mit dem erstmaligen Einsatz von Mitteln des BMZ wurden die Voraussetzungen für weitere Kooperationvorhaben größerer Dimension geschaffen.

Probleme

Das Hauptproblem war die fehlende finanzielle Kontinuität, aus der enorme Zeitverzögerungen resultierten. Die Umsetzung des Bauvorhabens erstreckte sich auf mehr als sechs Jahre, wodurch die zeitlichen und finanziellen Kapazitäten aller Beteiligten, sowohl in Berlin als auch in Córdoba, stark strapaziert wurden. Das Projekt basierte ausschließlich auf dem privaten Engagement und dem Idealismus einzelner Frauen. Den intitutionellen Rahmen bilden zwei Träger, die weder eine institutionelle Förderung genießen noch über Eigenkapital verfügen, sodaß keine Personalkosten für die Organisation übernommen werden konnten.

Perspektiven

CEMYS versucht derzeit, über andere Finanzierungsträger, Stiftungen etc. längerfristig Personalkosten abzudecken. Für FOPA Berlin stellt sich die Frage, ob und inwieweit die entwicklungspolitische Zusammenarbeit im Bereich von Wohnungsbau und Planung ausgebaut werden kann. Zunächst sind die gemachten Erfahrungen systematisch auszuwerten. Eine Projektevaluation vor Ort mit den Hauptakteurinnen, Nutzerinnen und potentiellen Finanzgeber/innen soll Grundlage weiterer Entscheidungen sein.

Literatur

CEMYS/FOPA (1991): Wohnungsbau für Frauen in Córdoba/Argentinien. Informationsbroschüre. Berlin.

Spendenkonto: FOPA e.V. Sonderkonto Postgirokonto Nr. 32 00 36-106, PGA Berlin, BLZ 100 100 10.

Anschrift: CEMYS Córdoba:
Centro Mujer y Sociedad
Avenida del Trabajo y Reconquista
Villa Mirizzi
5000 Córdoba/Rep. Argentinien
Kontakt: Elsa Jacobsohn, Yolanda Rippol, Norma Alvarez
Tel/Fax: 0054-543-20761
Kontakt FOPA Berlin: Ida Schillen.

Ida Schillen, geb. 1956, Dipl.-Ing. Stadt- und Regionalplanung, Arbeitsschwerpunkte: Stadterneuerung, Sozialplanung, frauenbezogene Infrastruktur, Frauenpolitik, Mitglied bei FOPA Berlin.

FOPA vor Ort

Frauen planen ihren Stadtteil

Anja Kämper, Hagen

Frauenorientierte Stadtteilentwicklungsplanung in Hagen-Vorhalle – Partizipationsprozesse und ihre Wirkungsmöglichkeiten ist der Titel des Modellprojektes, das FOPA Dortmund, gefördert vom Ministerium Stadtentwicklung und Verkehr NRW (MSV) und vom Ministerium für die Gleichstellung von Frau und Mann NRW (MFM), im Auftrag der Stadt Hagen für den Stadtteil Hagen-Vorhalle durchführt. Damit wird erstmalig in der BRD ein Beteiligungsmodell für Frauen zur Stadtteilentwicklungsplanung erprobt.

Die Zielsetzung des Projektes ist, in Zusammenarbeit mit den BewohnerInnen von Vorhalle modellhafte Lösungen und Vorschläge zur Verbesserung des Stadtteils aus Frauensicht zu entwickeln. Die Mischfinanzierung des Projektes liegt darin begründet, daß das Modellprojekt nicht isoliert, sondern verknüpft mit der 'Städtebaulichen Rahmenplanung für Vorhalle' durchgeführt wird. Das MFM finanziert zusätzlich die wissenschaftliche Begleitung und Dokumentation des Projektes, da der Bedarf gesehen wird, mit frauenspezifischen Ansätzen in der Planung Praxiserfahrungen zu sammeln. Die Ergebnisse des Modellprojektes sollen in die Rahmenplanung, die parallel von einem zweiten Planungsbüro für Vorhalle erstellt wird, implementiert werden.

Ort des Geschehens ist ein Stadtteil im Nordwesten von Hagen mit ca. 9.000 EinwohnerInnen, dessen Bevölkerungsstruktur durch einen hohen ArbeiterInnenanteil gekennzeichnet ist. In der Altersstruktur der Bevölkerung sind besonders stark die 20- bis 35- und die 50- bis 65jährigen vertreten. Der AusländerInnenanteil beträgt 11%. Ehemals eigenständig, allerdings bereits seit den 20er Jahren eingemeindet, handelt es sich bei Vorhalle heute um einen Stadtteil mit Vorortcharakter, der nur mit der notwendigsten Infrastruktur ausgestattet ist. Wichtige Versorgungsfunktionen übernehmen das Zentrum von Hagen und die naheliegenden Gemeinden Wetter und Herdecke. Die jeweilige Anbindung mit öffentlichen Verkehrsmitteln oder Radwegen ist jedoch nicht daraufhin ausgerichtet. Die Attraktivität des Stadtteils leidet zudem durch eine vier-spurige Bundesstraße, die mitten durch den Ortsteil führt und eine starke Belastung und Gefährdung darstellt. Darüberhinaus lassen sowohl das Siedlungsbild als auch die Ausbildung der Ortsmitte mit der Einkaufsstraße und dem Marktplatz eine ansprechende Gestaltung vermissen.

Entstehungsgeschichte

Die Idee für das Modellprojekt ist auf das Wirken des Arbeitskreises 'Frauen und Stadtplanung' zurückzuführen. Dieser Kreis von Frauen, der sich auf Initiative der Frauengleichstellungstelle seit Mitte 1989 trifft, hat sich vorgenommen, sich in Planungsfragen von Hagen einzumischen. Da die Stadt Hagen zu jenem Zeitpunkt planerische Absichten für Vorhalle hegte und die Erstellung einer Rahmenplanung vorbereitete, sah der Arbeitskreis hier die Chance, sich bereits in einem frühen Planungsstadium für die Frauenbelange einzusetzen. Es bildeten sich verschiedene Arbeitsgruppen zu Themenbereichen wie Verkehr, Frei- und Grünflächen, soziale und kulturelle Infrastruktur und Sicherheit im öffentlichen Raum in

Vorhalle. Die ersten Forderungen an die Planung für Vorhalle wurden formuliert und der Öffentlichkeit (Straßenfest, Bezirksverwaltung) vorgestellt. Der Schritt bis zur Idee eines Modellprojektes war nicht mehr weit und nahm in Diskussionen schnell konkretere Formen an. Die Umsetzung war angesichts der Vorarbeit des Arbeitskreises politisch seitens der Stadt Hagen nicht mehr zu umgehen, so daß sich die Frage der Finanzierung des Modellprojektes im folgenden 'nur' noch eine Formulierungsaufgabe, Verhandlungssache, Frage der Zeit und vor allem der Hartnäckigkeit war. Insgesamt sollten jedoch noch zwei Jahre vergehen bis FOPA die Arbeit im Stadtteil tatsächlich aufnehmen konnte.

Planungsprobleme in Vorhalle aus Frauensicht

Die inhaltliche Arbeit im Projekt dreht sich um folgende Schwerpunktthemen:
▷ Verkehr und Schulwegsicherung
▷ Sicherheit im öffentlichen Raum
▷ Freiflächengestaltung
▷ Wohnungsnahe Infrastruktur
▷ Wohnbebauung
▷ Wohnungsnahe Arbeitsplätze.

Diese Themenbereiche decken sich zum einen mit den städtebaulichen Problemen in Vorhalle; spiegeln aber auch wider, wo die Probleme für die Vorhaller Frauen liegen. Der Arbeitsansatz im Projekt ist zunächst, die Situation in Vorhalle insbesondere hinsichtlich der benannten Schwerpunktthemen zu erfassen und zu bewerten. Dieser Schritt soll in möglichst enger Zusammenarbeit mit Vorhaller Frauen, z.B. über Befragungen, gemeinsamen Ortserkundungen und Diskussionsrunden erfolgen, um die Lebens- und Arbeitsbedingungen der Frauen zu erfassen und ihre Alltagserfahrungen, Bedürfnisse und Forderungen aufzugreifen.

Im nächsten Schritt ist geplant, die Ergebnisse zu konkreten Planungsvorschlägen für die Rahmenplanung auszuarbeiten. Auch diese Bearbeitungsstufe soll mit der Durchführung von Zukunftswerkstätten, Diskussionsveranstaltungen und Weiterbildungsangeboten gemeinsam mit Vorhaller Frauen gestaltet werden.

Ideal wäre aus unserer Sicht, in Vorhalle ein Stadtteilforum zu schaffen, das alle Stadtteilfragen behandelt und in dem insbesondere auch Frauen aktiv wären. Ob dieses Anliegen zu realisieren sein wird, ist derzeit nicht absehbar; unser Ziel bleibt es jedoch, die Eigeninitiative und Selbsthilfe von Vorhaller Bürgerinnen zu unterstützen und zu fördern, damit auch über die Projektzeit hinaus, z.B. die Aktivitäten des Arbeitskreises weiterbestehen.

Über die Entstehungsgeschichte und zu den Inhalten des Modellprojekts gibt es eine Broschüre mit folgendem Titel:
„Das geht uns an" Stadtplanung und Stadterneuerung aus der Sicht von Frauen, Neue Ansätze und Perspektiven von Bürgerinnenbeteiligung in Hagen. Hg. Stadt Hagen, Frauengleichstellungsstelle. Bezugsadressen: Gleichstellungsstelle der Stadt Hagen, Friedrich-Ebert-Platz, 58095 Hagen, Tel. 02331/207-2685 oder bei FOPA e.V. Dortmund.

Erfahrungen mit der Arbeit 'vor Ort'

Obwohl die Voraussetzungen für eine Stadtteilarbeit aufgrund des Arbeitskreises und des Stadtteilladens gut sind, zeigen die bisherigen Erfahrungen, daß es ein langer Prozeß ist, sich im Stadtteil zu verankern und das Vertrauen der Bewohnerinnen zu gewinnen. Es ist illusorisch zu glauben, die Frauen wären allein über das Angebot eines Stadtteilladens zur Mitarbeit zu gewinnen. Diese Aktivierung stellt sich vielmehr als eine Hauptaufgabe im Rahmen des Modellprojektes. Für die Arbeit im Stadtteil bedeutet dieses, nicht nur im Stadtteil präsent zu sein, sondern unsererseits aktiv auf die Frauen zuzugehen und sie in ihren Gruppen, Vereinen oder z.B. über ihre Kinder im Kindergarten und in der Schule aufzusuchen. Hierbei leistet der Arbeitskreis große Unterstützung. Die Frauen, die zum überwiegenden Teil aus Vorhalle kommen, verfügen über vielfältige Kontakte und Verbindungen, die uns den Zugang zu mancher Gruppierung vereinfachen. So konnte z.B. eine Fragebogenaktion in sehr kurzer Zeit durchgeführt werden, da Frauen aus dem Arbeitskreis, quasi als Multiplikatorinnen, bereit waren, die Fragebögen in ihrem Sportverein oder in ihrer Kirchengemeinde an Frauen zu verteilen. Auf diese Weise wurden auch Frauen einbezogen, die wir zunächst nicht erreicht hätten. Solche quantitativ ausgerichteten Ansätze haben u.E. dazu beigetragen, den Bekanntheitsgrad und die Akzeptanz des Modellprojektes im Stadtteil zu erhöhen. Es ist darüber aber weniger gelungen „neue Frauen" für die konkrete Mitarbeit im Arbeitskreis zu gewinnen. Dieser Kreis, der sich zu einem Diskussionsforum entwickelt hat, indem sehr motivierte und interessierte Frauen sich engagieren, trägt die qualitative Arbeit des Modellprojektes; d.h. hier werden die konkreten Planungsvorschläge für Vorhalle erarbeitet und beratschlagt, z.B. Konzepte für Öffentlichkeitsarbeit erdacht.

Anja Kämper, geb. 1957, Dipl.-Ing. Raumplanung, Betreuung von Studienprojekten im Projektzentrum der Abteilung Raumplanung Universität Dortmund, Arbeitsschwerpunkt im Modellprojekt Hagen-Vorhalle: Freiflächenplanung, Mitglied FOPA Dortmund.

Mädchen – Raus aus dem Haus!
Wo Mädchen sich gerne aufhalten und wo sie aufgehalten werden

Helga Steinmaier, Dortmund

Durch Untersuchungen und Beobachtungen wurde festgestellt, daß Mädchen im öffentlichen Raum, in Repräsentanz und Dominanz Jungen unterliegen[1]. Mädchen sind bereits die Rücksichtsvolleren und die Ängstlicheren, wenn sie selbständig den Außenraum betreten, sind die, die auf der Hut sind, bevor sie selbst bewußt erfassen können, wovor eigentlich. Sie sind grundsätzlich bereit, sich zurückzuziehen, d.h. sie lernen früh, weniger Raumanspruch als Jungen zu erheben (Grabdrucker 1993). Deshalb brauchen sie Unterstützung und Strategien, um sich im öffentlichen Raum stärker zu behaupten.

Um den Mädchen die Möglichkeit zu geben, neue Verhaltensweisen, Meinungen, Gefühle und Gedanken unzensiert zu leben und sich damit (gegenseitig) zu erleben, benötigen sie einen Freiraum, d.h. einen Raum, auch im Wortsinn, der frei von männlicher und autoritärer Kontrolle ist. Diese Freiräume mit und für Mädchen zu erweitern, ist Ziel meiner Arbeit.

Im Rahmen eines zweijährigen AB-Projektes bemühe ich mich in Vernetzung mit anderen Trägern von Mädchenarbeit, sowohl um pädagogische Angebote im Stadtteil, als auch um politische Einflußnahme zugunsten von Freiräumen für Mädchen.

Die Mädchengruppe Powerlocken

Von Januar 1992 bis Mai 1992 führten wir mit diesen Mädchen einen Fotokurs durch. Angeregt über eine Phantasiereise zu ihren realen, ungeliebten und phantastischen Spielorten fanden sie die Bilder, die sie fotografisch umsetzen wollten. Die Mädchen haben sich daraufhin in ihrer Spielumgebung fotografiert, auch unschöne Ecken und phantastische Spielwünsche vors Objektiv genommen. Sie inszenierten, fotografierten und entwickelten die Fotos mit unserer Unterstützung selbst. Die fertigen Fotos verarbeiteten die Mädchen weiter: Sprechblasen, die wir mit Hilfe von Schreibspielen fanden, und eine zeichnerische „Fortsetzung" der Fotos machten aus den Schwarz-weiß-Fotos bunte phantastische Collagen, mit denen Sehnsüchte, realistische und utopische Wünsche der Mädchen deutlich zum Ausdruck gebracht wurden.

Mit diesen Collagen gewannen sie als „Mädchengruppe Powerlocken" – ein Name, den sich die Mädchen ausgesucht hatten – eine Prämie beim Jugendfotopreis zum Sonderthema „Anders leben".[2]

Unter dem Motto „Mädchen haben was zu sagen" wurden in Zusammenarbeit mit dem Frauenmedienverein „igitte" Radiosendungen für den Bürgerfunk erstellt. Vier Gruppen arbeiteten an unterschiedlichen Themen, die sich die Mädchen selbst wählten.

Gremienarbeit und Lobbyarbeit für Mädchen

Eine weitere Voraussetzung für die Verbesserung der Spiel- und Lebensbedingungen von Mädchen ist die Vernetzung mit anderen Initiativen und die Gremienarbeit. Zusammen mit Martina Pinter habe ich die „Arbeitsgemeinschaft Mädcheninteressen" in Dortmund gegründet. Diese seit Februar 1992 monatlich tagende Arbeitsgruppe hat u.a. das Ziel, in Dortmund eine Lobby für Mädchen zu schaffen. In diesem Arbeitskreis sind sowohl Vertreterinnen aus städtischen Jugendfreizeiteinrichtungen, die Mädchenarbeit machen, als auch von vielen freien Trägern, die ausländische und deutsche Mädchen ansprechen, z.B: Planerladen Dortmund, Merhaba, Wildwasser e.V., die Mitternachtsmission u.a. Ziel unserer gemeinsamen Arbeit ist der Informationsaustausch und die gegenseitige Unterstützung für die Auseinandersetzungen innerhalb der eigenen Institution und für die praktische Arbeit mit den Mädchen. Besonderes Gewicht legen wir auf die Integration ausländischer Mädchen. Sie stellen einen Hauptteil der Besucherinnen sowohl von städtischen als auch von Angeboten freier Träger dar.

Was Mädchen brauchen

Es müssen viel mehr Spiel-, Aufenthaltsflächen und Nischen im öffentlichen Raum geschaffen werden, damit sich der Verdrängungseffekt nicht so kraß gegen die Mädchen auswirken kann.

Bereits bei der Planung müssen Mädcheninteressen berücksichtigt werden, vor allem die der über zwölfjährigen Mädchen, die bislang gerne „vergessen" werden, weil sie auch viel weniger präsent sind, als die gleichaltrigen Jungs. Leicht abgegrenzte Sitzecken und einladende nischenartige Bereiche als von Mädchen bevorzugte Treffpunkte sollten zu allen Spielplätzen gehören.

Denkbar sind halboffene Sporthallen, z.B. überdachte Flächen, für Völkerball, Federball, Tischtennis und andere Spiele, die Mädchen mögen. Schulhöfe sollten für kleine Kinder auch zum Fahrradfahren, Rollschuhlaufen und Ballspielen freigegeben werden und zwar mit für Kinder verständlichen Hinweistafeln, auf denen Mädchen bei den erlaubten Sportarten zu sehen sind.

Innenhöfe könnten mit öffentlicher Unterstützung zu Kinderspielbereichen, bevorzugt für mädchenspezifische Ball- und Bewegungsspiele ausgebaut werden. Auf den Schildern, die diese Spielbereiche kennzeichnen, sollten Mädchen zu sehen sein.

Auf Skateboardbahnen könnten Mädchen zu besonderen Zeiten Skaten von ausgebildetem Personal lernen, ohne sich diffamierende Kommentare von Jungen anhören zu müssen.

Die Forderung nach einem Kinderbauernhof, die in vielen Veröffentlichungen zum Thema Kinder und Stadtplanung vertreten wird, möchte ich mit der Forderung nach geförderten Reitställen für Mädchen ergänzen.

Für Mädchen stellt das Reiten offenbar eine Möglichkeit dar, viele ihrer Fähigkeiten zu üben und Bedürfnisse zu erfüllen: Zuwendung zu geben und zu erhalten; verantwortlich zu sein für Sauberkeit und Pflege, dabei Kraft, Willensstärke und Mut zu zeigen, sich durchzusetzen, sich sportlich auszupowern und sich körperlich stark zu fühlen; einen starken „Freund" zu haben.

In den Vereinen sind Reitstunden aber so teuer, daß nur wenige Mädchen sich ihren Traum erfüllen können. Aus diesem Grunde sollte in jedem Stadtteil ein von der Kommune geförderter Reitstall sein.

Foto: Helga Steinmaier.

Ballspielende Mädchen.
Foto: Helga Steinmaier.

In Schwimmbädern sollten Zeiten ausschließlich für Mädchen und Frauen reserviert werden, was vor allem für die islamisch erzogenen Mädchen eine Voraussetzung darstellt, überhaupt schwimmen gehen zu dürfen.

Das wünschenswerte Ziel „bespielbare Stadt" kann nur verwirklicht werden durch miteinander vernetzte Spielbereiche, die durch gestalterische Elemente eingefaßt werden und dadurch als ein überschaubarer Raum empfunden werden. Dies hat für Mädchen eine größere Bedeutung als für Jungen, da sie diese kleinräumigere Einteilung brauchen. Die Vernetzung dieser Spielbereiche durch gefahrlose Verbindungswege, z.B. verkehrsberuhigende Maßnahmen, schafft auch für Mädchen eine günstigere Voraussetzung, sich einen größeren Aktionsradius zu erobern.

Da die Einbeziehung von Kindern in Planung erst am Anfang steht, besteht hier die Chance, von vornherein nach den unterschiedlichen Bedürfnissen von Mädchen und Jungen zu fragen, d.h. nicht allgemein Kinderinteressen zu ermitteln, sondern die Beobachtungen und Befragungen geschlechtsspezifisch durchzuführen. Dies ist in Zusammenarbeit mit freien Trägern der Kinderarbeit wie auch mit Kinderbeauftragten und -büros, die es inzwischen in vielen Städten gibt, möglich. Die Strukturen von Kinderpolitik und -beteiligung müssen den Unterschieden von Mädchen und Jungen gerecht werden. Dies beinhaltet auch das neue KJHG, denn dort heißt es im § 9 Absatz 3: „die unterschiedlichen Lebenslagen von Mädchen und Jungen (sind) zu berücksichtigen, Benachteiligungen abzubauen und die Gleichberechtigung von Mädchen und Jungen zu fördern." Die gezielte Einbeziehung von Mädchen durch Planerinnen und Pädagoginnen bei der Gestaltung von Plätzen und Räumen sollte deshalb von Anfang an erfolgen. Nur auf diesem Wege wird es auch für Mädchen immer selbstverständlicher, sich zu Wort zu melden und Wünsche zu äußern.

Die Beteiligung von Kindern an Stadtplanung muß eine Beteiligung von Mädchen und Jungen werden.

Jungen und Mädchen, die sich für die Gestaltung einer Spielfläche Gedanken machen, malen, fotografieren, Interviews durchführen und Zeitungen herstellen etc. möchten in einem absehbaren Zeitraum aber auch Ergebnisse sehen. Die Grünfläche, um die es vor vier Jahren bei unserer 1988 durchgeführten Mädchenreporterinnengruppe ging, ist erst 1993 umgestaltet worden. Bei der Beteiligung von Kindern für eine Planungsmaßnahme muß gewährleistet sein, daß diese Maßnahme innerhalb eines Jahres umgesetzt wird.

Mädchen brauchen öffentliche Räume mit pädagogischen Mitarbeiterinnen

Es geht meines Erachtens nicht darum, neue Normen für Mädchenverhalten im öffentlichen Frei-Raum aufzustellen, sondern in ihrem Verhalten nach Hinweisen dafür zu suchen, wie sie ihr Bedürfnis nach Bewegung und nach Raumeinnehmen auszuleben versuchen und ihnen dafür Unterstützung zu bieten; zu beobachten, was sie daran hindert, sich durchzusetzen und geeignete Gegenmaßnahmen zu treffen. Anderseits darf ihr Bedürfnis nach Rückzug, nach ruhigen, geordneten, sauberen und sicheren Spielorten nicht als typisch weiblich diffamiert werden. Sie sollten auch in diesem Bedürfnis ernstgenommen werden. Das Problem der Dominanz von Jungen und der Unterordnung von Mädchen in öffentlichen Spiel- und Freiräumen ist nicht in erster Linie durch Planung zu beheben. Trotzdem müssen alle Planungsmaßnahmen sorgfältig nach geschlechtsspezifischen Konsequenzen durchdacht werden, so daß nicht schon durch die bereitgestellten Spielräume eine Zuordnung vorgegeben wird, die Jungen zu Platzhirschen und Mädchen zu Zaungästen macht.

Mädchen müssen ihre Bedürfnisse, die sie an die Gestaltung des öffentlichen Raumes haben erst wahrnehmen und benennen lernen. Dafür brauchen sie Mädchenzentren oder wenigstens einen Mädchenraum (innerhalb einer gemischten Jugendeinrichtung) als Ergänzung und Voraussetzung zur gewünschten stärkeren Nutzung des öffentlichen Freiraumes durch Mädchen. Die Mädchenräume stellen gleichzeitig eine die Mädchen stärkende „Mädchenöffentlichkeit" dar, die sie darin unterstützt, sich mit ihren Interessen durchzusetzen. In diesen Freiräumen können sie Vorbilder für eine andere Frauenrolle finden und es ihnen erleichtern, auch selbst immer öfter „aus der Rolle zu fallen". An Schulen und Freizeiteinrichtungen sollten auch Selbstbehauptungs- und -verteidigungskurse für Mädchen zum Unterricht bzw. Programm gehören. In diesem Zusammenhang muß darauf hingewiesen werden, daß wir die Defizite nicht nur bei den Mädchen sehen, sondern ebenso bei Jungen. Es sollte auch jungenspezifische Angebote geben, in denen ihr Sozialverhalten und vermeintlich nötiges „Heldentum" in Frage gestellt wird.

Um den Aufenthalt in öffentlichen Räumen für Mädchen attraktiver zu machen, müssen deshalb sowohl planerische Maßnahmen ergriffen (z.B. multifunktionale Ballspielplätze), wie auch pädagogische Angebote (z.B. Zeiten für Mädchen auf den Skatebahnen) gemacht werden. Sie müssen Hand in Hand gehen.

Helga Steinmaier; geb. 1953; Diplom-Pädagogin; seit August 1991 Dokumentation und Analyse der Spielräume von Mädchen im Dortmunder „Westparkviertel" (gefördert durch die Bundesanstalt für Arbeit), Mitglied bei FOPA Dortmund.

Anmerkungen:

[1] Das Verhältnis von Mädchen zu Jungen bis zum Alter von 12 Jahren beträgt im öffentlichen Freiraum in etwa 2:3 (FLADE 1991)
[2] Kinder- und Jugendfilmzentren in der Bundesrepublik Deutschland (Hg). 1992. Deutscher Jugendfotopreis. Remscheid. S. 16.

Literatur:

Flade, Antje (1991): Mädchenorientierte Stadtplanung. Arbeitspapier. Darmstadt.

Grabrucker, Marianne (1993): Typisch Mädchen. Frankfurt.

Steinmaier, Helga (1993): „Raumaneignung durch Mädchen im öffentlichen Raum." In: Heiliger Anita/Kuhne Tina (Hginnen). Feministische Mädchenpolitik. München.

FOPA vor Ort

Netzwerke verknüpfen – ein neuer Arbeitsschwerpunkt von FOPA Dortmund

Ursula Heiler, Dormund

„Wir müssen uns eigenständige Strukturen schaffen, die auf unsere Bedürfnisse, Fähigkeiten und Kenntnisse haargenau zugeschnitten sind. Sie müssen so stabil sein, daß sie taugen, ein Machtgebäude darauf zu errichten. Wir müssen Informationen, Wissen und Schlauheit einbringen, bündeln und anderen Frauen zugänglich machen. Wir müssen feministische Klettergerüste bauen, weibliche Seilschaften bilden, drumherum ein filigranes Geflecht von Frauen – Netzwerken knüpfen (Pfarr 1992:17).

FOPA kann seit dem 1. Januar 1993 daran gehen ein solches Planerinnen/ Architektinnen Klettergerüst zu bauen, ein Netzwerk, das FOPA in die Lage versetzt, nationale und internationale Kontakte zu knüpfen und zu nutzen. Mangelnde Vernetzung wurde schon immer von Frauenverbänden beklagt, und FOPA reihte sich hier ein, da ohne die notwendigen, zusätzlichen Personalkosten diese Arbeit nicht „nebenbei" geleistet werden konnte. Nichtsdestotrotz waren sich alle darüber klar, daß die Vernetzung der FOPAs untereinander und mit anderen Architektinnen und Planerinnen, organisiert und unorganisiert, auf Dauer unumgänglich und sinnvoll sein würde.

Ein einmal bestehendes Netzwerk erleichtert nicht nur die Erledigung von Arbeiten der gesamten FOPA, sondern dient vor allen Dingen dem Erfahrungsaustausch, dem Informationsfluß und nicht zuletzt der Stärkung der eigenen Position, die durch Rückendeckung automatisch gefestigt wird. Als konkrete Ausformung der Vernetzung wird z.B. zur Zeit eine Referentinnenkartei aufgebaut, die problemlos sach- und ortsbezogene Referentinnen vermitteln kann (besonders wichtig für Frauen, die von dieser Tätigkeit leben). Ebenso wäre es wichtig zu wissen, an welchen Orten Planerinnen und Architektinnen überhaupt organisiert sind, wo sie alleine arbeiten ohne eine Organisation im Hintergrund.

Das Netzwerk ist für FOPA aber natürlich auch sinnvoll, um sich nach außen zu präsentieren. Gleichstellungsbeauftragte, KommunalpolitikerInnen, mögliche GeldgeberInnen bekommen ohne größeren Aufwand Informationen. Ein Umstand, der besonders GeldgeberInnen schon sehr beeindruckt haben soll. Geplant sind desweiteren überregionale Treffen, evtl. von einem Bildungsträger finanziert. Diese Tagungen sollen dem Kennenlernen und einem ersten Austausch von Informationen dienen. Eine erste überregionale Zusammenkunft dieser Art soll 1994 stattfinden. Der Erfolg und die Planung weiterer überregionaler Tagungen wird dann von den Reaktionen der Mitwirkenden abhängen. Um diese Arbeit bestreiten zu können, bin ich auf die Informationen vieler Frauen angewiesen. Bauen wir also unser Klettergerüst!

Ursula Heiler, geb. 1965; MA; Studium der Geschichte, Politik und Philosophie in Köln und Bochum, seit dem 1.1.1993 bei FOPA Dortmund für die Öffentlichkeits- und Netzwerksarbeit zuständig.

Literatur

Pfarr, Heide (1992). In: Ulla Dick (Hrsg.). Netzwerke und Berufsverbände für Frauen. Ein Handbuch. Hamburg. S. 17f.

FOPA vor Ort

Historische Frauenprojekte in Architektur und Stadtplanung haben Geschichte

Regina Mentner, Dortmund

Regina Mentner, geb. 1959, M.A., Bauzeichnerin und Historikerin, Schwerpunkt: Frauengeschichtsforschung.

Seit März diesen Jahres arbeite ich als Historikerin bei FOPA Dortmund (2 Jahre befristet als ABM-Stelle). Innerhalb meines Projektes werde ich historische Planungs- und Bauprojekte von und für Frauen vor dem Hintergrund der ersten deutschen Frauenbewegung aufarbeiten. Abhängig von der Quellenlage wird sich der Untersuchungszeitraum vom Beginn des Kaiserreiches (1871) bis zum Nationalsozialismus (1933) erstrecken.

In den ersten 3 Monaten habe ich mir einen allgemeinen Überblick über die Standardwerke zum Bereich Wohnungspolitik für den angegebenen Untersuchungszeitraum verschafft. Momentan erforsche ich einzelne Stellungnahmen aus der Frauenbewegung zum Thema Einküchenhaus.

Langfristiges Ziel des Projektes ist die Bereicherung der geschichtlichen Grundlagenforschung in den Bereichen Frauen-Architektur und -Planung, um mitzuhelfen, die zahlreichen Lücken in der Erforschung von Frauengeschichte zu schließen. Mit der Erweiterung des Themas „Frauen und Stadtplanung" um den historischen Aspekt verfolge ich die Absicht, die Abstraktion geschichtlicher Themen abzubauen und Anregungen aus der Vergangenheit in die Gegenwart zu transportieren. So können wir heute die Lösungsstrategien aus der Geschichte von Planungs-, Bau- und Wohnmodellen der Frauen oder die stagnierenden Diskussionspunkte erkennen. Anhand praktischer Beispiele aus der Geschichte können wir überprüfen, ob diese Lösungsmuster heute anwendbar sind oder nicht und eine Handlungskompetenz aufbauen, die politisch nützlich sein kann.

Die Suche nach weiteren Quellen wie Zeitungsartikeln und biographischen Materialien werde ich demnächst betreiben. Für diese Recherchen nutze ich die entstandenen Kontakte durch die Treffen der Frauenarchive. In diesem Zusammenhang wird eine Erstellung einer deutschsprachigen frauenspezifischen Thesaura (die, weibl. Form von Thesaurus, der, (gr.-lat): alphabetische u. systematisch geordnete Sammlung von Wörtern eines bestimmten Fachbereiches) erarbeitet.

Facetten

„Die Frau muß sich selbst die Wohnungen schaffen, die sie braucht".[1]
Frauenwohngenossenschaften im Frankfurt/Main der 10er und 20er Jahre

Monika Treske, Frankfurt

Zu Beginn dieses Jahrhunderts stieg der Anteil alleinstehender berufstätiger Frauen in den Städten stark an. Dieser großen Gruppe von Frauen standen jedoch keine adäquaten Wohnungen zur Verfügung. Neben der damals allgemein in den Städten herrschenden Wohnungsnot hatten die Frauen bei der Wohnungssuche mit zusätzlichen Problemen zu kämpfen:
▷ Auf dem Wohnungsmarkt gab es kaum Kleinwohnungen für Alleinstehende.
▷ Durch die schlechtere Entlohnung ihrer Arbeit konnten sie im Vergleich zu den Männern nicht genug Geld für die hohen Mieten aufbringen.
▷ Häufig wurde den Frauen das Recht auf eine eigene Wohnung abgesprochen, so daß sie bei der Wohnungssuche benachteiligt wurden.

Diese Situation verwies die Frauen in Untermietverhältnisse, in Heime oder machte sie zu Schlafgängerinnen. Ein selbstbestimmtes Wohnen war unter diesen Umständen nicht möglich. Auch der öffentliche Wohnungsbau der 20er Jahre schuf hier keine Abhilfe, war er doch eindeutig auf die Kleinfamilie zentriert.

Zahlreiche Gruppen aus der Frauenbewegung setzten sich aktiv für das Recht der alleinstehenden Frauen auf Wohnraumversorgung und eigenständiges Wohnen ein (vgl. Reich 1990). Diskutiert wurde eine breite Spanne unterschiedlichster Wohnformen und -konzepte für alleinstehende Frauen: diese reichte von Ledigenheimen, bei denen sich teilweise mehrere Frauen ein Zimmer teilten, über Wohnungen oder Häuser für Wohngruppen mit gemeinsamer Bad-/Küchenbenutzung bis hin zur eigenständigen Ein- oder Zweizimmerwohnung, eingestreut im 'normalen' Wohnungsbau oder in eigens erbauten, selbstverwalteten Häusern (vgl. Bemm/Seifen 1983 und Grote et. al. 1991.).

Ein zentralen Aspekt stellte dabei auch die Frage nach der Organisation der Hausarbeit dar: Während die einen durch Rationalisierung den Zeit- und Arbeitsaufwand für die einzelne Frau minimieren wollten, sprachen sich die anderen für eine gemeinschaftliche Organisation der Hausarbeit aus. Weitergehende Konzepte versuchten sogar, die Befreiung der Frau von der Hausarbeit zu erreichen. Als Beispiel für letzteres sei das Einküchenhaus genannt (vgl. Schmelz 1991); bekanntes Beispiel für Rationalisierung ist die von Schütte-Lihotzky entworfene Frankfurter Küche, die von 1925-1930 serienmäßig in Sozialbauwohnungen des Neuen Frankfurt eingebaut wurde.

Weitere Erleichterungen bei der Hausarbeit sollten Zentralheizung und Warmwasserversorgung, sinnvolle Einbauten (Einbauschränke) und effektive Raumausgestaltung bringen sowie Gemeinschaftseinrichtungen wie Waschküche und Kinderbetreuungsraum. Auch Einrichtungen für gemeinsame Freizeitgestaltung (Garten, Gymnastikraum, Lese- und Aufenthaltsraum) und der Sicherheitsaspekt spielten bei der Konzeptionierung von Wohnprojekten für alleinstehende (und alleinerziehende) Frauen eine Rolle.

Vor dem Hintergrund der Unterversorgung mit Wohnraum in einem deutlich familienzentrierten Wohnungsbau, der auch in Zukunft keine Abhilfe versprach, und einer von der Frauenbewegung getragenen Diskussion, die die alleinstehenden Frauen in ihrem Anspruch auf eigenständiges Wohnen unterstützte, griffen in den 10er und 20er Jahren in verschiedenen Städten aktive Frauen zur Selbsthilfe und gründeten Frauenwohnungsbauinitiativen – so auch in Frankfurt/Main. Ziel der Frankfurter Projekte, die im folgenden beschrieben werden, war jeweils die Schaffung von Wohnraum von Frauen für alleinstehende berufstätige Frauen, wobei zum einen frauenspezifische Wohnbedürfnisse realisiert und zum anderen eine Beteiligung der Bewohnerinnen an Planung und Verwaltung der Projekte installiert werden sollte.

So gründeten bereits 1916 berufstätige Frauen des Mittelstands mit Unterstützung verschiedener Frauenberufsverbände die Frauenwohnungsgenossenschaft Frankfurt am Main.

Zweck der Genossenschaft war es, „Frauen mit begrenztem Einkommen gesunde und zweckmäßig eingerichtete Wohnungen in eigens erbauten, ermieteten oder angekauften Häusern zu billigen Preisen zu verschaffen"[2]. Zunächst wurde der Bau eines innenstadtnahen Hauses mit 16 komplett eingerichteten Kleinwohnungen mit Einbauküche vorbereitet, in späteren Projekten sollten auch andere Formen des Wohnens und Wirtschaftens erprobt werden (Einküchenhaus, Gartenhauskolonie). Aufgrund der Auswirkungen des Ersten Weltkriegs, dem Mangel an Baumaterial und Arbeitskräften sowie der inflationären Geldentwertung erhielt das Projekt jedoch keine Realisierungschance und die Genossenschaft löste sich 1922 schließlich wieder auf.

Nachdem sich Ende 1923 die Situation für den Wohnungsneubau verbessert hatte – u.a. durch die Währungsreform, staatliche Notverordnungen und in Aussicht gestellte günstige Kredite (Hauszinssteuerdarlehen) – griff erneut eine Gruppe aktiver Frauen des Mittelstands, größtenteils Lehrerinnen, zur Selbsthilfe und gründete 1926 die Siedlungsgenossenschaft berufstätiger Frauen. Auch sie wollten „minderbemittelten berufstätigen Frauen ... und ihre(n) Angehörigen billige, gesunde und zweckmäßig eingerichtete Wohnungen in eigens erbauten oder angekauften Häusern ... beschaffen"[3]. Mitglied der Genossenschaft konnten alle unverheirateten Frankfurterinnen werden, die berufstätig, Rentnerinnen oder Witwen waren.

Die Genossenschaft war relativ schnell erfolgreich: Nach der Beschaffung eines Erbpachtgrundstücks im Frankfurter Nordend entstand 1927-1929 die sog. Wohnhausgruppe berufstätiger Frauen, die bereits während ihrer Fertigstellung den Spitznamen „Migränestift" erhielt.

Die Wohnhausgruppe, deren Häuser heute noch stehen, besteht aus drei Blocks mit insgesamt 43 Drei- bis Fünf-Zimmer-Wohnungen. Aufgrund eines Statuts der Stadt hatte der eigentliche Wunsch der Frauen nach Kleinwohnungen nicht realisiert werden können. Da bereits im Vorfeld absehbar war, daß die großen Wohnungen nicht von den Genossinnen allein unterhalten werden konnten, wurde bei der Planung berücksichtigt, daß sich mehrere Personen eine Wohnung teilen konnten – durch annähernd gleich große, nicht hierarchisierte Räume.

Um den Bewohnerinnen die Hausarbeit zu erleichtern, waren alle Wohnungen für damalige Verhältnisse hervorragend ausgestattet – mit Zentralheizung, Warmwasser und Einbauküche sowie verschiedenen Einbauschränken; auf Wunsch gestaltete der Architekt der Anlage, Bernhard Hermkes, die weitere

Wohnhausgruppe berufstätiger Frauen, Adickesallee 23. Quelle: „Das Neue Frankfurt", 1930.

Innenausstattung der Räume. Interessant ist, daß auch der Sicherheitsaspekt berücksichtigt wurde: jede Wohnung war an eine zentrale Alarmanlage angeschlossen. Im Untergeschoß gab es Gemeinschaftseinrichtungen wie eine zentrale Waschküche, einen Bügel- und Trockenraum sowie einen Gymnastikraum, in dem später eine Gymnastiklehrerin, die ebenfalls die Anlage bewohnte, Kurse gab. Im Außenraum zwischen den Gebäuden befand sich ein Garten zur Gemeinschaftsnutzung.

Da alle Mieterinnen auch gleichzeitig Genossinnen waren, wurde die Mitbestimmung der Bewohnerinnen und die Selbstverwaltung formal über die Genossenschaft und deren Versammlungen geregelt.

Ab 1933 gab es in der genossenschaftlichen Wohnanlage und der Lebenssituation der Bewohnerinnen drastische Einschnitte durch die Auswirkungen der nationalsozialistischen Herrschaft. Die Genossinnen jüdischen Glaubens waren gezwungen, die Anlage zu verlassen; andere mußten ihre Wohnung aufgrund finanzieller Schwierigkeiten aufgeben, entstanden durch die allgemeinen Kürzungen der Gehälter oder den Verlust des Arbeitsplatzes. Auch wurden die Genossinnen gezwungen, ab 1933 Wohnungen an Verheiratete zu vermieten und mittels einer Satzungsänderung Männern die Mitgliedschaft zu erlauben.

Angesichts dieser Entwicklung löste sich die an ihren alten Zielen gemessen eigentlich schon nicht mehr existente Siedlungsgenossenschaft 1941 auf, bzw. sie wurde auf der Basis des von den Nationalsozialisten verabschiedeten Wohnungsgemeinnützigkeitsgesetzes mit dem Volks-, Bau- und Sparverein verschmolzen, in dessen Besitz die Häuser heute noch sind. Das Schicksal der meisten Genossinnen ist mir nicht bekannt; nachdem nach der Beschlagnahme durch die Alliierten die Häuser 1957 wieder freigegeben wurden, kehrten lediglich 8 der ehemals 43 Genossinnen in ihre alten Wohnungen zurück, so daß an eine Wiederbelebung der Genossinnenschaft nicht zu denken war.

Die Wohnhausgruppe blieb jedoch nicht das einzige Resultat der Bemühungen der in der Siedlungsgenossenschaft aktiven Frauen. Bereits während die Wohnhausgruppe noch errichtet wurde, gründeten sie den Verein für Fraueneigenheime, der für die Förderung weiterer Frauenwohnprojekte warb, und verhandelten mit der Kommune über finanzielle Mittel für den Bau eines Appartmenthauses für finanziell schlecht gestellte Arbeiterinnen und kleine Angestellte.

Nach zähen und langwierigen Verhandlungen und der Auflage, einen neuen Trägerverein, den Frauenwohnungsverein, zu gründen, in dem auch Vertreter der Stadtverwaltung Mitbestimmungsrechte ausüben konnten, wurde schließlich 1931 das Projekt „Ledigenheim an der Platenstraße" realisiert.

Das Wort Heim ist dabei irreführend, denn es handelt sich nicht um ein Heim mit einzelnen Zimmern sondern um ein Haus mit eigenständigen in sich abgeschlossenen Ein-Zimmer-Wohnungen. Das Haus beherbergt 60 dieser Wohnungen, die über ein einziges Treppenhaus in der Mitte und davon abzweigende Laubengänge erschlossen werden. Wohnungen befinden sich nur in den oberen drei Geschossen; im Erdgeschoß wurden aus Sicherheitsgründen keine Wohnungen für Frauen eingeplant. Dort befand sich die Hausmeisterwohnung, die Heizungsanlage, eine Gemeinschaftsbadeanlage mit 6 Wannen und die Zentralwä-

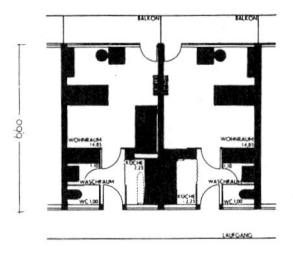

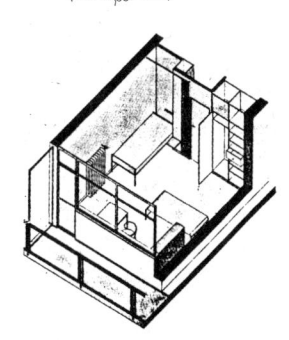

Grundriß der Einzimmerwohnung im Ledigenheim Platenstraße. Quelle: Deutsche Bauzeitung Nr. 81/82, 1931.

scherei. Ein Kindergarten sowie ein Gymnastikraum sollten später in einem zweiten Wohntrakt hinzugefügt werden.

Um einen günstigen Mietpreis für die künftigen Bewohnerinnen zu erreichen, wurde die Wohnungsgröße auf ein Minimum beschränkt, so daß die einzelnen Wohnungen nur 22,5 qm groß waren.

Jede Wohnung verfügte über einen Balkon, und fast die gesamte Rückfront des Wohnraums war verglast, so daß trotz der geringen Größe ein relativ freundlicher Eindruck entstand.

Die gute Ausstattung der Wohnungen mit Einbauküche, Zentralheizung, Warmwasser und einem eigenen WC rief nach Fertigstellung des Hauses erhebliche Kritik hervor. Den Frauen wurde vorgeworfen, sie hätten öffentliche Mittel verschwendet, da sie durch die „Luxusausstattung" die Miete so verteuert hätten, daß ein Einzug der angestrebten finanziell schlecht gestellten Mieterinnengruppe nicht möglich wäre[7]. Die Eigenständigkeit der einzelnen Wohnungen sowie die über die gute Ausstattung beabsichtigte Erleichterung der Hausarbeit waren jedoch, neben der im Vereinskonstrukt vorgesehenen Mitbestimmungsmöglichkeit der künftigen Bewohnerinnen bei der Verwaltung des Hauses, die zentralen Anliegen der Frauen vom Frauenwohnungsverein.

Dieser grundsätzliche Konflikt, aber auch das sich verändernde politische Klima und der allgemeine Rückzug des Staates aus der Wohnungsbauförderung führten dazu, daß der Bau des geplanten zweiten Traktes und auch weitere Projekte nicht mehr realisiert wurden.

Der Frauenwohnungsverein mußte seine Tätigkeit auf Druck der Nationalsozialisten 1943 einstellen, das Haus ging in den Besitz der Hellerhof AG über. Heute wohnen dort Männer und Frauen, die die Wohnung über die üblichen Vergaberichtlinien des sozialen Wohnungsbaus erhalten haben und denen die Entstehungsgeschichte des Hauses nicht bekannt ist.

75 Jahre nach 1916 fanden sich in Frankfurt/Main wieder aktive Frauen zusammen, um einem (immer noch) familienzentrierten öffentlichen Wohnungsbau, der Frauen sowohl in qualitativer als auch in quantitativer Hinsicht benachteiligt, etwas entgegenzusetzen. Die Frauenwohnungsbaugenossinnenschaft i.G. Lila Luftschloß hat zwar nicht (nur) wie ihre Vorgängerinnen die alleinstehenden berufstätigen Frauen im Blick, aber die grundsätzlichen Ziele sind die gleichen:
▷ Schaffung von Wohnungen für vom Wohnungsmarkt benachteiligte Frauen
▷ Realisierung „frauenspezifischer" Wohnbedürfnisse
▷ Beteiligung der Bewohnerinnen an der Planung und Verwaltung ihrer Wohnungen.

Anmerkungen:

1   Nach einem Flugblatt der Frauenwohnun.gsgenossenschaft Frankfurt am Main, 1916.
2   Statut der Frauenwohnungsgenossenschaft Frankfurt am Main, § 2, 1916.
3   Satzung der Siedlungsgenossenschaft Berufstätiger Frauen e.G.m.b.H. in Frankfurt am Main, Fassung vom 8.5.1928, § 1.
4   Vgl. „Das Heim der Damen" in: 'Volksstimme' vom 8.10.1930.

Literatur

Bemm, Gabi /Seifen, Barbara (1983): Frauenwohnhäuser. In: FOPA e.V. (Hg.): FreiRäume 1. Berlin. S. 45-50.

Reich, Doris (1990): Frauen-PlanungsProjekte: ein schwieriger Stand, gestern wie heute! In: FOPA e.V. (Hg.). FreiRäume 4. Dortmund. S. 36-42.

Grote, Marita/ Pianka, Marlis/ Stibba, Ute (FOPA e.V. Dortmund) (1991): Frauen Planen Bauen Wohnen. Katalog zur Ausstellung der Internationalen Ausstellung Emscher Park GmbH. Zürich/ Dortmund.

Schmelz, Barbara (1990): Eine Wohnung für mich allein. Diplomarbeit an der Gesamthochschule Kassel, Fb 13.

Monika Treske, Diplom-Geographin, geb. 1954, Stadtplanerin in der Gemeindeverwaltung Rodgau, Mitglied bei Fopa Rhein-Main. Forschungsschwerpunkte: Ältere Frauen, Wohnen, Bürgerinnenbeteiligung.

Nutzung und Meidung öffentlicher Bauten durch Frauen am Beispiel von Parkgaragen[1]

Facetten

Gabriele Geiger, München

Seit den 50er Jahren ist der Anteil von Frauen am motorisierten Privatverkehr kontinuierlich gestiegen und hat in den Städten der alten Bundesländer inzwischen eine Größenordnung von 25 bis 40 Prozent erreicht.

Frauen stellen also sowohl am ruhenden wie am fließenden Verkehr nicht länger eine exotische Minderheit dar, wenn die Zahlen auch wenig über die realen Besitzverhältnisse und die tatsächliche jeweilige Verfügungsgewalt über einen Pkw aussagen. In einem auffälligen Mißverhältnis zu dieser deutlichen öffentlichen Sichtbarkeit, die außer in Abhängigkeit von ökonomischen und soziostrukturellen Gegebenheiten auch nach Tageszeiten und Wochentagen schwankt, steht die geringe Inanspruchnahme bestimmter öffentlicher Dienstleistungen. Hierzu gehört das Meiden von Parkgaragen seitens vieler Frauen, das erstmals mit der Diskussion um „Tatorte", Frauen-Nachttaxis, Frauenparkdecks, generell um „Angsträume" im öffentlichen Raum der Stadt, ins breitere Bewußtsein trat.

Theoretischer Hintergrund und Vorgehensweise

Die Literatur zum Themenbereich „Angsträume" ist in den vergangenen Jahren heftig angeschwollen. Sie geht im wesentlichen davon aus, daß Frauen und Männer auch heute noch über die familiäre und sekundäre Sozialisation sowie die geschlechtsspezifische Aufteilung des Arbeitsmarkts auf historisch entstandene spezifische Rollen verwiesen werden, denen ein symbolisches System von Zweigeschlechtlichkeit hinsichtlich Einstellungen, Werten, Zielen, Arbeits- und Interaktionsstilen, Prioritäten und Diskursebenen zugrundeliegt. Dieser Hintergrund bewirkt bei beiden Geschlechtern nach wie vor auch Unterschiede in der Raumwahrnehmung, in Raumerleben, Raumverhalten und -nutzung. Im öffentlich-städtischen Raum sind dabei Frauen vielfältigen Formen von Kontrolle, 'Anmache' und Diskriminierung ausgesetzt. Selbst wenn es sich inzwischen herumgesprochen haben sollte, daß die überwiegende Zahl von Gewalttaten an Frauen nicht im öffentlichen Raum, sondern in der Privatsphäre verübt werden, prägen die Erfahrungen von Einschränkung, Ausgrenzung und Ächtung im öffentlichen Raum doch das Lebensgefühl vieler Frauen und haben oft eine latente Angstbereitschaft zur Folge. Häufig scheinen die Ängste, wenn sie sich manifestieren, zunächst diffus in der Zielrichtung: bestimmte Raumformen, Dunkelheit, situative Konstellationen; doch belegen jüngere Untersuchungen nur allzu deutlich, daß es sich auch hierbei fast immer um Angst vor Gewalt und insbesondere vor Vergewaltigung handelt.[2] Die am meisten verbreitete Konsequenz, die Frauen hieraus für sich ziehen, sind bestimmte Weisen der Selbstbeschränkung einerseits, die Entwicklung eines auf Dauer erhöhten Achtsamkeits-Levels und unauffälliger Selbstschutz-Techniken andererseits.

Diese Forschungsergebnisse legten die Hypothese nahe, daß die beobachtbare geringere Akzeptanz z.B. von Parkhäusern seitens der Frauen noch Komponenten beinhaltet, die sich durch schlechte ingenieurtechnische Gestaltung und geringe Nutzerfreundlichkeit allein nicht erklären lassen. Wir definierten deshalb Akzeptanz bzw. Nicht-Akzeptanz (von Parkgaragen) als sichtbare Handlungsfolge aus Emotionen, Erfahrungen, Gewohnheiten, persönlichen Motivationen und handfesten Überzeugungen. So ließen sich tiefere Dimensionen ausloten und die Hintergründe erhellen, warum sich Frauen gegenüber dem Parkplatzangebot in öffentlichen Garagen zurückhaltender geben als männliche Autofahrer.

Durch zwei Tiefeninterview-Serien mit je 20 GesprächspartnerInnen wurden die tatsächlichen Kenntnisse und Einschätzungen von Parkhäusern auf der NutzerInnenseite eruiert. Vor allem galt es, die Sichtweise von Frauen, i.e. ihre Angst vor diesem Bautypus, die in dem gesamten Problemfeld bislang wenig Berücksichtigung fand, offenzulegen. Darüber hinaus ermöglichten Tiefeninterviews, nicht nur auf das Gegebene des Ist-Zustands einzugehen, sondern auch Wünsche zu artikulieren und Phantasien darüber zu entwickeln, wie man und frau sich Lösungen jenseits aller Vorgaben und Sachzwänge vorstellen könnten.

Interview-Serie I: Parkverhalten

Auf das Verhalten der VerkehrsteilnehmerInnen hatten weder die problematische Parksituation in der Innenstadt noch Wissen und objektive Kenntnisse über das Vorhandensein von Parkhäusern einen wesentlichen Einfluß, so ergaben die Tiefeninterviews zum Parkverhalten allgemein und zur Einschätzung von Parkhäusern im besonderen.

Vielmehr zeigte sich, daß die vorhandene Gesamtsituation – Straßenrandparkplätze, Firmenparkplätze, Anwohner-Tiefgaragen, Parkhäuser, sowie die öffentlichen Verkehrsmittel und bei schönem Wetter das Fahrrad – als ein Angebot verstanden wird, aus dem der/die einzelne auf der Basis von Persönlichkeits-Spezifika, Gewohnheiten und aktuellen Bedürfnissen auswählt. Auch Parkhäuser sind insofern ein Angebot des Marktes und die Einstellung zu ihnen läßt sich generell als Konsumverhalten kennzeichnen. Insofern würden bessere/schönere Parkgaragen zwar gern akzeptiert, einen verändernden Einfluß auf das Parkverhalten hätten sie bei der Mehrzahl der Befragten indes nicht. Insbesondere die im wesentlichen interessierende Gruppe der Parkhaus-Meiderinnen verhielt sich zu dieser Überlegung deutlich zögernd: Dies scheint die Hypothese zu bestätigen, daß es nicht die Parkhäuser sind, die Angst machen – so daß mit ihrer Verbesserung die Ursache der Angst wegfiele –, sondern die gesellschaftliche Situation der Frauen.

Als Gründe für die Unterschiede im Bekanntheits- und Nutzungsgrad von Parkhäusern ließen sich aus der Gesamtgesprächssituation folgende Merkmale herausfiltern: An erster Stelle rangierten, wie nicht anders zu erwarten, Persönlichkeits-Spezifika: Ob die Person insgesamt aufgeschlossen und interessiert ist an Wahrnehmung und Erkennen ihrer Umwelt, ob sie auch ungezielt Hinweisreize registriert und in ein Orientierungs- und Erinnerungsschema einordnet, ob sie überhaupt die Fertigkeit entwickelt hat, aus einer hochstimulanten Umgebung zu selegieren und sich gezielt zu orientieren. So lassen sich die zuweilen diametral entgegengesetzten Meinungen über bestimmte Parkhäuser nur mit persönlichen Vorlieben und Prioritäten erklären (z.B. Karstadt/Theresienhöhe: von „angenehm"

– da geräumig – bis „schrecklich ... 'ne Katastrophe; Beschilderung, Wegweisung ... völlig unzureichend").

Ein weiteres Kriterium scheint das Ausmaß der Bezogenheit auf die Innenstadt, sowohl für den Einkauf wie für die Freizeitgestaltung zu sein. Leute, die mehr in ihre Stadtrand-Viertel integriert sind und nur gelegentlich in die Innenstadt fahren, nutzen tendenziell Parkhäuser stärker – vermutlich infolge mangelnder Kenntnis örtlicher Straßenparkplatz-Gegebenheiten – als Leute, die die Innenstadt häufiger aufsuchen bzw. ohnehin in Innenstadtnähe wohnen.

Ebenfalls zeichnete sich die Tendenz ab, daß für letztere, die somit häufiger in der Innenstadt parken, die Parkhaus-Gebühren eine abschreckende Rolle spielen; sie fielen bei ihnen ja auch stärker ins Gewicht als bei seltenen Münchenbesuchen. Je emotionaler und belastender darüber hinaus die Bauten erfahren werden, desto vager werden sie wahrgenommen und beschrieben.

An zweiter Stelle rangierten Gewohnheiten. Sie ergeben sich aus individuellen Lebens- und Wohnformen, Vorlieben, finanziellen Ressourcen u.a. mehr, sind deshalb nur für den Einzelfall zu ermitteln und in ihren Determinanten nicht generalisierbar.

Als unüberprüfte Gewohnheit muß wohl auch der auffällige Einzelbefund gewertet werden, daß insbesondere die Parkhausmeiderinnen trotz z.T. erheblich aufwendiger Parkplatzsuche beim Gebrauch des Autos gegenüber den öffentlichen Verkehrsmitteln noch eine Zeitersparnis glauben ausmachen zu können.

Gesellschaftliche Determinanten wie Medienbeeinflussung, ästhetische Standards, propagierte Werte (z.B. Umweltbewußtsein) und Geschlechtsstereotypen dürften als verstärkend hinsichtlich persönlicher Charakteristika und bereits eingefahrener Gewohnheiten gesehen werden.

Unterschiede zwischen NutzerInnen und MeiderInnen

Vom Bedürfnis nach hellerem Farbanstrich und besserer Beleuchtung, das in beiden Gruppen etwa gleich rangierte, abgesehen, setzten beide Gruppen z.T. unterschiedliche Prioritäten: So fiel in der MeiderInnen-Gruppe das Interesse an einem innerstädtischen Leitsystem auf, was insgesamt auf ein schlechteres großräumliches Orientierungsvermögen in dieser Gruppe schließen läßt, und die Notwendigkeit von Überwachungspersonal wurde stärker betont (von 8 der 10 Gesprächspartner). Hauptsächlich aus den Reihen der MeiderInnen kam der Wunsch, lieber die öffentlichen Verkehrsmittel zu verbessern als „Parkhaus-Kosmetik" zu betreiben.

Die Auslagerung der Parkhäuser aus der Innenstadt, die Bevorzugung von Hochbauten gegenüber Tiefgaragen und die Lust an der Verschönerung des Innenraums durch Ausstellungsvitrinen oder eine Bildergalerie waren Vorschläge der MeiderInnen-Gruppe, die von den NutzerInnen überhaupt nicht erwähnt wurden. Mit aller Vorsicht aufgrund der geringen Befragtenzahl läßt sich dieser Befund interpretieren als eine im Vergleich zur NutzerInnen-Gruppe größere Sensibilität gegenüber der mangelnden Ästhetik von Parkbauten sowie einen größeren Vorbehalt gegenüber unterirdischen Räumen. Natürlich stellte die Parkhaus-

MeiderInnen-Gruppe den höheren Prozentsatz im Parksuchverkehr und nahm auch leichter gesetzwidriges Parken in Kauf. Es zeigen sich hier deutlich persönlichkeitsspezifische Diskrepanzen zwischen verbalisierten Einstellungen und faktischem Verhalten, die typisch sind für eine im hohen Maß individualisierte Gesellschaft und die durch verbesserte Angebote nur zum Teil überbrückt werden können.

Unterschiede zwischen Frauen und Männern

Es zeigte sich, daß die gesellschaftliche Individualisierungstendenz sich auch auf den Autobesitz durchschlägt. In Partnerbeziehungen gibt es fast grundsätzlich zwei Autos, in Ehen/Familien gibt es nur in ca. 40-50% einen Zweitwagen (für die Frau). Der Besitz eines zusätzlichen Wagens erhöht aber auch die Nutzungshäufigkeit und damit individualisiert-persönliche Einstellungen und Verhaltensweisen als VerkehrsteilnehmerIn. – Die Frauen erscheinen insgesamt unter sehr viel größerem Zeitdruck als die Männer – selbst in diesen themenzentrierten Interviews wird mithin ihre Mehrfachbelastung deutlich. Da sie die Benutzung des Pkw als Zeitersparnis sehen, ist ihr Widerstand gegenüber den öffentlichen Verkehrsmitteln größer als auf Seiten der Männer (obwohl, tendenziell gegenläufig dazu, mehr Frauen als Männer für Besorgungen das Fahrrad einsetzen). Hierin könnte sich widerspiegeln, daß der Besitz eines Autos für Frauen, als gesellschaftlich unterprivilegierter Gruppe, relativ zu Männern einen höheren Freiheitsgewinn bedeutet. Wiederum im Gegensatz hierzu erscheint der Einsatz des Fahrzeugs von ihrer Seite indes rationeller als seitens der Männer: mit einer Ausnahme wird es als reiner Gebrauchsgegenstand, als Mittel zum Zweck, nicht als Selbstzweck genutzt.

Die Parkhaus-Meiderinnen scheinen anfälliger für Sensationsberichterstattung und weniger bereit, ihre Vorurteile an der Realität zu überprüfen. Die Parkhaus-Ängste der Männer sind mit Sicherheit andere als die der Frauen. Dies ist daraus erkenntlich, daß sie Parkhäuser meiden, obwohl sie die Chance für Hilfe in Notsituationen z.T. eher gut einschätzen. Ihre Parkhaus-Vermeidung scheint andere Gründe zu haben als die der Frauen (Spieler-Mentalität, geringere Widerstände gegen Falschparken, geringeres Umweltbewußtsein), während die Vermeidung bei Frauen nahezu ausschließlich von Angst und ästhetischem Abgestoßen-Sein diktiert wird.

In der MeiderInnen-Gruppe ist die Kenntnis von Parkhäusern seitens der Männer größer als von Seiten der Frauen. Die Kritik der Männer ist präziser und weniger emotional, vorurteilsbehaftet und erfahrungsresistent.

Überraschend ist der Einzelbefund, daß die Parkhausgebühren offenbar von Männern schärfer kalkuliert werden als von Frauen. Tendenziell häufiger sind ihnen Parkhäuser zu teuer bzw. würden sie weitere Verteuerungen nicht in Kauf nehmen wollen. Es läßt sich auch hieraus eine Bestätigung dafür ableiten, daß die Parkhaus-Nutzerinnen unter größerem Zeitdruck stehen als die Nutzer (die Zeitersparnis rangiert für sie höher als die Kosten), bzw. daß das Vermeiden von Parkhäusern seitens mancher Frauen keine Frage des Preises ist, sondern andere Gründe hat.

Außerdem tauchten bei Frauen, teils mit absolut größerer Häufigkeit (alleinige Benennung durch Frauen), teils mit relativ größerer Häufigkeit im Vergleich zur Erwähnung seitens der Männer, folgende Verbesserungswünsche auf: größere Sauberkeit im Fußgängerbereich; Einbau von Toiletten; mehr Platz und Sicherheit für Fußgänger im Fahrbereich; Auslagerung der Parkhäuser an den Mittleren Ring, gut ausgestattete öffentliche Verkehrsmittel als Zubringer; Einrichtung von Frauenparkplätzen; Einrichtung eines Aufenthaltsraums, z.B. Café.

Auch bei Männern finden sich, bei anderem Schwerpunkt, teils absolute, teils relative Häufigkeiten in der Nennung von Verbesserungsvorschlägen: Appell zur insgesamt billigeren Gebührengestaltung; Ausbau eines innerstädtischen Leitsystems mit aktueller Auslastungsanzeige; Bevorzugung von Tiefgaragen gegenüber Hochbauten; Verschönerung des Fußgängerbereichs und der Treppen; Gebührenstaffelung nach Belegungsdichte; farbige Stockwerksdifferenzierung; Spurenkennzeichnung, Bodenpfeile; computergesteuerte Stellplatzeinweisung.

Absolute, aber auch relative Häufigkeit der Nennung in einer einzelnen Gruppe ist ein Hinweis darauf, daß es sich hierbei um ein gruppenspezifisches Bedürfnis handelt, das in der Planung nur mangelhaft berücksichtigt wurde. Die Auswertung erlaubt den Schluß, daß insbesondere Wünsche von Frauen, die aus ihrer rollenspezifischen Lebensform resultieren, in die Planung von Parkgaragen nur unzureichend Eingang gefunden haben. Die Frage, ob sich durch diesbezügliche Veränderung die Akzeptanz von Parkhäusern erhöht, läßt sich allerdings nicht eindeutig mit Ja beantworten. Um das Image von Parkhäusern bei Frauen mit den (verbesserten) Realitäten in Einklang zu bringen, bedürfte es vermutlich eines hohen Aufwands an Öffentlichkeitsarbeit.

Interview-Serie II: Parkhäuser als Angsträume

Auch in der 2. Gesprächs-Serie äußerten von den 15 Parkhausmeiderinnen 12 ganz massive Ängste vor bzw. ggf. auch in Parkhäusern. Die restlichen 3 stellten sich zu Beginn des Gesprächs als relativ angstlos hin, im weiteren Verlauf traten jedoch auch bei ihnen deutlich bestimmte Ängste hinsichtlich des öffentlichen Raums zutage. – Von den 5 männlichen Befragten muß einer in der Tat als „angstlos" eingestuft werden, zwei weitere gaben ihre Parkhaus-Ängste unumwunden zu und bei den letzten beiden zeigten sich die Ängste im Verlauf des Gesprächs.

Alle GesprächspartnerInnen hatten einen Blick für die spezifische Angst der Frauen vor Vergewaltigung; fast alle benutzten auch das Wort „Vergewaltigung", für einige wenige Frauen schien mir der Begriff allerdings doch stärker tabuiert bzw. verdrängt; er kam dann erst nach komplizierten und eher unglücklichen Umschreibungsversuchen. Auffallend war, daß die Tatsache, daß Frauen Angst haben (müssen), nur von ganz wenigen überhaupt problematisiert wurde.

Bemerkenswert war in diesem Sample einmal die fraglose Übernahme von z.T. durch die Medien intensivierten Klischeevorstellungen, zum anderen daß sich die Personen in der Mehrzahl selbst geschlechtsstereotyp verhielten. Zu ersterem wäre zu zählen die generalisierte „Angst vor Parkhäusern", die sich konkret in der

Tat ja als Vergewaltigungs-Angst herausstellt (wofür Parkhäuser aber eben ein eher seltener Ort sind), oder auch die Angst vor sozial harmlosen Exhibitionisten (nicht Gefühle des Ekels oder Ärgers). Als Beispiele für geschlechtsstereotypes Rollenverhalten ließen sich seitens der Frauen anführen: Viele der Befragten gehen abends nicht allein weg; wenn, dann benutzen sie meist das Auto, das sie als eine Art Schutzblase um sich herum beschreiben. Nach Veränderungsstrategien befragt, kommt in der Mehrzahl: „Natürlich sollten Frauen auch selber stärker werden, aber die Männer sollten auch mehr Verständnis für die Situation von Frauen haben ...", d.h. die strukturelle gegen Frauen gerichtete Gewalt wird vielfach von den Frauen selbst nicht problematisiert, sondern sie erwarten sich männlichen Schutz vor ihr (die meisten Frauen hielten sich auch lieber in der Begleitung eines Mannes als einer Frau in einer Parkgarage auf). Auf die Frage nach effektiven eigenen Verteidigungsstrategien blieben fast alle Frauen äußerst vage, unentschieden, ja unbedarft; die Antworten füllten sich mit „irgendwie", Konjunktivformen, „man müßte", „man sollte" etc. Außer dem in seiner Wirkung eher umstrittenen Tränengas hatte keine der Frauen sich jemals wirkungsvolle Verteidigungsstrategien überlegt. Zwar kam häufig: „Ja, Selbstverteidigungskurse für Frauen wären schon gut", aber selbst gemacht hatten sie nur ein oder zwei Frauen, die sich in den Techniken aber nicht mehr für fit hielten. Deutlich wurde sowohl ein Vermeidungsverhalten, über Männergewalt gegenüber Frauen überhaupt nachzudenken, wie erst recht die wohl als „echt weiblich" eingestufte Aggressionshemmung gegenüber einem Angreifer durch eigene körperliche Gegenwehr zu überwinden. Die meisten beschrieben sich in einer Gefahrensituation als Opfer. – Von Seiten der Männer kam dagegen bezeichnenderweise, daß sie in einer potentiell ängstigenden Situation realistische Informationen über die Gegebenheiten als durchaus hilfreich empfinden würden; die Mehrzahl von ihnen würde auch ängstigende Orte gegebenenfalls kennenlernen wollen, um sich ein realistisches Urteil über sie bilden zu können.

Folgerungen

▷ Parkbauten in gewachsenen Stadtzentren werden generell als Fremdkörper empfunden, sogar von den „professionell" und pragmatisch eingestellten NutzerInnen. Sowohl in städtebaulicher Hinsicht wie unter dem Aspekt der Urbanität, d.h. dem Recht der Bürgerinnen und Bürger auf eine ästhetisch und funktional ansprechende Umwelt ist von den Parkhaus-Betreibern grundsätzlich eine Behebung der eruierten Mängel zu fordern.
▷ Die von Parkhaus-NutzerInnen wie -MeiderInnen mit hohem Engagement im einzelnen aufgeführten Verbesserungsvorschläge sind im Sinne eines Modells größerer Bürger-Partizipation von den Entscheidungsträgern ernstzunehmen.
▷ Für bestehende ältere Bauten sind hierbei in erster Linie gewünscht: hellerer Farbanstrich auf den Parkdecks; Tageslichteinfall; Verbesserung der Beleuchtung, vor allem in den Abend- und Nachtstunden; übersichtlichere Beschilderung; schöner und sicherer gestaltete Fußgängerbereiche; Überwachungspersonal auf

jeder Etage, auch als persönlicher Ansprechpartner; Einrichtung von Frauenparkplätzen mit persönlicher (nicht nur Video-) Überwachung.
▷ Vor allem seitens der Frauen wurde immer wieder die mangelnde Hygiene und Sauberkeit, auch im Fußgänger- und Liftbereich bemängelt. Hier ist unbedingt Abhilfe durch regelmäßige Säuberung und entsprechende Inspektionen zu schaffen. In vom Personal gut einsehbaren Bereichen sind Toiletten einzubauen, die selbstverständlich tadellos sauber zu halten sind.
▷ Die Untersuchung ergab, daß Frauen bei ihren innerstädtischen Erledigungen insgesamt einem höheren Zeitdruck unterliegen als Männer und daß ihre durchschnittliche Parkzeit kürzer ist. Eine Verbesserung der Kurzparkmöglichkeiten im Parkhaus sowohl von den Anfahrtswegen wie von der Preisgestaltung her ist insofern wünschenswert. Auch bei den einzurichtenden Frauenparkplätzen ist ein bestimmtes Kontingent für Kurzparkerinnen zu reservieren.
▷ Da immer wieder der Faktor Zeit als Hemmnis für die Parkhaus-Benutzung angeführt wird, wäre die Einweisung in freie Stellplätze durch elektronische Leitsysteme zu beschleunigen.
▷ Das Meiden von Parkbauten beruht weniger auf einer Ablehnung von Anonymität und Automatisierung als auf einer Angst davor, daß es in anonymen und hochautomatisierten Bauten eher zu gewalttätigen Übergriffen kommen könnte. Die Einführung von Überwachungspersonal auf allen Parkdecks (anstelle weiterer elektronischer Anlagen) muß deshalb als wesentlich für eine mögliche Erhöhung der Akzeptanz gesehen werden.
▷ Beim Bau neuer Parkgaragen ist generell zu bedenken, daß bestimmte bauliche Strukturmerkmale bei Frauen, z.T. aber auch bei Männern angstauslösend wirken, was auch durch die Anwesenheit von Sicherheitspersonal dann nur partiell aufgefangen werden kann: Es sind daher Hochbauten zu bevorzugen, die allerdings sehr viel besser als bisher ins Stadtbild integriert sein müssen; die Bauweise sollte möglichst offen (Fenster, Arkaden) mit Tageslichteinfall sein. Unübersichtlichkeit, labyrinthartige Verwinkelung, uneinsehbare Ecken sind zu vermeiden; desgleichen viele lange und schmale Gänge sowie unübersichtliche Treppenhäuser; es sollten mehrere Ausgänge vorhanden und gut sichtbar auf sie hingewiesen sein.

Alle bisher angeführten Maßnahmen nähmen vor allem Rücksicht auf die von Parkhaus-Meiderinnen vorgetragenen Ängste und Befürchtungen. Ihre positiven Aspekte wirken sich jedoch in gleicher Weise auf jene Männer aus, die Parkbauten ebenfalls aus Angst vor physischer Gewalt meiden. Allerdings hat die Untersuchung eindeutig offengelegt, daß „Parkhaus-Angst" für Frauen kein isolierter Aspekt ist, sondern Teil einer insgesamt auf öffentliche Bauten und Räume bezogenen Angst, hinter der sich ganz konkret Angst vor männlicher Gewalt verbirgt. Durch diese Ängste und die aus ihnen resultierenden Vorsichtsmaßnahmen und Selbsteinschränkungen ist Frauenleben im öffentlichen Raum auch jenseits von Gewalt und sexueller Belästigung auf groteske Weise behindert. Von einer Verbesserung/Verschönerung von Parkbauten allein ist deshalb noch nicht unbedingt eine größere Akzeptanz seitens der Autofahrerinnen zu erwarten. Vielmehr

Der Gesamt-Bericht „BENUTZERFREUNDLICHE PARKGARAGEN" incl. des vom Umfang her etwa gleich langen ingenieurtechnischen Teils umfaßt ca. 350 Seiten und kann beim Baureferat-Hochbau der LH München, c/o Herrn Baudirektor Epe, Rosental 7, 8000 München 2, angefordert werden.

Gabriele Geiger, Dr., geb. 1949, Literatur- und Kunstwissenschaftlerin, Dipl.- Sozialpsychologin, freiberuflich tätig. Arbeitsschwerpunkte: Kommunikations- und Interaktionsstrategien von Frauen, Theorie des Geschlechterverhältnisses, Raumwahrnehmung und Raumverhalten.

Anmerkungen

[1] Im Auftrag des Baureferats der Landeshauptstadt München wurde 1990 ein Forschungsauftrag vergeben zur Frage der Benutzerfreundlichkeit von Parkgaragen. Die Untersuchung wurde im Zeitraum von Oktober 1990 bis April 1992 von mir und Marcus Steierwald unter Federführung des Lehrstuhls für Verkehrs- und Stadtplanung der Technischen Universität München durchgeführt. Im folgenden gebe ich eine Zusammenfassung der Fragestellungen und Ergebnisse des sozialwissenschaftlichen Teils dieser Expertise.

[2] z.B. Flothmann, Karin / Dilling, Jochen (1987): Vergewaltigung: Erfahrungen danach. Fischer, Frankfurt am Main; Gordon, Margaret T. / Riger, Stephanie (1989): The Female Fear. The Free Press, New York; Hanmer, Jalna / Maynard, Mary (Eds.) (1987): Women, Violence and Social Control. Macmillan Press, Houndsmill, Basingstoke, Hampshire.

muß es darum gehen, insgesamt die gesellschaftlich-strukturelle Gewalt(bereitschaft) gegenüber Frauen bewußter zu machen, sie öffentlich als menschenrechtswidrig zu stigmatisieren und gegebenenfalls sehr viel entschiedener zu ahnden. Bauliche und personelle Schutz- und Sicherheitsmaßnahmen für Frauen können vor diesem Hintergrund nur Übergangs- und Notlösungscharakter haben, da sie langfristig den Status quo eher verstärken. Statt dessen muß es um eine gleichberechtigte Teilhabe von Männern und Frauen am öffentlichen Raum gehen, in dem insgesamt das (männliche) Gewaltpotential durch den Konsens gesellschaftlicher Ächtung minimiert wird.

▷ Einen Beitrag zu diesem übergeordneten Ziel könnte allerdings eine vermehrte Öffentlichkeitsarbeit leisten, die intensiviert auf die ja tatsächlich gegebene Sicherheit (für Männer wie Frauen) in den öffentlichen Parkgaragen hinweist.

▷ Unter der Voraussetzung von verbesserter Beleuchtung und personeller Überwachung sollte dabei – trotz der geringeren Frequentierung – vor allem die nächtliche Sicherheit betont werden, da Frauen insbesondere bei Dunkelheit ihren Radius einschränken und dadurch gegenüber Männern langfristig ein Defizit an sozialer Kompetenz erleiden.

▷ Von seiten der Stadt, der Parkhaus-Betreiber, von Institutionen wie Verbraucher- und Frauenverbänden, des ADAC und weiterer Interessenvertreter wäre (durch Protestschreiben, Richtigstellungen etc.) Einfluß zu nehmen auf die Darstellung von Parkgaragen in den Medien bzw. ihre bevorzugte Benutzung als fiktive Tatorte für Gewaltverbrechen. Solcher Einspruch kann allerdings nur dann Erfolg haben, wenn die real vorfindlichen Mängel, die zu dem schlechten Image geführt haben und zum Zwecke einer meist unseriösen Sensationsberichterstattung ausgenutzt werden, tatsächlich beseitigt wurden.

▷ Ein weiterer Vorschlag, der auch in den Gesprächen auf großes Interesse stieß, ist die Ermöglichung von „Erfahrungslernen" jenseits angstbesetzter Situationen, also z.B. obligatorische Parkhaus-Fahrten im Fahrschulunterricht, Betreiber-Aktionen wie Nachtnutzung und Begehung unter Anleitung, Verteilung von Faltblättern mit Grundrißplänen und Hinweisen auf die Ausgänge und Fußgängerbereiche bei den Einfahrtschaltern oder Kassen.

Gegenüber der Gruppe expliziter Nutzungs-Verweigerer, in der sich überwiegend Männer finden, scheinen nur weitergehende und z. T. eher restriktive Maßnahmen erfolgsversprechend. Dazu gehören

▷ unpopuläre Maßnahmen wie zusätzliche Sperrungen des Innenstadt-Straßenrandes als Parkmöglichkeit, der jedoch eine Analyse des tatsächlichen Anwohner-Parkbedarfs und ggf. die Einführung von Parklizenzen vorauszugehen hätte, da sich sonst nur der Parksuchverkehr und damit die Umweltbelastung erhöhen;

▷ andererseits aber auch neben Ausbau, Verbesserung und Verbilligung der öffentlichen Verkehrsmittel die Einführung neuartiger flexibler Transportsysteme für gekaufte Waren und Gegenstände, z.B. elektronisch ausleihbare Gepäckwägelchen oder buggies, Verteilungssysteme im Stil der guten alten Rohrpost, zusätzliche Liefer- und Serviceleistungen der Geschäfte und Warenhäuser.

Planungspraxis

Abenteuer Verwaltung – feministische Stadt- und Verkehrsplanung im Frauenreferat der Stadt Frankfurt

Uta Bauer / Stephanie Bock, Frankfurt

Die Kommunalwahlen in Hessen am 7. März 1993 waren Anlaß zu einem kritischen Rückblick auf 3 1/2 Jahre Frauenreferat in Frankfurt – ein Novum in der bundesrepublikanischen Frauenpolitik.[1] Im folgenden gilt es insbesondere zwei Jahre als Referentin für Stadt- und Verkehrsplanung im Frauenreferat zu resumieren.

Zunächst zur Ausgangssituation: Nach den Kommunalwahlen 1989 und dem Zustandekommen einer rot-grünen Stadtregierung sollte auf Initiative der grünen Stadt-Politikerinnen Frauenpolitik mehr sein als die bisher existierende Gleichstellungspolitik. Professionalisierung der kommunalen Frauenpolitik, fachkompetente Umsetzung von feministischen Erkenntnissen in Verwaltungshandeln, Sichtbarmachen der Querschnittsfunktion von Frauenpolitik sind nur einige Aspekte, mit denen die Einrichtung eines Frauenreferates gefordert wurde. Nicht wie sonst üblich als Stabsstelle der politischen Führung der Stadt – dem Oberbürgermeister – zugeordnet, sondern im Magistrat vertreten durch eine Dezenrentin für Frauen und Gesundheit, ist das Frauenreferat ein fast „normales" Amt. Beschäftigt sind dort 8 Fachreferentinnen[2] und 6 Sachbearbeiterinnen, die von einer Referatsleiterin geführt werden. Schon die formale Konstruktion des Frauenreferates weist darauf hin, daß das beabsichtigte „Reinregieren" in die anderen Ämter nicht durch formalisierte Rechte und moralisch erhobenen Zeigefinger erfolgen sollte, sondern daß auf Kommunikation und Überzeugung durch fachlich kompetente Konzepte und Diskussionsprozesse gesetzt wurde.

Eine pauschale Bilanz kann und soll an dieser Stelle nicht gezogen werden, da dies dem Experiment Frauenreferat nicht gerecht würde. Ausgetretene Pfade waren nicht vorhanden und die Tatsache, sich mit feministischen Inhalten auch innerhalb einer Kommunal- und Landesregierung praktisch in der Opposition zu befinden, erleichterte die Durchsetzung erarbeiteter Konzepte keineswegs. Ein Blick hinter die Kulissen erscheint deshalb angebrachter.

Die geleisteten Aktivitäten lassen sich grob folgenden Kategorien zuordnen:
▷ Beteiligung an laufenden Planungsverfahren (städtebauliche Wettbewerbe, Bebauungsplanung, ämterübergreifende Arbeitsgruppen)
▷ Öffentlichkeitsarbeit (Veranstaltungen, Kampagne „Frauen nehmen sich die Stadt", Tag der offenen Tür, „Den Männern Beine machen")
▷ Inititiierung und Durchführung von Modellprojekten (Bürgerinnenbeteiligung im Rahmen der Tempo-30-Zonen-Planung)
▷ Untersuchungen und Gutachten (Meinuferstudie, ÖPNV-Studie – s. Artikel von Frank und Stete)
▷ Beratung und Unterstützung von Bürgerinnen.

Anhand zweier Projekte aus dem vielfältigen Aufgabenbereich möchten wir die Möglichkeiten, aber auch Grenzen dieser Form der Institutionalisierung von Frauenpolitik im Planungsbereich skizzieren, um aus den Erfahrungen der zugegebenermaßen kurzen Zeit Veränderungsmöglichkeiten und Zukunftsperspektiven zu entwickeln.

Die feministische Planungsdiskussion rankte sich in der Frage der Beteiligungsformen für Frauen vor einigen Jahren um das Zauberwort „Trägerin öffentlicher Belange", versprach es doch, Frauen und ihre Interessen im Bund der Stellungnehmenden Geltung zu verschaffen. Damit, so glaubte frau, sei ein wichtiger Schritt in der Anerkennung frauenspezifischer Interessen getan. Für das Frauenreferat wurden im Zuge der Koalitionsaussagen diese Rechte zwar nicht formal festgeschrieben, doch soweit ausgehandelt, daß jeder Bebauungsplan im Zuge der Ämterbeteiligung auch auf dem Schreibtisch der Planungsreferentin landen sollte. Mit viel rasch erworbener Detailkenntis wurden dann möglichst feministische Stellungnahmen erarbeitet, die sich jedoch gemäß des Verfahrens auf planrelevante Aussagen zu beschränken haben. Eingereiht in die Vielzahl eingegangener Stellungnahmen verschwanden sie in den Tiefen des Planungsamtes. Nur durch systematisches Nachforschen und endlose Telefonate konnte es gelingen, die ausgearbeiteten Aspekte aus der Versenkung hervorzuholen und sie immer und immer wieder anzusprechen. Doch dieser Arbeitsaufwand steht in keinerlei Verhältnis zu den Ergebnissen.

So ist die formale Aufnahme als Trägerin öffentlicher Belange, die noch immer anzustreben ist, in ihren Auswirkungen als eher gering zu beschreiben. Als positiver Aspekt bleibt, daß auf diese Art und Weise die Information über jedes laufende Verfahren automatisch weitergegeben werden muß und nicht zum Glücksspiel wird.

Wie positiv und erfolgreich sich die Einflußnahme auf ein laufendes Bebauungsplanverfahren gestalten kann, zeigt ein Projekt, das zwar nicht vom Frauenreferat initiiert, jedoch von dort unterstützt wurde. (Siehe Bebauungsplan von-Bernus-Park in dem nachfolgenden Artikel von Rita Weirich.)

Als Ergebnis eines viel diskutierten Grundstückstausches zwischen einer Großbank und einem alternativen Projektezentrum wurde in einem städtebaulich vernachlässigten Teil Frankfurts der "Ökokulturelle Gewerbehof" geplant. Die Stadt nahm dieses Projekt zum Anlaß, für das gesamte betroffene Gebiet durch einen Bebauungsplan die Aufwertung in Gang zu setzten. Parallel dazu meldeten sich jedoch auch die im Projektezentrum arbeitenden Frauen zu Wort, da der neue Standort aufgrund seiner Abgelegenheit und des Mangels an sozialer Kontrolle vor allem für sie und die künftigen Besucherinnen Probleme erwarten ließ. Gemeinsam mit einer Gruppe von Fachfrauen mit Unterstützung des Frauenreferates wurde das Stadtplanungsamt aufgefordert, seinen unzureichenden Plan unter Berücksichtigung der Anliegen der betroffenen Frauen zu überarbeiten. Die Pilotstudie "Frauenbelange in der Bauleitplanung", mit deren Erstellung ein Planungsbüro beauftragt wurde, führte schließlich zu einem überraschenden Ergebnis: Mit Hilfe einer völligen Neuplanung, die u.a. die Verlegung der geplanten Straßen, eine veränderte Orientierung der Gebäude und die Gesaltung öffentlicher Kommunikationsräume beinhaltet, konnte die als kritisch eingeschätzten Bereiche des Gebietes in großen Teilen entschärft und städtebaulich verbessert werden.

Dem eher schwierigen Arbeitsbereich der Beteiligung an formalen Planungsverfahren möchten wir ein gelungenes Beispiel aus den durchweg erfolgreichen Modellprojekten gegenüberstellen, die vom Frauenreferat im Planungsbereich entwickelt wurden.

Ziel der gemeinsam von Frauenreferat und Volkshochschule entwickelten Konzeption war es, Bürgerinnen in VHS-Kursen die Möglichkeit zu geben, sich aktiv in die laufende Planung zur Verkehrsberuhigung in ihrem Stadtteil einzumischen und ihre Interessen dort einzubringen. Außer der Vermittlung von Planungskompetenz und Know-How sollte die Planung auch inhaltlich verändert werden. Neben dem unerwartet hohen und vor allem ausdauernden Interesse der Frauen – so arbeiteten zwischen zehn und fünfzehn Frauen kontinuierlich über ein Dreivierteljahr – war auch die Mitwirkungsbereitschaft der zuständigen Stadtteilgremien wichtig für den Erfolg des Projektes. Vor allem in dem innenstadtnahen Stadtteil erfuhr der Kurs viel positives Feed-back. Mit Unterstützung von StudentInnen der TH Darmstadt rückte dort nach der intensiven Auseinandersetzung mit der Verkehrsberuhigung die Umgestaltung eines kleinen, völlig vernachlässigten Platzes in den Mittelpunkt der Kursarbeit. Die von den Kursteilnehmerinnen erarbeiteten Umgestaltungsvorschläge wurden inzwischen vom Amt für Grünplanung aufgegriffen, und es scheint, als sollte aus dem „Sternplatz" das erste sichtbare Zeichen der Einmischung von Bürgerinnen werden.

Um es kurz zusammmenzufassen:
Das eingangs erwähnte Konsensprinzip, d.h. die Mitwirkung bzw. Abstimmung mit anderen Ämtern nicht über den formalen Rechtsweg sondern als Ergebnis von Kommunikations- und Diskussionsprozessen, als Mittel des „Reinregierens" in die anderen Dezernate und Ämter muß dringend modifiziert werden. Zwar konnten die ersten Monate der rot-grünen Stadtregierung durchaus optimistisch stimmen: So wurde im Schnellverfahren Frauenparkplätze in den Parkhäusern eingerichtet, eine Reihe von Vereinbarungen mit dem Stadtplanungsamt konnte unter Dach und Fach gebracht werden, wie z.B. Beteiligung des Frauenreferates an Bebauungsplanverfahren und Wettbewerben und die Quotierung der Zusammensetzung von Preisgerichten. Die Realität holte die Arbeit im Frauenreferat jedoch viel zu schnell wieder ein. Getroffene Vereinbarungen wurden nicht eingehalten, der Informationsfluß wurde spärlicher und die Bereitschaft, eine feministische Stadt- und Verkehrsplanung in den anderen Dezernaten aktiv mitzutragen und zu unterstützen wird mit den wachsenden Haushaltsdefiziten geringer.

Als relativ ineffektiv müssen auch die zahlreichen Stellungnahmen und Beteiligungen an Wettbewerben und laufenden Planungsprojekten angesehen werden. Stellungnahmen landen in der Regel ohne Reaktion in der Schublade und bei den größeren städtebaulichen Wettbewerben mag das Frauenreferat zwar die Stimme erheben, aus dem Entscheidungsprozeß sind wir insbesondere bei metropolitanen Renomierprojekten faktisch ausgeschlossen.

Durchaus positiv, gemessen an der öffentlichen Resonanz und der tatsächliche Einflußnahme vor Ort, verliefen dagegen die eigenen, vom Frauenreferat initiierten Projekte und Aktivitäten (Bürgerinnenbeteiligung, Öffentlichkeitsarbeit). Doch bleibt hier aufgrund unserer beschränkten finanziellen und personellen Ressourcen der Wirkungskreis beschränkt.

Anmerkungen

[1] Ähnliche Ansätze gibt es in Köln, wo seit April 1993 eine 30-Stunden-Stelle im Frauenamt eingereicht ist und im Land Hamburg gibt es drei Stellen bei der Senatorin für Frauen und Stadterneuerung, davon eine Stelle im Senatsamt zur Gleichstellung von Frau und Mann (Referentin für Wohnen) sowie eine Stelle (zwei Frauen) in der Stadtentwicklungsbehörde der Stadt Hamburg.

[2] Kultur u. Bildung/Frauenförderung/Zukunft des öffentlichen Dienstes/Wirtschafts- und Arbeitsmarkt/ Mädchen und Soziales/ Gesundheit/ Stadt- und Verkehrsplanung/ Öffentlichkeitsarbeit.

Uta Bauer, Dipl.-Geogr., geb. 1957, Referentin für Stadt- und Verkehrsplanung im Frauenreferat Frankfurt, Arbeitsschwerpunkte: feministische Stadt- Verkehrs- und Regionalplanung. (Frauenreferat, Walter-Kolb-Str. 9-11, 60594 Frankfurt)

Stephanie Bock, Dipl.-Geogr. geb. 1963, Regionalplanerin beim Regierungspräsidium Darmstadt, Mitglied der FOPA Rhein Main, AK Frauenräume.

Für die nächsten vier Jahre, die inzwischen mit einem neuen rot-grünen Bündnis geplant werden können, dürften einige notwendige Veränderungen deutlich geworden sein:
▷ Die bisher durch Konsens geregelte Zusammenarbeit mit anderen Ämtern sollte verbindlicher festgeschriebenen werden, die Beteiligung entsprechend formalisiert werden.
▷ Das schließt ein, daß das Frauenreferat auch rechtzeitig von anstehenden Vorhaben informiert wird, um entscheiden zu können, welche Planung mitgestaltet wird bzw. wo ein intensives Engagement erforderlich ist. Auch hier muß eine Informationspflicht verbindlich geregelt werden. Jedoch müßten auch aus der Sicht des Frauenreferates deutlichere Schwerpunkte gesetzt werden, denn die Abgabe von Stellungnahmen und die formale Beteiligung stellt nur die eine Seite dar. Notwendig zur Umsetzung der Forderungen sind darüberhinaus Auseinandersetzungen, Überzeugungsarbeit, Vermittlung, Beratung, Koordination und Moderation im Verlauf des gesamten Planungsprozesses. Dies ist aber nur bei einigen ausgesuchten Projekten personell leistbar.
▷ Die eigenständigen Rechte zur Öffentlichkeitsarbeit wie auch die der zuständigen Dezernentin müssen verbessert werden. Trotz Loyalitätspflicht, die sich aus der Einbindung in die Verwaltung ergibt, müssen Forderungen intensiver in die Öffentlichkeit getragen werden können. Dieser Sonderregelung bedarf es wegen der immanenten Oppositionsrolle sowohl innerhalb der Verwaltung als auch auf der politischen Ebene in der rot-grünen Regierung.
▷ Die Entwicklung von Beteiligungsformen sollte gerade nach den erfolgreichen Modellprojekten weiter fortgesetzt werden, da sich gezeigt hat, daß hier ein positiver Ansatz der Um- und Durchsetzung neuer Planungsinhalte und -formen besteht.
▷ Nicht vergessen werden dürfen trotz aller Kritik die vielfältigen Chancen, die gerade in der Arbeit eines eigenständigen Frauenreferates als Amt liegen. Nur so ist es möglich, unabhängig von eingefahrenen Amtsstrukturen und Hierarchien selbständig Konzeptionen und Projekte zu entwickeln und Netzwerke unter Fachfrauen in und außerhalb der Verwaltung zu knüpfen sowie Kooperationen verschiedenster Planungsbeteiligter zu erproben. Frau erkennt: An Perspektiven für die nächsten vier Jahren mangelt es nicht.

Die Erfahrungen der letzten vier Jahre zeigen, daß weder Anlaß zu Jubel noch zu Resignation existiert. Das Abenteuer, als einzige Fachreferentin einem gigantischen Apparat wie dem Amt für Kommunale Gesamtentwicklung gegenüberzustehen, scheint gerade erst zu beginnen, und gelingen können viele der angedachten Konzepte und Ideen erst, wenn sowohl in Verwaltung und Politik Bündnispartnerinnen gefunden werden als auch Frankfurter Bürgerinnen verstärkt, sich für Planungsfragen zu interessieren beginnen und sich aktiv einmischen. Jede Stimme, die den Kanon derjenigen durcheinander bringt, die sich bislang unter sich wähnten, kann in Zukunft auch größere Veränderungen in Gang setzten.

Planungspraxis

Wie ein Demokratisierungsmodell von unten zu einem Vorzeigeprojekt von oben wurde – und Frauen dennoch davon profitierten

Rita Weirich

Bürger, Bürgerinnen – wirkt mit! so der Titel der 1988 publizierten Broschüre zum Städtebau in Hessen, die zu mehr wirksamer „Bürgerbeteiligung" aufruft. Bürgerbeteiligung „ist dann glaubhaft, wenn es gelingt, statt eines Gefühls der Ohnmacht gegenüber öffentlichen Planungen die Bereitschaft zur Mitwirkung zu initiieren" (Milde 1988: Vorwort).

Frauen als Bürgerinnen und Expertinnen sind bis heute an den entscheidenden Stellen in der Planung und in politischen Gremien unterrepräsentiert. So ist auch ihre Benachteiligung selbst da festgeschrieben, wo Modelle der Bürgerbeteiligung in der Planung vorgesehen sind, z. B. durch Versammlungstermine am Abend, wenn Kinder ins Bett gebracht werden etc. (vgl. Venghaus 1989: 18ff). Deshalb bedarf es besonderer Angebote, um die ungleichen Beteiligungschancen von Frauen zu beseitigen.

In Frankfurt/M. wurde erstmals zu einem Bebauungsplanverfahren eine Pilotstudie „Frauenbelange in der Bauleitplanung" erstellt, die Anforderungskriterien für eine „frau-engerechtere" Stadtplanung benennt und deren Umsetzung in konkrete Entwürfe und rechtliche Vorgaben zum Ziel hat. Der nachfolgende Bericht soll über die Vorgeschichte des Projektes informieren und aufzeigen, daß Frauenprojekte bislang nur durch viel Engagement auf den Weg gebracht werden können. Die vorgefundenen Hindernisse und Barrieren verdeutlichen, wie schwierig es ist, konkrete Vorschläge zur Verbesserung der Planung aus frauenspezifischer Sicht herkömmlicher Planung entgegenzusetzen, und eine Verschiebung bestehender Prioritäten zu erreichen.

Der Öko-kulturelle Gewerbehof: Anlaß für einen Bebauungsplan

Ausgangspunkt des Projektes „Von-Bernus-Park aus frauenspezifischer Sicht" war die Planung des „multi-funktionalen, öko-kulturellen Gewerbehofs" an der Kasseler Straße in Frankfurt-Bockenheim in der Nähe des Westbahnhofs.

Auf einem 4300 qm großen Baugrundstück entstand ein Gewerbehof, in dem ca. 250 Frauen und Männer in 35 Betrieben bis in die Abendstunden arbeiten. Hier sind seit der Fertigstellung im Januar 1992 Einrichtungen für Fortbildung, Gesundheitsfürsorge und politische Arbeit für Frauen und Männer aus dem gesamten Stadtgebiet untergebracht.

Der Planung vorausgegangen war ein nicht alltägliches Tauschgeschäft zwischen einer Großbank und der größten bundesdeutschen Gemeinschaft von Alternativbetrieben, der Kühl KG. Aufmerksamkeit erregte dieser „Deal" auch, weil die Kommanditgesellschaft die Nachlaßverwalterin des 1981 aufgelösten Kommunistischen Bundes Westdeutschland ist.

Obwohl der geplante Coup Irritationen und Skepsis in der alternativen und grünen Szene auslöste, fand der beschlossene Gebäudetausch, „diese Verbindung zweier Welten" (FR 2.8.89) zwischen Alternativ- und Bankerszene statt: Das Domizil der Alternativen in der Mainzer Landstr. 147 (ML 147), einer attraktiven,

Am Westbahnhof.
Foto: Karin Gerhardt.

imageträchtigen Lage Frankfurts wurde der Commerzbank übereignet. Im Gegenzug erhielten die KBW-Erben von der Bank einen schlüsselfertigen Neubau, Übernahme der Umzugskosten und Ausgleichszahlungen.

Ein Areal im Stadtteil Bockenheim, einem Zentrum der Frankfurter Szene, wurde bereitgestellt. Es handelte sich um einen ehemaligen Schrottplatz in der Nähe des Westbahnhofs, der aufgrund seiner Randlage und des unattraktiven Umfeldes bisher keine anderen Interessenten angezogen hatte. Das Gewerbehofprojekt sollte dazu beitragen, ein heruntergekommenes Gebiet städtebaulich neu zu beleben.

Der Gewerbehof war also Anlaß, ein Bebauungsplanverfahren für das gesamte Quartier in die Wege zu leiten. Die Architekten des Gewerbehofs wurden aufgefordert, den Bebauungsplan gleich mitzuliefern. Der vorgelegte Entwurf wurde von der Stadt in das Bebauungsplanverfahren einbezogen. Der Bebauungsplan Nr. 680 „Wohn- und Gewerbegebiet am von-Bernus-Park" sah die Entstehung neuen Raumes für Büros, Gewerbe und Wohnungen vor. Diese alternativ-kapitalistische Symbiose als postmoderne Variante des „anything goes" blendete die Belange der dort lebenden Bevölkerung sowie die der zukünftigen NutzerInnen dieses Gebietes völlig aus.

Frauen planen für Frauen

Der ursprüngliche Impuls für das frauenspezifische Projektvorhaben geht auf die Initiative der Frauen aus den Alternativbetrieben der ML 147 zurück. Parallel zu dem Beschluß zur Aufstellung eines Bebauungsplanes durch die Stadt, begannen die Frauen der „Mainzer 147" sich mit der neuen Situation auseinanderzusetzen und die Konsequenzen des Umzugs zu diskutieren. Sie forderten und erreichten die Beteiligung von Frauen im Preisgericht des Architekturwettbewerbs.

Der geplante Gewerbehof sollte an der Kasseler Straße neben Gleisen, Rampen und Lagerschuppen des Güterbahnhofs entstehen. Abgestellte LKW-Anhänger und heruntergekommene Gewerbebetriebe gaben dem Umfeld einen bedrohlichen Charakter.

Während von den männlichen Planern und Architekten der neue Standort auf diese Gesichtspunkte hin nie hinterfragt wurde, befürchteten die künftigen

*Abgestellte LKW.
Foto: Karin Gerhardt.*

Nutzerinnen, daß dieser „Angstraum" ihre Arbeit und die Bewegungsfreiheit der Frauen, die dort an Veranstaltungen teilnehmen wollten, stark behindern würde. Sie sahen den Zugang zum Gewerbehof durch das Fehlen jeglicher Form von sozialer Kontrolle in der Nachbarschaft, insbesondere in den Abendstunden stark beeinträchtigt.

Hinzu kam die Situation um den Westbahnhof. Dieser bot zwar eine verkehrsgünstige Anbindung an Hauptbahnhof und Innenstadt, gleichwohl ist er (bis heute) von seiner baulichen Anlage her als äußerst frauenfeindlich und bedrohlich zu bezeichnen.

Die isolierte Randlage des Gebietes und die Unwirtlichkeit der Gegend ließen die Frauen erkennen, daß eine angst- und gefahrenfreie Nutzung für sie dort nicht gegeben war. Deshalb setzten sie sich für eine Überprüfung und Verbesserung der Planung i.S. ihrer Interessen und Bewegungsfreiheit ein.

Die Projektfrauen der ML 147 bildeten eine Arbeitsgruppe und suchten sich Fachfrauen zur Unterstützung. Es konstituierte sich eine interdisziplinäre Gruppe von Fachfrauen aus Architektur, Stadtplanung, Geographie und Soziologie, die „AG Planung für Frauen" (im folgenden „AG Planung"). Gemeinsam entstand die Idee eines „frauenspezifischen Gutachtens" zur Überprüfung und Korrektur des Bebauungsplanentwurfs. Darüberhinaus sollte das Gutachten Grundlage sein für die politische Diskussion einer „frauengerechten Planung". Es sollte sowohl konkrete Vorstellungen zur Belebung des Quartiers und seiner gesamtstädtischen Einbindung als auch Vorschläge zur Planungsbeteiligung von Frauen erbringen.

Die „AG Planung" erarbeitete eine Gesamtkonzeption die projektspezifische, quartiersbezogenen und allgemein frauenpolitische Anforderungen verknüpfte. Ihr Ziel war es, in dem städtebaulichen Gutachten „von -Bernus-Park" Möglichkeiten der Berücksichtigung frauenspezifischer Belange aufzuzeigen, beratend zu begleiten, zu dokumentieren und auszuwerten.

Insbesondere sollte eine Verbesserung der räumlichen Lebens- und Arbeitsbedingungen aller Frauen (der Nutzerinnen und der Frauen im Quartier) erreicht werden und Empfehlungen für eine verstärkte Berücksichtigung von Frauen bei künftigen Planungsmaßnahmen im gesamten Stadtgebiet erarbeitet werden.

Auf Basis differenzierter Bestandsanalysen und mehrstufiger Beteiligungsverfahren sollten baulich-räumliche Strukturen aus Frauen Sicht bewußt interpretiert und Partizipationsmodelle ohne Alibicharakter im Gegenstromverfahren etabliert werden (vgl. AG Planung für Frauen 1989).

Realisierungsschritte

In Form eines Exposés fand die Konzeption der „AG Planung" Eingang in die Verwaltung. Zur Präsentation des Projektvorhabens in der Öffentlichkeit initiierten die Nutzerinnen eine Pressekonferenz sowie verschiedene Berichterstattungen in der lokalen Presse.

Diese frühzeitigen Aktivitäten bewirkten, daß sich das Amt für kommunale Gesamtentwicklung und Stadtplanung in der Pflicht sah, „in den Planverfahren den Ausgleich zwischen den gesamtstädtischen Zielen und Interessen der Betroffenen ... zu verbessern." (Stadtplanungsamt. 9.11.89)

Das Exposé wurde Arbeitsgrundlage einer Ausschreibung, die der „AG Planung" und drei weiteren Planungsbüros zugeleitet wurde. Ausgeschrieben wurde eine „Pilotstudie" zum vorliegenden Bebauungsplanentwurf, die „Erkenntnisse darüber bringen soll, ob und ggf. wie sich der Inhalt einer Planung verändern könnte, wenn den Anforderungen von Frauen Rechnung getragen würde." (Ausschreibungstext Stadtplanungsamt 1989) Diese „Minimallösung" favorisierte spezifische „bebauungsplangerechte" Qualifikationsmuster und sah keine aktuelle Planungsrelevanz vor. Trotz dieser Einschränkungen beteiligte sich die „AG Planung" an der Ausschreibung, wurde aber mit ihrem konzeptionell ungleich weiteren Ansatz nicht berücksichtigt.

Der Auftrag erging 1990 an das Planungsbüro Strukowski in Darmstadt.

Der lange Weg durch die Ämter

Die komplexe Projektkonzeption der interdisziplinären „AG Planung" war administrativ kleingearbeitet worden und hinsichtlich der Zielvorgaben, z.B. der Quartierseinbindung und der Bürgerinnenbeteiligung weitgehend verändert.

Die Pilotstudie „Frauenbelange in der Bauleitplanung" wurde in enger Zusammenarbeit mit dem Stadtplanungsamt erstellt. Die Konzeption entwickelten die beiden Planerinnen des Büros Strukowski zusammen mit projektbezogen eingestellten Soziologinnen. Deren Arbeitsschwerpunkt beinhaltete die Aufarbeitung von Literatur zu Frauen-Beteiligungsmodellen in anderen Städten. Inwieweit diese Ergebnisse auch für zukünftige Formen der Partizipation von Frauen an Planung wirksam werden, kann aus den spärlich vorhandenen Informationen derzeit nicht abgeschätzt werden.

Die Planerinnen des Büros erstellten einen neuen Bebauungsplan, der die Sicherheitsbelange von Frauen berücksichtigt und eine wesentlich verbesserte Lösung gegenüber der ursprünglichen baulich-räumlichen Konzeption darstellte.

Die Pilotstudie wurde im April 1991 abgeschlossen. Trotz vielfacher Anfragen wurde eine Kurzfassung der Planungsergebnisse erst im Herbst 1992 im Rahmen einer Ortsbeiratssitzung von der zuständigen Baudirektorin des Stadtplanungsamtes, Frau Müller-Schliepe, der Quartiersöffentlichkeit vorgestellt – ohne Beteiligung der Verfasserinnen. Ihr Fazit: Der neue Bebauungsplan hat durch die Überarbeitung gewonnen.

Die räumliche Trennung von Wohnen und Arbeiten und die einseitige Nutzungsstruktur, die häufig zu Lasten der Frauen gehen, würden aufgehoben und durch eine Nutzungsvielfalt ersetzt. Die Umgestaltung der Verkehrswege, z.B. kurze Wege und belebte Straßen, sollte durch neue Läden und Lokale erreicht werden, die zu sozialer Kontrolle und damit Vermeidung von Angst- und Gefahrenräumen beitragen. „Die neue Straße ist von Wohnbauten umsäumt und kann von zwei Seiten eingesehen werden. Das Projekt ist keinesfalls utopisch und kann in absehbarer Zeit realisiert werden. Ein Investor, der die 80 geplanten Wohnungen realisieren wolle, sei schon gefunden", berichtete Frau Müller-Schliepe (Interview vom 10.2.93)

„Hinterher haben die Männer in meiner Abteilung gesagt: Hätte man auch von selbst drauf kommen können." (FR vom 18.8.92)

Schlußbemerkungen

Obwohl die Berücksichtigung eines frauenspezifischen Alternativentwurfs als erster Politisierungseffekt und als wichtige Etappe auf dem schwierigen Weg der Etablierung frauenspezifischer Planung zu werten ist, bleiben viele Fragen offen: Warum wird der Inhalt der Studie nach wie vor wie eine „geheime Verschlußsache" behandelt? Warum werden die inhaltlichen Vorgaben und die beabsichtigten Maßnahmen nicht öffentlich diskutiert? Warum werden die Frauen des Quartiers nicht dazu angehört?

Fazit:
▷ Der Gewerbehof wurde auf dem Wege der Vorabgenehmigung nach § 33 BauGesetzbuch im Januar 1992 fertiggestellt.
▷ Das Bebauungsplanverfahren wurde angehalten.
▷ Der „frauenspezifische" Bebauungsplanentwurf und die dazugehörige Studie liegen immer noch, seit nunmehr zwei Jahren, in der Schublade!

Das Stadtplanungsamt beabsichtigt die Veröffentlichung der Ergebnisse als Hochglanzbroschüre und war nicht bereit auch nur eine Kopie des neuen Bebauungsplanes für diesen Bericht freizugeben – das würde die Exklusivität der anstehenden Veröffentlichung gefährden. Es scheint, als wolle das Amt den Erfolg des Projekts ausschließlich auf sein Konto verbuchen. Das Entscheidende an dieser Studie sei auch nicht das Partizipationsmodell „sondern die bessere baulich-räumliche Planung, die nur Dank der intensiven Zusammenarbeit der Mitarbeiterinnen des Stadtplanungsamtes mit den Planungsbüro zustande gekommen sei." (Interview Müller-Schliepe 10.2.1993).

M.E. wird der Projekterfolg, d.h. die räumliche Verbesserung und der Politisierungseffekt, sowohl von den Zugangschancen der betroffenen NutzerInnen als auch vom gewählten Beteiligungsmodell abhängen. Eine Institutionalisierung des Beteiligungsmodelles für Frauenbelange in der Planung scheint das Planungsamt allerdings nicht zu beabsichtigen.

Dipl. Soz. Rita Weirich, geb. 1954, z.Z. wissenschaftliche Mitarbeiterin am Fachbereich Gesellschaftswissenschaften der Johann Wolfgang Goethe-Universität Frankfurt am Main, Gründungsmitglied von FOPA Rhein-Main.

Bleibt abzuwarten, inwieweit das, sozusagen normativ aufgeladene, Moment einer frauenbezogenen Planung mit den durch den Bebauungsplan anvisierten raumentwicklungsbezogenen Zielen vereinbar sein wird und in Planungsrecht umgesetzt werden kann. Konflikte sind schon deshalb zu erwarten, weil Planung für Frauen quer zu den ressortspezifisch verengten Handlungsebenen und Maximen liegt.

Im Hinblick auf zukünftige frauenorientierte Planungsvorhaben ist daher der Stellenwert räumlicher Veränderungen für die Lebenspraxis von Frauen neu zu bewerten. Dies beinhaltet vor allem eine andere Gewichtung materiell-räumlicher Verbesserungen im Verhältnis zu sozial- und arbeitsmarktpoltischen Veränderungen.

Schließlich gilt es die Effekte des geplanten „Wohn- und Gewerbegebietes von-Bernus-Park" nicht nur hinsichtlich Erreichbarkeit, Sicherheit und Nutzbarkeit, sondern auch hinsichtlich Aktivierungs- und Sensibilisierungswirkungen von Beteiligungsmodellen für Frauen abzuschätzen.

Literatur

„AG Planung für Frauen" (1989): Exposé: Gutachten zum Wohn- und Gewerbegebiet am von-Bernus-Park und zum ökokulturellen Gewerbehof aus der Sicht von Frauen. In: Stadtplanungsamt (Hrsg.). Frauenbelange in der Bauleitplanung. Ausschreibungstext. Frankfurt/Main.

Frankfurter Rundschau vom 2.8.1989 und vom 18.8.1992.

Milde, G. (1988): Vorwort. In: Hessisches Ministerium des Innern (Hrsg.): Bürger, Bürgerinnen – wirkt mit!. Wiesbaden.

Frau Müller-Schliepe, Baudirektorin im Stadtplanungsamt Frankfurt Main (1993): Interview am 10.2.1993. Interviewmanuskript: Rita Weirich.

Venghaus, Christine (1989): Bürgerbeteiligung bei der Wohnumfeldverbesserung, Bürgerinnenbeteiligung?. In: RaumPlanung 44, S. 17-23.

WeiberWirtschaft bringt Frauen auf Erfolgskurs

Planungspraxis

Monika Damm

Im Eingangsbereich befindet sich eine Ladenpassage. Hier werden Computer-Zubehör, Dessous für die stärkere Dame und Haarschneidekünste angeboten. Viel Glas und Grün bestimmen das Bild. So wird das Publikum angezogen, weiter durch die Höfe zu flanieren. Es gibt verschiedene Dienstleistungsbüros in den oberen Etagen des Vorderhauses. Im zweiten Hof wird für die Kinderbetreuung gesorgt. Außerdem ist hier der Gesundheits- und Fitnessbereich angesiedelt. Im Seitenflügel arbeiten die Gartengestalterinnen und die Druckerinnen. Endpunkt der Durchgänge ist das Cafe mit sonniger Außenterrasse. So stellen sich die WirtschaftsWeiber das zukünftige Gründerinnen-Zentrum vor. In Berlin-Mitte, drei U-Bahnstationen vom Alexanderplatz entfernt, wird der Standort sein. Ein alter Gewerbekomplex, der zu DDR-Zeiten Produktionsstätte von Berlin-Kosmetik war.

Die Frauengenossenschaft WeiberWirtschaft baut ein innovatives Modell zur Ansiedlung von Unternehmen, Frauenprojekten und vor allem Existenzgründerinnen auf. In Berlin wird bereits jedes dritte Unternehmen von einer Frau gegründet. Die Unternehmerinnen wünschen sich flexibel gestaltete Arbeitsplätze, die auf ihre persönliche Lebenssituation abgestimmt sind, ihnen die Möglichkeit bieten, die eigenen Fähigkeiten und Kompetenzen einzusetzen und ihre Existenzsicherung gewährleisten.

Frauen, die sich zu diesem Schritt entschließen, haben jedoch zahlreiche Barrieren zu überwinden: Durch das geringere Einkommen auf dem Erwerbsarbeitsmarkt ist die Möglichkeit für Frauen, Eigenkapital anzusparen, eingeschränkt; die Angst sich zu verschulden läßt manche Betriebsgründung schon im Vorfeld scheitern; viele Frauen fühlen sich nicht angesprochen, wenn Banken, Kammern oder Versicherungen Beratung zur Existenzgründung anbieten; ihre Lebensläufe mit beruflichen Unterbrechungen entsprechen meist nicht den Anforderungen, die die Herren am Bankschalter für notwendig erachten; die Stellung der Frauen auf dem Erwerbsarbeitsmarkt in den unteren Bereichen der Hierarchie bietet wenig Chancen, Geschäftsführungskenntnisse und Managementerfahrungen zu erwerben. Bei der überwiegenden Mehrheit der Frauenbetriebe handelt es sich um Klein- bzw. Kleinstunternehmen, die oft nicht genug Gewinn abwerfen, um auch nur den eigenen Lebensunterhalt zu sichern.

In der alten Kosmetikfabrik in Ostberlin wirtschaften jetzt Weiber.

Synergie-Effekte

An diesen spezifischen Voraussetzungen setzt das Konzept der WeiberWirtschaft an. Rahmenbedingungen werden verbessert und Marktchancen erhöht. Das Angebot des Gründerinnen-Zentrums wird sowohl Beratungseinrichtungen wie Unternehmens-, Finanz- und Umweltberatung als auch Weiterbildungsangebote, eine technische Infrastruktur und Kinderbetreuungsmöglichkeiten umfassen.

Das Konzept der WeiberWirtschaft geht damit zum einen auf die spezifischen Bedürfnisse von Unternehmerinnen und Projektmitarbeiterinnen ein und fördert zum anderen die einzelnen Vorhaben durch Synergie – Effekte. D.h. es entsteht eine Kooperation zwischen Profit- und Nonprofit – organisationen. Das

Berlin Mitte: Anklamer Str. 38/40.

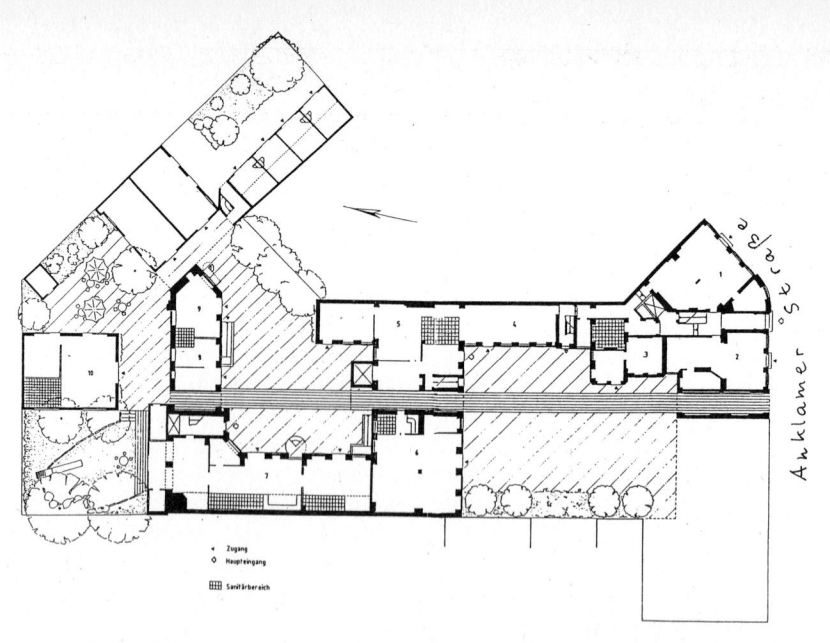

gemeinsame Arbeiten von erfahrenen Unternehmerinnen und Projektmanagerinnen unter einem Dach mit Neueinsteigerinnen aus Ost und West ermöglicht einen unkomplizierten Erfahrungsaustausch. Die einzelnen Betriebe und Projekte erreichen eine höhere Sichtbarkeit in diesem Gewerbezentrum. Gemeinsame Werbestrategien sollen diese synergetischen Effekte verstärken.

Der Gebäudekomplex

Auf einer Freifläche von 3200 qm sind die Gebäudeteile angeordnet. Es handelt sich überwiegend um Backsteingebäude aus der Jahrhundertwende. Der Komplex umfaßt zur Zeit ca. 5000 qm Nutzfläche (voll ausgebaut ca. 5500 qm). Es wird abschnittsweise saniert werden. Pläne und Bauleitung liegen in den Händen des Architekturbüros Prof. Inken Ballers. Der Grobnutzungsplan liegt vor.

Das Gelände ist gut geeignet, um dort eine bunte Palette von Frauenbetrieben und -projekten unterzubringen: in der Mehrzahl werden es Dienstleistungs- und Einzelhandelsunternehmen sein, die erfahrungsgemäß bei von Frauen gegründeten und betriebenen Unternehmen überwiegen. Die city-nahe Lage bietet für diese Wirtschaftszweige besonders günstige Standortbedingungen. Abgerundet wird die Nutzung des Zentrums durch Ausbildungs- und Kulturprojekte, Künstlerateliers und gastronomische Betriebe. Mehr als 200 Arbeitsplätze sind geplant.

Die Finanzierung

Das Objekt wurde von der Treuhandanstalt verkauft. Die WirtschaftsWeiber haben den Kaufpreis um runde acht Mio. auf 12,3 Mio. DM heruntergehandelt. Um als Investorin bei der Treuhandanstalt in Frage zu kommen, war im Vorfeld der Bewerbung vielfältige Lobbyarbeit in Politik und Verwaltung notwendig. Das Konzept der Genossenschaft stößt auf breite öffentliche Anerkennung. Daran konnte auch die Treuhand nicht vorbei. Die Finanzierung setzt sich aus verschiedenen Grundpfeilern zusammen. Ausschlaggebend sind dabei Zuschüsse in Millionenhöhe von Wirtschafts- und Bausenat. Aber noch ist die Finanzdecke dünn, so daß schnelles „WeiberWirtschaftsWachstum" nötig ist. Denn um Kaufpreis und Sanierungskosten tragen zu können, wird ein Bankkredit aufgenommen.

Genossenschaftlerinnen gesucht

Um das Projekt finanziell auf die Beine zu stellen, wurde eine Genossenschaft gegründet. Die erste Frauengenossenschaft seit der Weimarer Republik. Anreiz bei der Wahl der Rechtsform waren die historischen Vorbilder und die demokratischen Entscheidungs- und Organisationsstrukturen. Jede Frau hat eine Stimme unabhängig von ihrem Kapitaleinsatz. Die WeiberWirtschaft setzt sich für eine andere Form der Geldinvestition ein und verfolgt die Idee, die finanziellen Ressourcen von Frauen zu bündeln, um damit Eigentum an Grund und Boden in Frauenhand zu schaffen.

Bislang sind über 560 Frauen der Genossenschaft beigetreten, die mit ihren Genossenschaftsanteilen zum Startkapital für das Gründerinnen-Zentrum beitragen – und es werden kontinuierlich mehr. Die Mitgliedsfrauen kommen aus der gesamten Bundesrepublik. Sämtliche Gesellschaftsbereiche sind vertreten: die Bundestagsabgeordnete, die Juristin und die Schreinerin, Vertreterinnen aus Wissenschaft und Kultur, Studentinnen. Angebote beruflicher Vernetzungsarbeit sind in der Planung mit dem Ziel dem „old-boys-network" etwas entgegenzusetzen.

Mitglied kann jede Frau ab 18 Jahre werden, wenn sie mindestens einen Anteil von 200 DM einbringt. Anteile bis zu einem Gesamtwert vom 50.000 DM können jeweils von einer Frau gezeichnet werden. Jede Mitgliedsfrau erwirbt automatisch Miteigentum am Gebäude.

Angestrebt sind 1 Millionen DM Eigenkapital. Da sind nicht nur die zukünftigen Mieterinnen gefragt, sondern eine breite Frauenöffentlichkeit angesprochen, die das Experiment Frauengewerbehof unterstützt.

Angesichts der aufzubringenden Millionenbeträge hat WeiberWirtschaft eine weitere Finanzierungsmöglichkeit ins Leben gerufen. Frauen **und Männer** sowie **Organisationen** werden als private DarlehensgeberInnen geworben. Mit einem Mindest-Kapitaleinsatz von 5000 DM bei 5% Verzinsung und einer Laufzeit von 5 Jahren können sie ihr Geld investieren.

Diese Bausteine der Finanzierung tragen zum angemessenen Standort des Gründerinnen-Zentrums in Berlin bei.

Dipl. Pol. Monika Damm, Öffentlichkeitsreferentin der WeiberWirtschaft e.G.

Anschrift:
WeiberWirtschaft e.G.
Hermannstr. 229
10115 Berlin 44
Tel. 030/622 90 40

Planungspraxis

Frauenstadthaus Bremen – von der Idee zum Raum

Ein Modell für Qualifizierung und Existenzgründung von Frauen

Marlis Hestermann

Drei Jahre Vorbereitung für drei Jahre Bauzeit

Das Frauenstadthaus Am Hulsberg ist fertiggestellt. Das Ergebnis kann sich sehen lassen: fachgerecht und liebevoll sanierte Räume für Frauenbetriebe. Von den ersten Gedanken bis zum fertigen Haus ist es eine bewegte Geschichte.

Im Sommer 1986 hatte die Architektenkammer Hamburg/Schleswig-Holstein das Thema „Frauenplanung" zum Schwerpunkt einer Veranstaltung gemacht. Das „in Erscheinung treten" zahlreicher Fachfrauen und das Zusammentragen vielfältiger Gedanken, Ideen und Resultate machten den Erfolg der Veranstaltung aus. Die Verblüffung darüber, wie wenig davon in unserer Umwelt sichtbar wird, wurde zur Initialzündung für ein Projekt: das Frauenstadthaus. Drei Teilnehmerinnen aus Bremen haben sich inspirieren lassen und sind dem Gedanken gefolgt, die Lebenssituation von Frauen in der Stadt bedürfnisorientiert zu verbessern.

Die Idee war von Beginn an auf ein Bauobjekt gerichtet, um damit sichtbar zu werden und Raum einzunehmen. Die Gesamtplanung und Vorbereitung des Projekts wurde über einen Zeitraum von insgesamt drei Jahren von einer Gruppe von Frauen getragen, die weitgehend ehrenamtlich arbeitete. Konzepterstellung, Verhandlungen und Gespräche mit Behörden, sowie die intensive Suche nach einem geeigneten Gebäude im Bremer Stadtgebiet nahmen viel Zeit und Energie in Anspruch.

Kontakte zu Behörden und senatorischen Einrichtungen wurden aufgenommen, die dieses Projekt mit unterschiedlichem Interesse für förderungsfähig erachteten: Gleichstellungsstelle; Senator für Arbeit; Senator für Soziales; Bundesanstalt für Arbeit; Senator für Wirtschaft.

Trotz aller Schwierigkeiten bei der Bewilligung von Geldern und Bauantragsverfahren, konnte schließlich mit der Zusage von Mitteln aus dem Europäischen Sozial-Fonds (ESF) sowie Bundes-und Landesmitteln die Realisierung des Projekts in Angriff genommen werden.

Ein Gebäude Am Hulsberg wurde Ende November 1989 ersteigert und die 3-jährige Bauphase begann.

Das Frauen-Bau-Projekt.

Das Frauenbauprojekt startete am 1. Dezember 1989 als Arbeitsprojekt für Frauen, in Trägerschaft der Bewohnerberatung, Modernisierungs-, Miet- und Selbsthilfeberatung e.V., mit dem Ziel, die Arbeitssituation von Frauen aus gewerblich-technischen Berufen zu verbessern. Der Grundgedanke bestand darin, daß Fachfrauen aus verschiedenen Bereichen gemeinsam den Umbau des Hauses planten, ausführten und verwalteten. Laufend arbeiteten 19 Bauhandwerkerinnen (Gesellinnen), 2 Bauhelferinnen, 2 Architektinnen, eine Betriebswirtin, eine Volkswirtin, eine Pädagogin, eine Meisterin und eine Verwaltungsfachfrau im Projekt. Die Bauhandwerkerinnen kamen aus vier verschiedenen Gewerken: Tischlerei, Schlosserei, Malerei, Elektrik.

Der angestrebte (Wieder-) Einstieg von langzeitarbeitslosen Frauen aus dem gewerblichen Sektor in den ersten Arbeitsmarkt war Ziel des „Frauenbauprojekts".

Im Zuge der Offensive der Bundesregierung „Frauen in Männerberufen" waren zwar viele Frauen gewerblich ausgebildet worden – meist in überbetrieblichen Maßnahmen – doch die Stellensuche im Anschluß erwies sich oft als erfolglos. Zudem ist nach der deutschen Handwerksordnung eine dreijährige Berufspraxis für Gesellinnen Voraussetzung, um den Meisterinnentitel erwerben zu können; erst der erlaubt es, einen Betrieb gründen. Während dieser 3-jährigen Arbeit auf der Baustelle des Frauenstadthauses, in eigens eingerichteten Werkstätten und ergänzenden Weiterbildungsangeboten, begleitet von Meisterinnen bzw. in Kooperation mit Fachfirmen, erwarben die Handwerkerinnen die erforderliche Berufspraxis.

Die Frauenstadthaus GmbH

Eigentümerin des Hauses, wurde die 1989 gegründete „Frauenstadthaus-Modernisierungs-, Verwaltungs- und Vermietungsgesellschaft mbH". Das Stammkapital von 50 500 DM wurde zum einen durch Frauen aufgebracht, die als Gesellschafterinnen in die GmbH eintraten (natürliche Personen). Der größte Teil des Geldes wurde über eine Schenkgemeinschaft gesammelt: viele interessierte Frauen spendeten an den Verein Frauenstadthaus als ideellen Träger des Projekts Beträge von je 480 DM, die in der Summe das notwendige Stammkapital des Vereins als Hauptgesellschafterin in der GmbH darstellten (juristische Person).

Allerdings war dies nur die Voraussetzung für den Erwerb einer Immobilie. Die Arbeiten an einem geeigneten, umfassenden Finanzierungsplan für die Projektabwicklung hatten einen weitaus längeren Vorlauf.

Finanzierung und Bezuschußung

Die Idee eines Geldkreislaufs unter Frauen wurde durch die Gründung des Frauenstadthaus-Fonds in die Tat umgesetzt. Dieser Fonds dient ausschließlich der Finanzierung des Kaufs und der Modernisierung des Frauenstadthauses. Er beteiligt sich in Form einer stillen Gesellschaft an der GmbH. Frauen können Fondsanteile erwerben (Zeichnungsgröße mindestens 5000 DM) und erhalten nach Fertigstellung des Hauses 4 % Zinsen p.a.

Für die Einrichtung eines Gewerbehofs hatte die GmbH einen Zuschuß vom Senator für Wirtschaft zum Kauf und zur Instandsetzung eines Gebäudes eingeworben. Im Laufe der Zeit sollen durch das Anwachsen des Fonds die der Eigentümerin entstehenden Modernisierungskosten abgedeckt werden. Darüberhinaus war eine Kreditaufnahme bei der Anthroposophenbank 'Geben, Leihen und Schenken' (GLS) in Bochum erforderlich.

Bei der Finanzierung des Gesamtprojekts Frauenstadthaus handelt es sich um eine Mischfinanzierung, d.h. zur Durchführung des Vorhabens wurden unterschiedliche Fördermittel akquiriert (Bundesanstalt für Arbeit, Senator f. Arbeit und Frauen, Senator für Jugend und Soziales, Europäischer Sozialfonds, Landesamt für Denkmalpflege und Senator f. Umwelt u. Stadtentwicklung). Die Bezuschussung richtete sich an das Frauen-Bau-Projekt und an die Frauenstadthaus GmbH.

Vorher. Quelle: Fonds fürs Frauenstadthaus (Bremen 1990)

Beide Träger sind autonom und führten jeweils eine von einander unabhängige Buchhaltung und Abrechnung. Die Verzahnung der beiden Institutionen ist zum einen inhaltlich ideell und zum anderen finanzieller Art, auf Grundlage von Vereinbarungen und Verträgen.

Das Frauenbauprojekt mietete das gesamte Gebäude an, um die Beschäftigungs- und Qualifizierungsmaßnahme in diesen Räumen durchzuführen.

Das Gebäude und die Sanierung

Das Frauenstadthaus befindet sich im zentrumsnahen Ortsteil Peterswerder und ist mit öffentlichen Verkehrsmitteln gut erreichbar. Das Gebäude mit einer Gesamtgröße von 900 qm Nutzfläche besteht aus einem 3-geschossigen Altbremer Haus (Baujahr 1889) und einem etwas später errichteten 2-geschossigen Gewerbeteil. Daran schließt sich eine Freifläche von 440 qm an. Das Gebäude war für das geplante Bauprojekt ideal. Der gesamte Gebäudekomplex hatte 5 Jahre leergestanden, war Spekulationsobjekt und für den Abriß bestimmt. Das Gebäude war in einem miserablem Zustand, gezeichnet von Vernachlässigung und Vandalismus. In den ersten Monaten im Projekt war alles mit Abriß und Bauschuttwegräumen beschäftigt.

Entgegen unserer Idee konnten wir den gesamten Umbau nicht ausschließlich mit Frauen durchführen, zum Beispiel gibt es im Bauhauptgewerbe Zimmerei/Mauerei kaum ausgebildete Gesellinnen. Deshalb kooperierten wir mit Firmen aus dem Bauhauptgewerbe, in denen Frauen arbeiten oder die zumindest Baufachfrauen gegenüber aufgeschlossen sind.

Nahezu alle Baumaßnahmen des Baunebengewerbes wurden von den Frauen des Projekts ausgeführt. Dazu gehören die Herstellung und Montage sämtlicher Fenster, die gesamte Fassadensanierung incl. Schlosserinnenarbeiten (Zäune, Geländer), die komplette E-Installation unter Anleitung eines Meisterbetriebs und der umfassende Innenausbau.

Im gesamten Bauvorhaben bevorzugten wir baubiologisch und -ökologisch vertretbare Materialien und Verfahren und versuchten möglichst wenig Kompromisse zu machen. Die Arbeit mit Lehm, einem inzwischen wieder beachteten Bau-

*Frauenstadthaus.
Foto: Lioba Feld.*

stoff, stellte für uns eine interessante Herausforderung und Weiterqualifizierung dar. Bei der Wahl der Heizungsanlage haben wir uns für die Brennwerttechnik entschieden, die neben der Optimierung der Wärmeerzeugung eine deutliche Reduzierung der Schadstoffemissionen bietet. Die Sonne als Energiequelle nutzen wir in einer Kollektoranlage zur Warmwasserbereitung. Mit dem Personenaufzug, der vor die Fassade am Hof installiert wurde, sind fast alle Geschosse auch im Rollstuhl erreichbar.

Arbeitsorganisation

Wenn bis zu 27 Frauen daran gehen, ein völlig heruntergekommenes Haus innerhalb von drei Jahren umbauen und renovieren zu wollen, stellt sich die Frage nach der Zusammenarbeit. Die Altersunterschiede der Frauen im Projekt (von 21 bis 50 Jahren), verschieden starkes Engagement, unterschiedliche Berufsausbildungen und berufliche Vorerfahrungen machten die Entwicklung einer gemeinsamen und effektiven Arbeitsstruktur nicht eben einfach. Die zu leistende Arbeit wurde nach den jeweiligen gemeinsamen Bauplanungsphasen in verschiedene Bauabschnittsgruppen aufgeteilt. In diesen Gruppen arbeiteten jeweils Frauen aus den verschiedenen Gewerken mit einer Architektin zusammen an der Planung und Durchführung des übernommenen Bauabschnitts. Die Architektinnen waren verantwortlich für Organisation und Zusammenführung des Baugeschehens. Hierbei spielten Baukoordinationstreffen eine wichtige Rolle. Die finanztechnische Abwicklung, die Öffentlichkeitsarbeit sowie die Qualifizierungsmaßnahme wurde von dem Verwaltungsbüro geleistet.

Innerhalb der Struktur der Zusammenarbeit hat es während der Projektlaufzeit große Veränderungen gegeben. Von der ursprünglichen Idee eines selbstverwalteten Projekts – wichtige Entscheidungen, das Haus und den Bauablauf betreffend, werden von allen gemeinsam vorgenommen – hat es zum Ende eine Entwicklung hin zur stärkeren Betonung der Projekt- und der Bauleitung gegeben.

Jetzt, nach Abschluß aller Bauarbeiten, besorgt die Frauenstadthaus GmbH die Verwaltung des Gewerbehofs. Das Haus ist bereits komplett an Frauenbetriebe vermietet: FrauenComputerZentrum, Bewegungszentrum für Frauen, Atelier, Therapeutische Praxis, Selbsthilfewerkstatt für Frauen, Haus der Gestaltung.

*Marlies Hestermann,
Arch. Dipl.-Ing. geb. 1954,
Vorbereitung der Selbständigkeit,
Arbeitsschwerpunkte:
Betreuung und Durchführung von Sanierungs- und Wohnungsbauprojekten für Frauen,
Mitglied bei FOPA Bremen.*

*Frauenstadthaus
Am Hulsberg 11/
Ecke Mindener Straße
28205 Bremen 1
0421/498 95 00 oder
49 48 54.*

Planungspraxis

Die Bedeutung des öffentlichen Personennahverkehrs für Frauen und die bedarfsgerechte Umgestaltung in der Stadt Frankfurt am Main

Christel Frank, Gisela Stete

Die Stadt Frankfurt, vertreten durch die Stadtwerke und das Frauenreferat, beauftragte im April 1991 das Frankfurter Institut für Frauenforschung e.V.(FIF), eine maßnahmenorientierte Untersuchung über die Bedeutung des öffentlichen Personennahverkehrs für Frauen in Frankfurt zu erstellen.

Die Bearbeitung der Studie erfolgte durch ein interdisziplinär besetztes Team bestehend aus einer Soziologin des FiF sowie einer Geographin, einer Stadtplanerin und einer Verkehrsplanerin des Büros Frank und Stete.

Ziel der Studie war es, den Bedarf von Frauen bei der Benutzung öffentlicher Verkehrsmittel zu ermitteln, Anforderungen zu formulieren und Vorschläge zu unterbreiten, wie der ÖPNV umgestaltet werden muß, damit er für Frauen, die auch in Frankfurt die Hauptnutzerinnen des ÖPNV sind, attraktiver ist. Gerade Frauen sind – neben Kindern, SeniorInnen und Behinderten – aufgrund ihrer Lebenssituation (geringere Pkw-Verfügbarkeit, geringere Führerscheinzahl, geringere Einkommen) auf den ÖPNV in hohem Maße angewiesen. Darüber hinaus haben Frauen aufgrund ihrer vielfältigen Alltagsanforderungen als Teilzeitbeschäftigte mit und ohne Kinder, Rentnerinnen, Nichterwerbstätige, einen sehr differenzierten Mobilitätsbedarf, dem bei der Gestaltung des ÖPNV-Angebots zu wenig Beachtung geschenkt wird.

Dieser ist vor allem auf den Berufs- und Ausbildungsverkehr ausgerichtet; während außerhalb der Hauptverkehrszeit, wo fast ausschließlich Frauen mit öffentlichen Verkehrsmitteln unterwegs sind, das Angebot deulich schlechter ist. Von einem stärker am Bedarf von Frauen orientierten ÖPNV profitieren aber letztlich alle Bevölkerungsgruppen, die mit dem öffentlichen Nahverkehr unterwegs sind.

Im ersten Teil der Studie wurde auf der Gesamtstadtebene der Mobilitätsbedarf der Frauen durch eine Analyse der stadträumlichen Struktur nach den Grunddaseinsfunktionen (Wohnen, Arbeiten, Sich Erholen, Sich Bilden, Sich Versorgen....) und einer Auswertung vorhandener statistischer Daten zur Bestimmung der sozialen Struktur der Frankfurterinnen ermittelt. Die Mobilitätschancen der Frauen, die das jetzige ÖPNV-Angebot bietet, wurden dem Mobilitätsbedarf gegenübergestellt und unter frauenspezifischen Gesichtspunkten bewertet.

Im zweiten Teil der Studie wurden in den für eine vertiefte Untersuchung ausgewählten Stadtteilen Nordend West, Heddernheim und Sossenheim der Mobilitätsbedarf, die Mobilitätschancen, das Mobilitätsverhalten und das Erleben von Angst und Bedrohung durch eine Fragebogenerhebung repräsentativ ermittelt und durch Tagebuchprotokolle qualitativ ergänzt. Das Forschungsinteresse hierzu galt insbesondere den erwerbstätigen Frauen mit und ohne Kindern, den nicht erwerbstätigen Frauen mit Kindern, den Frauen über 60 Jahre sowie den ausländischen Frauen. Begleitet und vertieft wurde diese Erhebung durch problemorientierte Gruppendiskussionen und Expertinnengespräche sowie öffentliche Stadtteil-Frauenversammlungen. Parallel zu der Repräsentativerhebung erfolgte eine Analyse der baulich-räumlichen Situation sowie eine Bewertung der Qualität des ÖPNV in den drei ausgewählten Stadtteilen.

Im dritten Teil der Studie wurde aufbauend auf den Ergebnissen der Bedarf der befragten Frauen nach Verbesserungen quantitativ und qualitativ ermittelt, und zwar für die Themenfelder: Erschließung, Verbindung, Bedienung; Haltestellen; Fahrkomfort; Angst und Bedrohung.

Daraus sowie aus der planerischen Situationsanalyse folgte die Entwicklung modellhafter Konzepte im ÖPNV für die ausgewählten Stadtteile.

Einerseits wurden Vorschläge zur Bedienung, zur Linienführung und -verknüpfung in den Stadtteilen gemacht und konkrete Umgestaltungsentwürfe für ausgewählte Haltestellen und ihr städtebauliches Umfeld entwickelt, andererseits wurden für die Gesamtstadt Maßnahmen und Empfehlungen für verschiedene Bereiche, wie z.B. Organisation, Betrieb, Personal, erarbeitet. Die für die spezifische Situation in den drei Stadtteilen entwickelten Maßnahmen wurden soweit verallgemeinert, daß sie auf jeweils vergleichbare Situationen in der Gesamtstadt übertragbar sind.

Die vorgeschlagenen Maßnahmen zielen ab auf:
▷ mehr Einfluß der Frauen in den Entscheidungsprozessen,
▷ bequeme Wege und Zugänge zu den öffentlichen Verkehrsmitteln,
▷ angenehmere Warte- und Umsteigesituationen,
▷ bessere Verknüpfung zwischen öffentlichem Stadtraum und dem öffentlichen Personennahverkehr,
▷ bessere Erschließung der Stadtteile selbst sowie bessere Verbindungen zu benachbarten Stadtteilen und in die Innenstadt,
▷ mehr Fahrkomfort insbesondere für Frauen mit Kindern, Kinderwagen, Gepäck,
▷ mehr Sicherheit durch soziale Kontrolle, bessere Einsehbarkeit und oberirdische öffentliche Verkehrsmittel vor allem abends und nachts.

Die Maßnahmen wurden im einzelnen bewertet und in einer Prioritätenliste zusammengestellt, in der einerseits die Dringlichkeit nach Handlungsbedarf aus Frauensicht, andererseits die Umsetzbarkeit infolge zeitlicher und finanzieller Randbedingungen berücksichtigt wurden. Abschließend wurden Empfehlungen für die Umsetzung ausgesprochen, die im wesentlichen auf einem zu erstellenden Programm zur Förderung der Attraktivität des ÖPNV für Frauen basieren. Es wurden Vorschläge zu Modellversuchen mit unterschiedlichen Maßnahmenansätzen unterbreitet.

Teilergebnisse der Studie sind fertiggestellt, liegen aber noch nicht zur Veröffentlichung vor.

Wir über uns
Christel Frank, geb. 1943, Studium der Architektur, Dipl.-Ing., Stadtplanerin und Gisela Stete, geb. 1949, Studium des Bauingenieurwesens, Dipl.-Ing., Verkehrsplanerin arbeiten seit 1991 im gemeinsamen Büro für Stadtplanung und Verkehrsplanung in Darmstadt. Aus einem integrierten Ansatz heraus, der beide Fachdisziplinen zusammenführt, bearbeiten wir verschiedene Projekte im Stadtplanungs- und Verkehrsbereich (z.B. Bebauungsplanung, Verkehrsberuhigungsplanung, Stadtteilentwicklungsplanung, Freiraumplanung), wobei uns die Berücksichtigung frauenspezifischer Belange ein besonderes Anliegen ist.
Wir sind eingebunden in Forschungsprojekte der Technischen Hochschule Darmstadt zu Fragen der Nutzungsmischung und veranstalten Seminare und Vorträge (oft zusammen mit Frauenbeauftragten) zu frauenrelevanten Fragen in der Planung. Je nach Fragestellung bilden wir Arbeitsgemeinschaften mit SoziologInnen, LandschaftsplanerInnen, GeographInnen etc.

Planungspraxis

Planungsgruppe Vor Ort

Heike Wohltmann

Seit 1989 gibt es die Planungsgruppe Vor Ort in Bremen. Die drei GesellschafterInnen, zwei Frauen und ein Mann, sind RaumplanerInnen mit unterschiedlichen Arbeitsschwerpunkten. Projektgebunden arbeiten wir mit anderen Fachleuten zusammen und hoffen mittelfristig, den Traum eines ständig interdisziplinär arbeitenden Planungsbüros verwirklichen zu können.

In den bisherigen Projekten, meist für öffentliche AuftraggeberInnen, überwiegen die Bereiche Ortsentwicklung (z.B. Bebauungsplanung), sozial- und umweltverträglicher Verkehrsabwicklung (z.B. Radverkehrsprojekte) sowie Altlasten (z.B. Recherchen alter Industrie- und Gewerbestandorte). Neben diesen Projekten bieten wir Interessierten in der Bremer Neustadt Beratung und Unterstützung in Planungsfragen an und führen Aktionen durch. Um direkt vor Ort zu sein, sind wir mit unserem Laden-Büro in den Stadtteil gegangen.

Betroffenenbeteiligung

Bei allen Planungsfragen hat der Kontakt und die Auseinandersetzung mit den Betroffenen besonders hohe Bedeutung für uns.

Bereits im Studium war die Situation von Frauen als Beteiligte an und Betroffene von Planung ein Interessenschwerpunkt. Den Anforderungen von Frauen, an der Gestaltung ihrer Lebenswelt mehr Gehör (und konkrete Verbesserungen) zu verschaffen, ist ein langwieriger und schwieriger Prozeß. Doch mittlerweile gibt es erste 'Erfolgsmeldungen'.

Verkehrsplanung

Eine Recherche zum Thema 'Mobilität von Frauen im ländlichen Raum' für das Hessische Frauenministerium wurde als Broschüre veröffentlicht und auf Veranstaltungen in Hessen den Landfrauen vorgestellt und diskutiert.

Bei ÖPNV-Konzepten (z.B. für Köln) oder Radverkehrsplanungen (u.a. für Frankfurt und Stuhr) sind die benutzerInnenfreundliche Gestaltung und Vermeidung von Angsträumen durch Tag- und Nachtwege, Vermeidung von Unterführungen, bessere Ausleuchtungen etc. wesentliche Planungskriterien.

Bebauungsplanung

Aktuell stehen wir vor einer neuen Aufgabe: Bei der Erstellung eines Bebauungsplanes für ein großes Neubau-Wohngebiet wollen wir – neben anderen Anforderungen – 'frauenfreundlich planen'. Die Nutzerinnen sind zwar bislang nicht bekannt, dennoch versuchen wir, bestimmte Ideen und Grundsätze auf dieser Ebene der Bauleitplanung zu berücksichtigen und rechtsverbindlich zu verankern. Der Umgang mit auftretenden Zielkonflikten (z.B. Anforderungen an Sicherheit – ökologische Gestaltung, etwa durch Windschutzpflanzungen, Orientierung der Bebauung zur Straße hin – Wunsch nach Ruhe, d.h. Ausrichtung der Wohnräume zu den Höfen, Unterbringung der erforderlichen Stellplätze – Schaffung von Angsträumen) wirft noch viele Fragen auf und erfordert örtlich angepaßte Vorschläge und Lösungsansätze. Die Gratwanderung besteht für uns vor allem darin, einerseits durch möglichst offene Planung Gestaltungsmöglichkeiten für die künftigen NutzerInnen zu lassen, aber andererseits unerwünschte Entwicklungen (z.B. kapitalintensivere Nutzungen oder Gestaltungen) auszuschließen.

Fest steht für uns schon jetzt, ungefähr zur Halbzeit, daß es kein 'Wunsch-Bebauungsplan' wird. Dennoch hoffen wir, eine möglichst benutzerInnen- und umweltfreundliche Planung durchsetzen zu können, auch wenn es für diese Sichtweisen bislang kaum entsprechende Lobbygruppen in der begleitenden Ämterrunde gibt.

Tagungen/Weiterbildungen

Die Planungsgruppe Vor Ort bietet außerdem zum Thema 'Frauen und Stadt' und zu unseren Planungsbereichen Tagungskonzepte und -organisationen, Vorträge, Diskussionsveranstaltungen sowie Kurse und Beratungsgespräche an.

Diese abwechslungsreiche Arbeit bringt viel Spaß, hat viele Reize, aber natürlich auch Spannungen.

Wir hoffen, in dem härter werdenden Existenzkampf unsere Vorstellungen von Planung und unseren Anforderungen an selbstbestimmtes Arbeiten weiterhin näherzukommen.

Wohltmann, Heike, geb. 1959, Dipl.-Ing. Raumplanung, Arbeitsschwerpunkte: Frauen und Planung, Verkehrsplanung

planungsgruppe Vor Ort
Am neuen Markt 19
28199 Bremen
Tel.: 0421/50 62 48

Aus gegebenem Anlaß: Wohnprojekte für obdachlose Frauen und Kinder in den USA

Marianne Rodenstein

Vor Weihnachten 1992 zwischen Lichterketten und Rockfestivals gegen Rechtsradikalismus begann die Diskussion um die Kürzung der Sozialausgaben, insbesondere der Sozialhilfe, die die Verarmung von Frauen und vor allem von Alleinerziehenden sowie das Risiko Ihrer Obdachlosigkeit noch vergrößern wird. Aus diesem Anlaß möchte ich von neuartigen baulich-sozialen Projekten in den USA berichten, die vor allem in der Zeit des Sozialabbaus unter Reagan und Busch von Wohlfahrtsorganisationen und Feministinnen für obdachlos gewordene Frauen und ihre Kinder entwickelt wurden.

Die hier gefundenen neuen Lösungen für das Wohnen von alleinstehenden Frauen mit Kindern bezeichnet man inzwischen als 'lifeboats'!. Ich übesetze 'lifeboats' mit Rettungsinseln. Das sind Räume, in denen Frauen mit ihren Kindern nicht nur ein Dach über dem Kopf finden, sondern in denen ihnen auch die Chance zu einem sozialen Aus- und Aufstieg aus einer meist verzweifelten sozialen Situation geboten wird.

Mir ist dieser Begriff vor allem durch das Buch der Architektin und Planerin Joan Forrester Sprague bekannt: „More than Housing. Lifeboats for Women and Children".

Weibliche Armut und Obdachlosigkeit

Zwischen 1970 und 1988 hat sich die Zahl der alleinerziehenden Frauen in den USA mehr als verdoppelt. 1988 hatten mehr als 8.15 Mio. alleinstehende Frauen mehr als 13.5 Mio. Kinder aufgezogen (1990 sind es 8.8 Mio.). Alleinerziehende Väter gibt es natürlich auch, aber sie sind bekanntermaßen eine Minderheit, nämlich 1.2 Mio. mit 1.8 Mio. Kindern.

Woher kommt diese Zunahme der alleinerziehenden Frauen? Da sich die Scheidungsrate stabilisiert hat, ist die Zunahme wohl der Tatsache geschuldet, daß immer mehr unverheiratete Frauen Kinder zur Welt bringen. 1960 waren es nur 4,21% nie verheiratete Frauen, die Kinder bekamen, 1989 hingegen bereits 32,4%. 1988 lebte beinah jedes 4. Kind unter 18 Jahren bei einem alleinerziehenden Elternteil (Sprague 1991:7). Über die Hälfte aller alleinerziehenden Mütter sind Weiße, ein Drittel Schwarze und ein Neuntel sind lateinamerikanischer Herkunft. Betrachtet man jeweils die ethnischen Gruppen im Einzelnen, zeigt sich, daß unter allen afro-amerikanischen Familien 1989 über die Hälfte aus alleinstehenden Frauen mit Kindern besteht, bei den weißen aber etwas weniger als 20%. Kulturelle und Bildungsdifferenzen spielen in der Erklärung dieser Unterschiede sicherlich eine Rolle.

Viele alleinerziehende Mütter mit ihren Kindern sind arm. Fast die Hälfte aller alleinstehenden Mütter lebt unter der Armutsgrenze und weitere 14,8% nur unwesentlich darüber. Dies liegt aber kaum daran, daß diese Frauen nicht erwerbstätig waren; dies sind alleinerziehende Frauen sogar häufiger (zwei Drittel) als der Durchschnitt der Frauen (61,4%). Ihr besonderes Armutsrisiko hängt vielmehr mit dem geringen Ausbildungsgrad, der schlechteren Bezahlung von Frauen und den geringen Möglichkeiten der Kinderbetreuung zusammen, die verhindert, daß Mütter mit kleinen Kindern erwerbstätig sein können. Vier von fünf alleinerziehenden Müttern, die nicht arbeiten, sind arm und leben von der Wohlfahrt. Die Verhältnisse in New York unterscheiden sich von denen der USA insgesamt noch dadurch, daß es in der Altersgruppe zwischen 15 und 24 Jahren relativ doppelt soviele weibliche Haushaltsvorstände gibt, von denen wiederum schätzungsweise 75% ein Einkommen unterhalb der Armutsgrenze haben (Birch 1985: 32/33).

Diese Haushalte mit weiblichem Haushaltsvorstand konzentrieren sich in städtischen Gegenden, wo es ein Angebot an billigen Wohnungen gibt. Ihre materielle Situation verbannt sie in Stadtteile, in denen ihr in der Regel gerade die Infrastruktur fehlt, die sie zur Unterstützung einer selbständigen Lebensführung als berufstätige Mutter braucht. Wo aber Kinderbetreuungsmöglichkeiten fehlen oder sehr teuer sind, ist die Chance für eine Frau ganztags erwerbstätig zu sein und damit aus der Armut herauszukommen, äußerst gering.

Ein ständig wachsender Teil dieser alleinstehenden Frauen mit Kindern gerät darüber hinaus in die Obdachlosigkeit. Sie tauchen weder in Zensus- noch Armutsdaten auf, denn deren Erhebung setzt einen Wohnsitz voraus. Deshalb kann man den Umfang der Obdachlosigkeit von alleinerziehenden Frauen mit Kindern nur abschätzen. Sie machen demnach etwa 40% der obdachlosen Bevölkerung in den USA aus. Eine Untersuchung über obdachlose Familien in New York ergab, daß sowohl Lebenskrisen als auch die bestehende Wohnungsnot für arme Bevölkerungsgruppen Ursachen für Obdachlosigkeit sind. 45 % der Familien wurde als Resultat von Familienproblemen obdachlos, 41 % wegen Wohnungsproblemen und die restlichen wegen Problemen mit dem Arbeitsplatz. 3 von 5 dieser Familien hatten – bevor sie obdachlos wurden – bei Freunden Unterschlupf gefunden (Sprague 1981: 10).

Rettungsinseln für wohnungslose Frauen

Seit Mitte der 70er Jahre beschäftigen sich Institutionen der privaten Wohlfahrt, der Kirchen und nicht zuletzt feministische Gruppen mit dem Problem der Unterbringung von obdachlos gewordenen Frauen. Nachdem die Politik in den 80er Jahren unter Reagan durch Kürzung der Sozialausgaben noch zu einer Verschärfung des Problems beigetragen hatte, wurden die Hilfsaktivitäten zahlreicher. Joan Forrester Sprague hat nun erstmals einen Überblick über die verschiedensten Modelle der Wohnungsversorgung für alleinstehende Frauen mit und ohne Kinder gegeben, die nicht nur das reine Dach über dem Kopf zur Verfügung stellen, sondern auch den Weg aus der Obdachlosigkeit weisen helfen wollen.

Dabei ist zunächst einmal wichtig, welcher Weg in die Obdachlosigkeit hinein geführt hat.
▷ So wird Obdachlosigkeit z.B. für unstet lebende Mädchen und Frauen häufig erst wirklich zum Problem, wenn sie ein Kind bekommen.
▷ Obdachlosigkeit kann als Folge der Flucht vor der Gewaltanwendung des Ehemanns oder Partners zustande kommen.

Der Weg in die Obdachlosigkeit

▷ Obdachlosigkeit kann Ergebnis von Scheidung sein oder durch den Verlust sozialer Unterstützung durch Eltern, Verwandte und Bekannte entstehen, bei denen die Frauen gewohnt haben.
▷ Obdachlosigkeit kann durch Verlust des Arbeitsplatzes entstehen, da die Miete nicht mehr aufgebracht werden kann und Wohnungen zu bezahlbarem Preis nicht zu finden sind.
▷ Schließlich ist Obdachlosigkeit häufig auch Ergebnis einer Drogenkarriere nach Kriminalität und Gefängnisaufenthalt.

Das einfache Zurverfügungstellen einer Wohnung hätte in den meisten Fällen also kaum einen nachhaltigen Effekt. Nur wenn dazu Hilfen zur Aufnahme eines selbstbestimmten Lebens kommen, werden auch die neuen Wohnungen dauerhaft von ihren Bewohnerinnen gehalten werden können. Diese Vorstellung verbindet sich mit den Wohnungen als Rettungsinseln. Sie sollen vor weiterem sozialen Abstieg retten und zugleich Hilfe zur Selbsthilfe bieten.

Der Weg aus der Obdachlosigkeit

Doch wie sieht der Weg aus der Obdachlosigkeit aus? Offenbar sind drei Phasen typisch: die erste Phase ist die akute Notsituation, die Erfahrung der Obdachlosigkeit mit allen ihren sozialen Konsequenzen; die zweite ist eine Übergangsperiode, in der die psychischen und materiellen Grundlagen für eine selbständige Lebensführung (wieder) geschaffen werden müssen; die dritte Phase ist die, in der das selbständige Leben in einer neuen Wohnung praktiziert werden kann.

Diesen Phasen lassen sich entsprechende Typen des Wohnens zuordnen: das Wohnen in der Notsituation, das Übergangswohnen und das dauerhafte Wohnen.

Der Idealfall wäre sicherlich, daß es jeweils am Ort des Bedarfs alle drei Formen des Wohnens für obdachlose Frauen angeboten würden, doch ist dies nur sehr selten und vor allem nie in ausreichendem Ausmaß für alle Bedürftigen der Fall.

Nach Spragues Übersicht unterscheiden sich die verschiedenen Wohn- bzw. Haustypen durch unterschiedliche Anteile des Raums, der als privater vorgesehen ist und der mit anderen geteilt werden muß.

Häuser für Notsituationen

In den Häusern für Notsituationen ist der Anteil des privaten Raums geringer als in den Übergangshäusern und den Dauerwohnungen. Häufig gibt es in den Häusern für den Notfall neben privaten Räumen für Familien gemeinschaftlich geteilte Badezimmer, Küchen, Räume fürs Essen, Waschen und Aufenthalt. Dazu kommen noch Beratungsräume und Räume für die Verwaltung; bei größeren Projekten auch Räume für eine Kinderbetreuung und Gesundheitsberatung. In diesen Häusern sollten sich die Bewohnerinnen nicht länger als 6 Monate aufhalten.

Wohnen in Übergangshäusern

In den Übergangshäusern, in denen eine Aufenthaltszeit zwischen 6 Monaten und 2 Jahren normal ist, gibt es häufig privaten Raum fürs Kochen und Essen, dann aber auch mehr Raum für Beratung und gemeinschaftliche Aktivitäten, für

Kinderbetreuung innerhalb und außerhalb des Hauses, Räume für die Berufsausbildung und Berufsausübung sowie Lagerraum für den Besitz der Bewohnerinnen, der in den kleinen Privaträumen nicht unterzubringen ist.

Häuser mit Dauerwohnungen

In den Häusern mit Dauerwohnungen gibt es Wohnungen verschiedener Größen, die für wechselnde Familiengrößen nutzbar sein müssen. Die Frauen, die hier leben, haben in der Regel eine Arbeit und müssen sich gleichzeitig um ihre Kinder kümmern. In dieser Situation ist die Unterstützung einer Gemeinschaft nicht nur für die einzelnen Mütter, sondern auch für die Kinder außerordentlich förderlich. Kinderbetreuung und Spielmöglichkeiten, formelle und informelle Treffpunkte gehören also ebenso dazu, wie Räume für Beratung, Verwaltung und Arbeitsmöglichkeiten und vor allem der einfache Zugang zu Einkaufsmöglichkeiten, öffentlichem Nahverkehr und Arbeitsplätzen.

Gestaltungsprinzipien für Lifeboats

Die Gestaltungsprinzipien, die Sprague für die Rettungsinseln für angemessen hält, sind auf die bei den Bewohnerinnen unterstellte psychische Konstitution mangelnden Selbstwertes abgestellt.

In der äußeren Gestaltung sollten sich die „lifeboats" bzw. Häuser von denen der Nachbarschaft so wenig als möglich unterscheiden. Für die Bewohnerinnen ist damit ein Stück äußerer Normalität hergestellt, das zur Verbesserung des Selbstwertgefühls beitragen kann, und die Nachbarn wiederum können ein Haus mit dieser besonderen Nutzung einfacher akzeptieren, weil es nicht schon äußerlich aus dem Rahmen fällt.

Für die Architektin oder den Architekten bedeutet dies, daß sie eine besondere Sorgfalt auf die Gestaltung des Hauses als eines wirklichen Heims für die Familie verwenden sollten, in dem sie z.B. keine zu großen Objekte entwerfen, sondern bspw. Eingänge als Portale gestalten, Giebeldächer planen, um Assoziationen mit Geborgenheit zu ermöglichen.

Was für die Gestaltung des Äußeren gilt, gilt auch für das Innere. Der Wohnstil der „suburban family", der als Vorbild für ärmere Frauen gelte, sieht die Küchen in enger Verbindung zum Wohnzimmer, so daß die in der Küche Arbeitenden nicht isoliert sind und gleichzeitig die Kinder beaufsichtigen können. Küchen in den Rettungsinseln sollten daher zum Wohnzimmer hin offen gestaltet werden.

Bei der weiteren Beschreibung des Inneren der „lifeboats" ist vor allem auf die Tatsache Rücksicht zu nehmen, daß die gerade obdachlos gewordenen Frauen den für die Stabilisierung ihres Selbstbewußtseins notwendigen privaten und gemeinschaftlichen Raum verloren haben, und die Wiedergewinnung dieser Räume ebenso wie die einer sozialen Gemeinschaft eine erhebliche Bedeutung für die psychische Stabilität der Frauen hat. Nicht zuletzt ist sie auch für die psychische Entwicklung der Kinder sehr wichtig.

Neben den bekannten Nutzungszonen: dem persönlichen Raum, der Zone des Haushalts, der Zone der Gemeinschaft und der Zone der Nachbarschaft, auf deren Ausgestaltung zu achten ist, sind für die Rettungsinseln noch zwei weitere Räume von Bedeutung: eine Zone zwischen Haushalt und Gemeinschaft und eine zwischen Gemeinschaft und Nachbarschaft.

Lee Goodwin House, typischer Grundriß. Quelle: Sprague (1991)

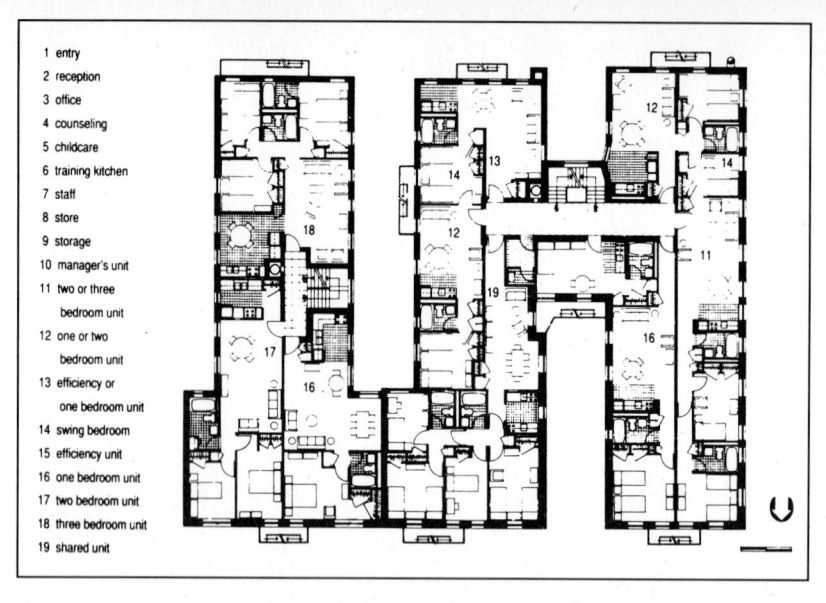

1 entry
2 reception
3 office
4 counseling
5 childcare
6 training kitchen
7 staff
8 store
9 storage
10 manager's unit
11 two or three bedroom unit
12 one or two bedroom unit
13 efficiency or one bedroom unit
14 swing bedroom
15 efficiency unit
16 one bedroom unit
17 two bedroom unit
18 three bedroom unit
19 shared unit

Die gemeinsam geteilten Küchen sind solche Zonen zwischen Haushalt und Gemeinschaft. Sie ermöglichen den leichten Kontakt zwischen einzelnen sich zunächst fremden Personen bzw. Haushalten, die sich auf diese Weise gut kennenlernen können.

Eine Zone zwischen der Hausgemeinschaft und der Nachbarschaft wird dadurch konstituiert, daß im Haus auch soziale Dienste für die Nachbarschaft zu Verfügung gestellt werden können. Dies kann dazu verhelfen, daß die Bewohnerinnen neue persönliche Kontakte nach außen entwickeln können und sich nicht so isoliert fühlen müssen.

New Yorker Beispiele

An drei Beispielen für die unterschiedliche Gestaltung des Übergangswohnens in New York möchte ich zeigen, was in diesem Zusammenhang als gute und was als schlechte Lösung angesehen wird.

Als vorbildlich gilt ein Projekt, das Übergangswohnen und dauerhaftes Wohnen verbindet. Es ist die seit 1989 bestehende **Lee Goodwin Residence** in der Bronx, die aus zwei nebeneinander liegenden 5-stöckigen Backsteinhäusern besteht, die ausgebrannt waren und mit einem städtischen Programm saniert wurden. Dieses Projekt wurde von Phipps House als Sponsor und Manager entwickelt, die sozialen Dienste wurden von der Organisation „Women in Need" (WIN) übernommen. Das Projekt umfaßt 28 Einheiten für das Übergangswohnen und 13 Einheiten für das dauerhafte Wohnen. Teile des Erdgeschosses werden als Läden an lokale Geschäftsleute vermietet.

Schlafräume sind mit zwei Türen versehen, so daß sie nach Bedarf dem einen oder anderen Appartement zugeordnet werden können. Bei den Übergangswohnungen gibt es auch solche, die von zwei Familien geteilt werden müssen. Hier sind jedoch die Wohnzimmer gemeinsam genutzt und nicht die Küchen. Es scheint schwierig zu sein, für diese Appartements die zueinander passenden Personen zu bekommen.

Vorzugsweise werden alleinstehende Mütter untergebracht. Die Dienste im Haus umfassen Kinderbetreuung, Beratung, Lehrgänge für die Sekretärinnenausbildung und die Schulung am Computer, Ernährungs- und Kochunterricht in einer Lehrküche.

H.E.L.P. Quelle: Sprague (1991)

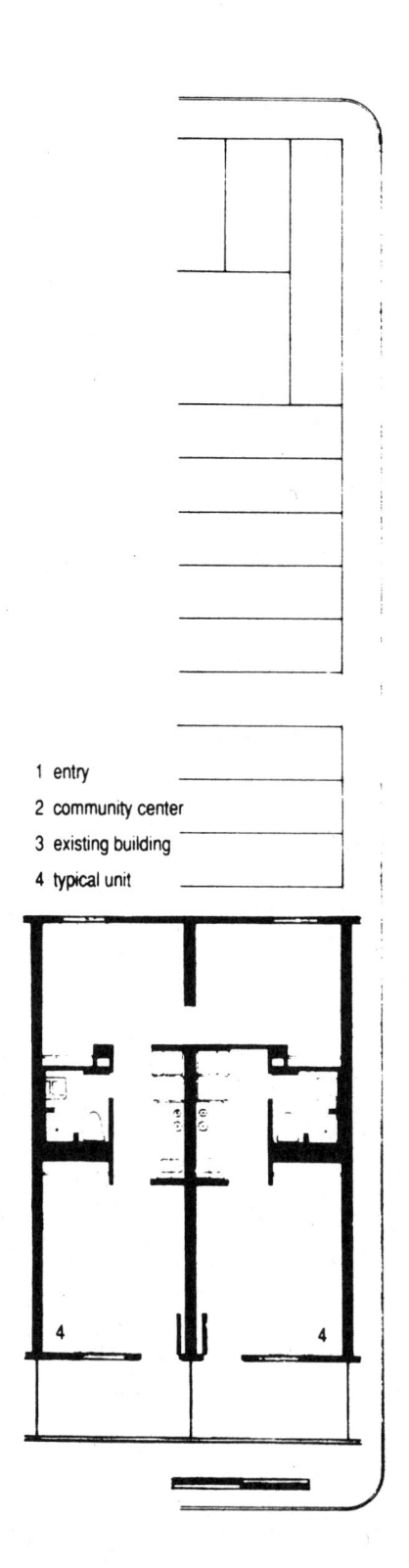

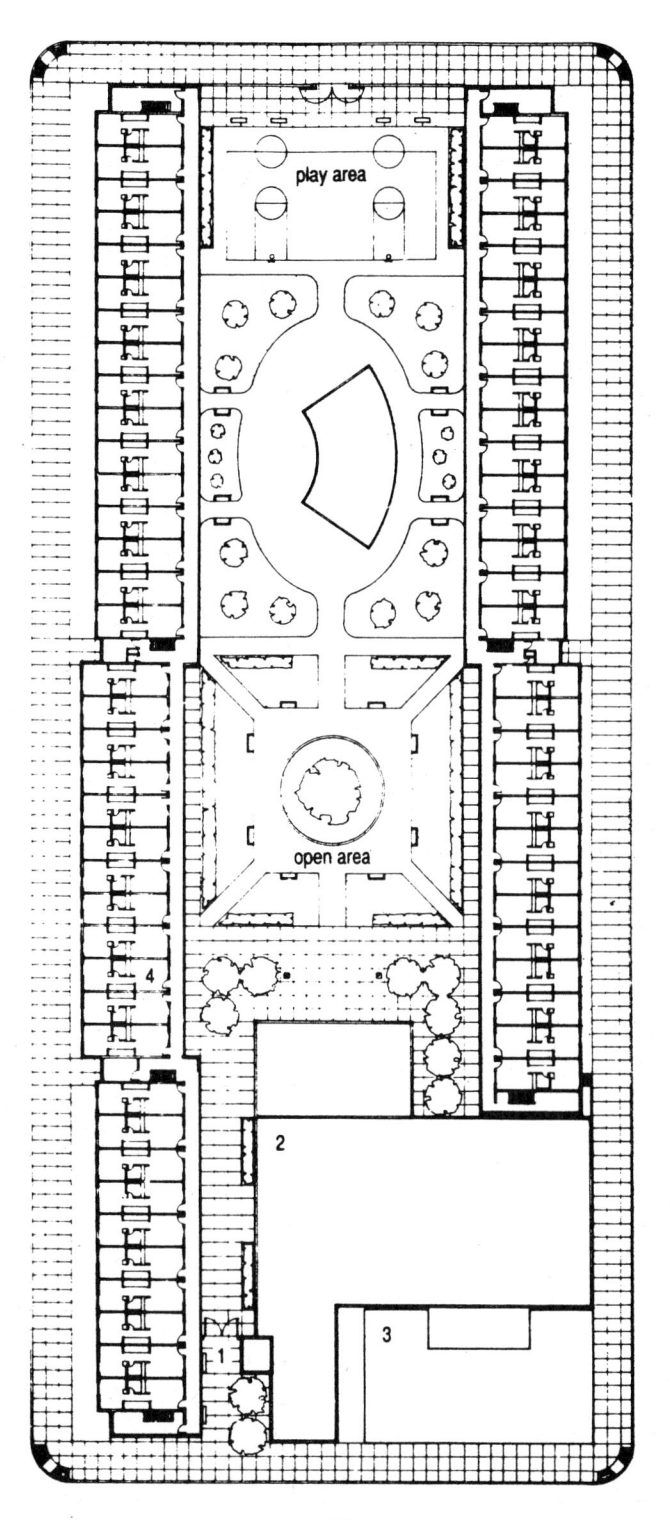

1 entry
2 community center
3 existing building
4 typical unit

Weniger positiv wird das Projekt von **H.E.L.P.** (Homeless Emergency Leverage Program) beurteilt. Es ist für 800 Bewohner insgesamt geplant, vorwiegend für alleinstehende Mütter mit Kindern. In Nutzung sind jetzt 189 Wohneineiheiten für ca. 650 BewohnerInnen, die anderen Wohneinheiten wurden umgenutzt für verschiedene Dienste.

Die Architekten waren Cooper, Robertson und Partner, die in extrem kurzer Zeit dieses dreistöckige Gebäude hochzogen. Die Appartements wurden so angeordnet, daß sie innerhalb des Gebäudes einen Innenhof quasi als „defensible space" schaffen, denn es liegt in einer der verlassenen Gegenden von Brooklyn.

Dieses Projekt, das 1987 eröffnet wurde, ist wegen seiner Größe und isolierten Lage vielfach kritisiert worden. Es gibt wenig bzw. gar keine Assoziationen an so etwas wie ein Heim, vielmehr wirkt das Gebäude wie ein riesiges Motel. Die sozialen Dienste sind vielfältig. Für die Bewohner und Bewohnerinnen gibt es eine Reihe von Verpflichtungen. Nicht zuletzt müssen sie nachweisen, daß sie sich konkret um eine Wohnung bemühen.

Ein drittes ebenfalls stark kritisiertes Projekt ist das **Programm Transitional Housing for the Homeless**, das unter Bürgermeister Koch 1986 als Antwort auf die skandalösen Verhältnisse in den „Welfare Hotels" ins Leben gerufen wurde. An sieben Standorten wird für jeweils ca. 100 obdachlose Haushalte geplant.

Ich nenne hier die kritischen Punkte, die von Sprague angemerkt werden:
▷ Die Haushalte haben vergleichsweise wenig privaten Raum. Die Kombination von Größe und Struktur führt bei diesem Projekt zu einer Gestaltung, die eher College-Schlafräumen als Appartements gleicht.
▷ Es wird erwartet, daß die BewohnerInnen zwischen 3 und 6 Monaten neue Wohnungen finden. Es kommt hier also weniger auf die persönlichen Fortschritte zur Selbständigkeit an.
▷ Die Bewohnerinnen werden nicht als eine besondere Gruppe von Personen mit besonderen Problemen wahrgenommen. Dem entspricht eine relativ geringere Ausstattung mit Personal.
▷ Die Möglichkeiten zur Bildung von Gemeinschaften, die in der Architektur angelegt sind, werden nicht genutzt. Vielmehr geht es wohl darum, die Bewohner für das anonyme Leben in Appartements zu sozialisieren, wo Nähe keineswegs die Basis für Freundschaft ist. Die Kluft zwischen der architektonischen Gestaltung und dem Management weist auf das Problem der Bürokratisierung hin, das bei Projekten der öffentlichen Hand, vor allem von dieser Größe, auftaucht.
▷ Es gibt keine Verbindungen zu sozialen Diensten außerhalb des Projekts in der Nachbarschaft.

Politische Reaktionen von Frauengruppen

Eine Gruppe, überwiegend Frauen, hatte versucht, sich politisch in die Diskussion um die Unterbringung von obdachlosen Frauen einzumischen. Einer ihrer Kritikpunkte bezog sich auf das zuletzt beschriebene Programm des Übergangswohnens aus der Koch-Ära. Ich möchte auf diese und eine andere Frauengruppe

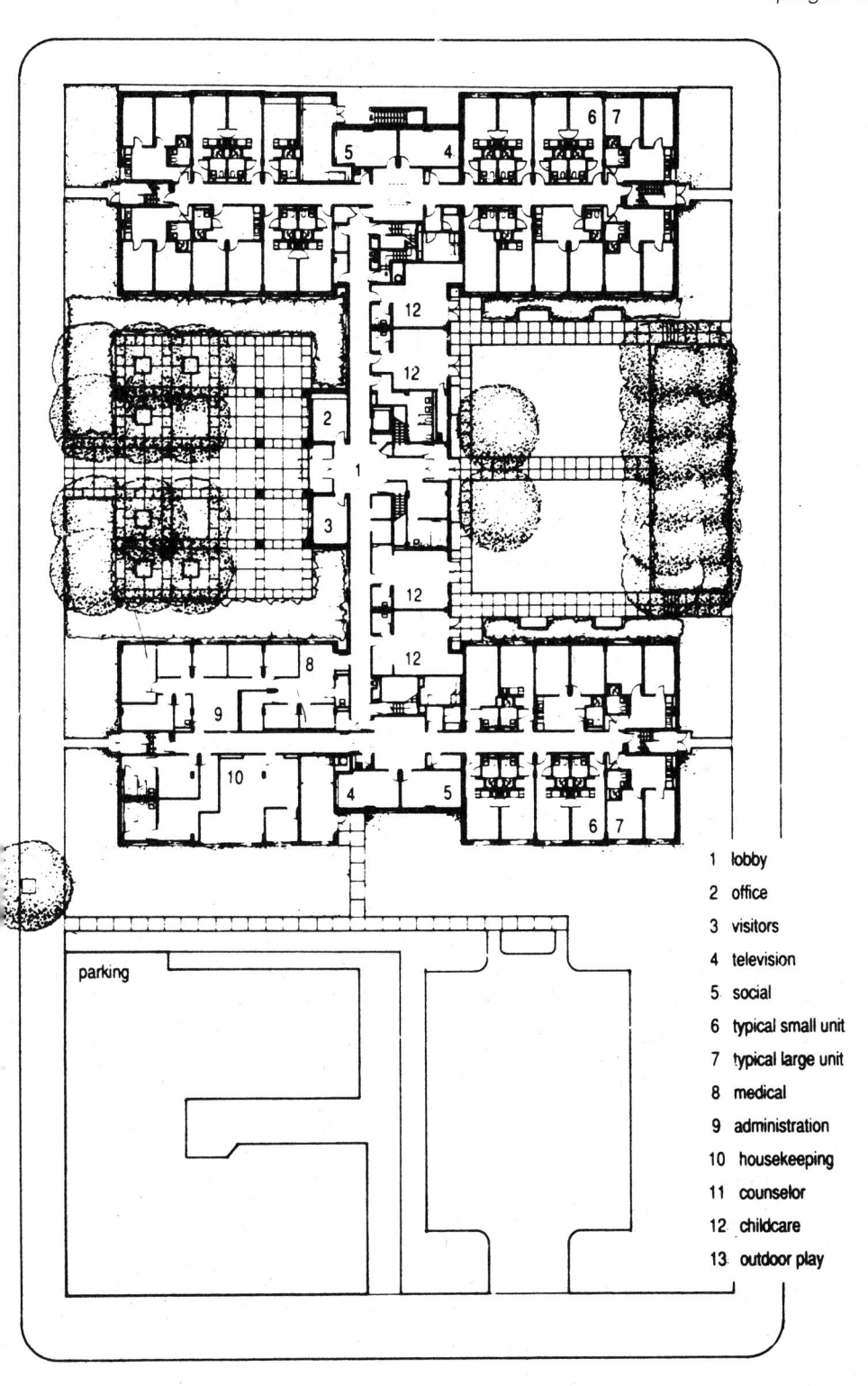

Transitional Housing for the homeless. (Quelle: Sprague 1991.)

1 lobby
2 office
3 visitors
4 television
5 social
6 typical small unit
7 typical large unit
8 medical
9 administration
10 housekeeping
11 counselor
12 childcare
13 outdoor play

gesondert hinweisen, weil sie seit langem einen besonderen Aspekt der Stadtkrise in den USA thematisieren, nämlich die Zerschlagung der sozialen Beziehungen in den Familien und in anderen Gemeinschaften, bzw. die Notwendigkeit ihrer Neubildung.

Die Women's Housing Coalition

Als sich Mitte der 80er Jahre in New York die ökonomische Situation verschlechterte, die Arbeitslosigkeit größer, die Sozialfürsorge abgebaut wurde und es zu einer erheblichen Verminderung billigen Wohnraums kam, wuchs die Zahl der Obdachlosen und unter ihnen auch die Zahl der Frauen und Kinder. Da diese jedoch von der Politik nicht als eine Gruppe mit besonderem Wohnungsbedarf wahrgenommen wurde, fand sich 1986 in New York eine Gruppe von Frauen und einigen Männern, von Planern und Advokaten zusammen, die sich „Women's Housing Coalition" nannte. Sie versuchten, in offiziellen Hearings und sonstigen Informationsveranstaltungen die Aufmerksamkeit auf die besonderen Bedürfnisse der obdachlosen Frauen und Kinder zu richten. Sie waren die Hauptbetroffenen der damaligen städtischen Wohnungskrise. Unter den schätzungsweise 50 000 Obdachlosen in New York waren ca. 80% Frauen und Kinder, der größte Teil von ihnen afro-amerikanischer oder lateinamerikanischer Herkunft. Genaueres ergaben die punktuellen Zählungen während einer Nacht in den Obdachlosenunterkünften der Stadt New York. Von den 400 Familien, die gezählt wurden, bestanden 86% aus alleinerziehenden Frauen, die im Durchschnitt 27 Jahre alt waren (Women's Housing Coalition 1990: 3).

Die „Women's Housing Coalition" analysierte die bisherigen sozialen Dienste und Selbsthilfeangebote im Bereich der Obdachlosigkeit, hielt diese jedoch keineswegs für ausreichend, um Obdachlose wieder zu stabilisieren bzw. um der Obdachlosigkeit überhaupt vorzubeugen. Hierin sah die Gruppe das eigentliche Problem und nicht etwa im Bau von Übergangshäusern für obdachlose Frauen mit Kindern, wie sie mit öffentlichen Geldern im „Transitional Housing for the Homeless Programm" gebaut wurden. Die grundlegende Aufgabe sei die Bereitstellung von lebenswichtigen Ressourcen für die Stärkung („enrichment") von Familien und Gemeinschaften. Alle, Bewohner, Developer, Architekten, müßten sich einsetzen für die Entwicklung von neuen Gemeinschaften und nicht nur Wohnungen. Hinter diesem Konzept steht die Erkenntnis, daß in großem Ausmaß die Stadtentwicklungspolitik selbst mit der großflächigen Verwüstung durch das Aufgeben von Häusern durch ihre Besitzer einerseits und mit Stadterneuerungs- und Gentrificationprozessen andererseits zur Zerstörung von angemessenen sozialen und infrastrukturellen Umwelten für Familien und Nachbarschaften beigetragen hat. Da diese „communities" und ihre Leistungen weitgehend zerstört sind, müsse der bisherige Begriff des Wohnens erweitert werden, so daß er auch Kinder- und Altenbetreuung, Erziehungs- und Ausbildungsprogramme, die Revitalisierung der lokalen Ökonomie, angemessene Gesundheitsversorgung, Freizeitprogramme und kommunale soziale Dienste umfasse.

Der Versuch dieser Gruppe, diesen Anspruch, in einem konkreten Projekt zu verwirklichen, scheiterte aus verschiedenen Gründen. Im Sommer 1991 hat sie sich aufgelöst.

Der „Women's Housing Coalition" ging es um die Stärkung von Gemeinschaften, ohne die – nach dieser Auffassung – auch die einzelne Frau kein Selbstwertgefühl entwickeln kann. „Lifeboats" müssen zum – wie das amerikanische Schlagwort heute heißt – „empowerment" der Frauen beitragen und wieder zur Entwicklung von „communities" führen, innerhalb derer die Einzelnen Unterstützung finden und ihre eigenen Fähigkeiten entfalten können. Denn ökonomische und politische Entwicklungen in den USA haben nicht nur zur massenhaften Wohnungslosigkeit einkommensschwacher Schichten geführt, sondern darüber hinaus zur Zerstörung sozialer Umwelten, der „communities" und „neighborhoods", die gerade einkommensschwache Familien auf vielfältige Weise gestützt haben. Diese Zerschlagung von Gemeinschaften, die sich mehr oder weniger bewußt gegenseitig im großstädtischen Überlebensprozeß helfen konnten, ist eine Entwicklung, die heute auch von anderer als feministischer Seite beklagt wird.

Eine Gruppe amerikanischer Intellektueller, die als Kommunitaristen bezeichnet werden, führen das Auseinanderfallen sozialer Beziehungen in den USA auf die durch Markt und Staat forcierte individualistische Einstellung der Menschen zurück. Individualisierung wird nicht als eine positive Entwicklung zur freien Entfaltung des Menschen gesehen, sondern eher als eine negative Entwicklung, die das Engagement in Familie und Nachbarschaft, Schule und lokaler Politik unterminiere. Der daraus resultierende fehlende soziale Zusammenhalt geht dann zu Lasten der Kinder, der Alten und der sozial Benachteiligten (vgl. Bellah u.a. 1991).

Was heute im Begriff des Kommunitarismus als intellektueller Bewegung zur Reform der us-amerikanischen Gesellschaft auf der Basis von „communities" Aufmerksamkeit erhält, ist nun seit vielen Jahren ein Hauptanliegen lokal arbeitender Frauengruppen, denn sie waren es, die in der Arbeit mit Frauen sehr früh mit den kaputten sozialen Beziehungen in den „communities" konfrontiert wurden.

Hier ist vor allem der „National Congress of Neighborhood Women" zu nennen, der seit 1975 in Greenpoint, Williamsburg, einem Teil Brooklyns, seinen Hauptsitz hat und dort inzwischen als lokale Organisation zahlreiche Aktivitäten entfaltet hat.

Mit Hilfe ihrer Ausbildungsprogramme wollen sie Frauen in die Lage versetzen, verantwortliche Positionen in ihrer Gemeinde zu besetzen, so daß sie über die Verhältnisse mitbestimmen können, in denen sie leben müssen. Dabei ist der Aufbau von Gemeinschaften, in denen die Frauen sich und ihre Führungsqualitäten entwickeln bzw. ausprobieren können, von zentraler Bedeutung. In Williamsburg waren die „Neighborhood Women" recht erfolgreich. Inzwischen besteht die Hälfte des „Community Planning Boards" aus Frauen, von denen wiederum die Hälfte Absolventinnen ihrer Ausbildungsmaßnahmen sind.

Dort in Williamsburg haben die Frauen auch einen langen Kampf gegen die Obdachlosenpolitik der Stadt geführt. Die Stadt hatte ein Krankenhaus aufgelöst, um dort ca. 1.000 männliche Obdachlose unterzubringen. Ihnen war es nicht erlaubt, sich tagsüber in den Räumen aufzuhalten, so daß sie sich in den Straßen und Parks der Nachbarschaft aufhalten mußten und von den dort ansässigen Frauen als erhebliche Bedrohung für sich und die heranwachsenden Kinder wahrgenommen wurden. Den „Neighborhood Women" ist es nach gut sieben

Der National Congress of Neighborhood Women

Jahren z.T. militanten Kampfes (Verkehrsblockaden etc.) gelungen, eine Wohnnutzung in einem Teil der Krankenhausgebäude durchzusetzen, von denen sie selbst inzwischen drei Häuser übernehmen konnten.

Zusammen mit der Architektin Katrin Adam, die den Entwurf gemacht hat, haben sie ein Konzept für das Zusammenleben mehrerer Generationen, meist Frauen, unter einem Dach entwickelt.

Im Resümee ist festzuhalten, daß es in den USA verschiedene baulich-soziale Modelle gibt, die sich nicht nur mit Wegen aus der Obdachlosigkeit befassen, sondern dieses Problem auch präventiv angehen.

Wenn man will, kann man auf diesem Krankenhausgelände in Williamsburg exemplarisch die Konfrontation zwischen herkömmlicher städtischer Obdachlosenpolitik und einer präventiven Politik gegen die Obdachlosigkeit erkennen, die bereits einen Schritt weiter als die Politik der „lifeboats" geht, denn das Wohnen von mehreren Generationen unter einem Dach soll natürlich zur Bildung der Gemeinschaften beitragen, die gefährdete Personen unterstützen können, so daß es nicht zur Obdachlosigkeit kommen muß.

Diese amerikanischen Versuche, Lösungen für das dort inzwischen massenhafte Phänomen der Obdachlosigkeit von Frauen mit Kindern zu finden, sollten, meine ich, Anregung sein, uns mit der Lage in unserem Land aufmerksam zu beschäftigen und rechtzeitig Strategien gegen die sich auch bei uns ausweitende Obdachlosigkeit von Frauen zu entwickeln, bevor auch wir Rettungsinseln planen. 1991 wurde die Zahl der obdachlosen Frauen in der Bundesrepublik auf 88 000 geschätzt (Geiger u.a. 1991).

Marianne Rodenstein, Prof. Dr. rer. pol., geb. 1942, Professorin für Soziologie mit Schwerpunkt Stadt- und Regionalforschung an der Johann-Wolfgang-Goethe-Universität Frankfurt. Mitglied von FOPA Rhein-Main.

Literatur

Bellah, Robert N. u.a. (1991): The Good Society. New York.

Birch, Eugenie Ladner (1985): „The Unsheltered Women: Definition and Needs". In: Birch, Eugenie Ladner (Hg.). The Unsheltered Women. Women and Housing in The 80's. New Brunswick.

Geiger, Manfred/ Steinert, Erika (1991): Alleinstehende Frauen ohne Wohnung. Stuttgart.

Sprague, Joan Forrester (1991): More Than Housing. Lifeboats for Women and Children. Boston.

Women's Housing Coalition (Hg.) (1990): Women's Perspectives on Neighborhood Development: Housing to Meet Community Needs. New York.

Altbauerneuerung in Montevideo
Ein Modellprojekt für alleinerziehende Frauen

Charna Furman
Übersetzung und Bearbeitung: Kerstin Zillmann

Die Idee einer Unidad Permanente de Vivienda (UPV)

In der Unidad Permanente de Vivienda, der Dauer-Arbeitsgruppe Wohnungsversorgung, haben sich Dozenten der Architekturfakultät zusammengefunden, die großen Wert darauf legen, ihre universitäre Arbeit in die Praxis zu vermitteln. Sie sind der Meinung, daß außeruniversitäre Aufgabenstellungen die Forschungs- und Lehrtätigkeit bereichern und wurden bislang vor allem für Bewohner-Organisationen aus unteren Einkommensgruppen tätig.

Verschiedene Nutzergruppen wenden sich an die UPV und bitten um technische Beratung und Information.

Es sind in der Regel Personen, die sich als Gruppe organisiert haben, weil sie Schwierigkeiten hatten, ihre Wohnungsprobleme individuell zu lösen. In den meisten Fällen kennen sie sich aus anderen Zusammenhängen; so gehören sie bspw. derselben Gewerkschaft an, wohnen im selben Stadtteil oder nutzen dieselbe öffentliche Einrichtung.

Frauen als Familienvorstände

Seit 1989 treffen sich einige Eltern regelmäßig, deren Kinder die Kindertagesstätten des Erziehungsministeriums in einem bestimmten Teil der Altstadt besuchen. Die Treffen, die von zwei Sozialarbeiterinnen und einer Psychologin der Einrichtungen initiiert wurden, hatten zunächst das Ziel, die Familien grundsätzlich in der Lösung ihrer Probleme zu unterstützen.

In den Elterngruppen stellte sich schnell heraus, daß das Wohnungsproblem für alle Familien gravierend ist. Ihnen fehlt eine bezahlbare und angemessene Wohnung, in der sie auf Dauer leben können.

Aus diesem Grund baten die Elterngruppen und ihre Betreuerinnen 1990 um Unterstützung durch die UPV. Die Zusammenarbeit mit mir als Architektin begann.

Nachdem ich die verschiedenen Familiensituationen kennengelernt hatte, konnte ich einige Schlußfolgerungen in Bezug auf die ökonomische und soziale Lage und die Wohnungssituation der Familien ziehen. An dieser Stelle möchte ich hervorzuheben, daß ungefähr die Hälfte der Familien aus alleinstehenden Frauen besteht, deren Kinder jünger als 14 Jahre sind.

Aufgrund dieser Gemeinsamkeiten und einer relativ ähnlichen Einkommenssituation bzw. ähnlichen Möglichkeiten, Einkommen zu erwerben, erschien es sinnvoll, aus diesen Haushalten eine Gruppe zu bilden. Da die Interessenslage ihrer Mitglieder weitgehend homogen ist, scheint es leichter, angemessene Lösungen zu finden.

Wenn auch viele der Familien an Lösungen dachten, die sich auf den genossenschaftlichen Wohnungsbau beziehen, äußerten sie gleichzeitig das Bedürfnis, weiterhin zentrumsnah zu wohnen, denn in der Altstadt befinden sich ihre Arbeitsplätze, Einrichtungen der Gesundheitsvorsorge und die Schulen ihrer Kinder. Gerade die alleinerziehenden Frauen wohnen in den Pensionen oder Mietsunterkünften (inquilinatos und tugurios) der innerstädtischen Viertel.

Die Projektgruppe „Mujeres Jefas" und ihre Betreuerinnen. Foto: Kerstin Zillmann.

So schlug ich den Alleinerziehenden die Sanierung eines Altbaus in der Ciudad Vieja, der Altstadt vor. Die Paare und Familien hingegen beschlossen, zentrumsnah als Wohnungsbaukooperativen Neubauprojekte mit baulichen Selbsthilfeanteilen zu planen.

Die Idee eines Altbausanierungsprojektes für eine Nutzergruppe, die ausschließlich aus Frauen besteht, war geboren.

Die übliche Berufspraxis einer Architektin?

Als Mitglieder der UPV stehen wir als ArchitektInnen im Regelfall untypischen Auftraggebern mit besonderen Charakteristika gegenüber. Ist auch das eigentliche Ziel unserer professionellen Aktivitäten bspw. der Umbau eines leerstehenden Altbaus in Wohneinheiten, muß ein weiter Weg zurückgelegt werden, um diese letzte Etappe zu erreichen.

Erstmal müssen andere Aspekte bearbeitet werden. Die besonderen sozioökonomischen Ausgangsbedingungen der Frauen erfordern eine Beratung, wie sie trotz ihrer geringen Ressourcen zu einer würdigen, sicheren und dauerhaften Wohnung kommen.

Als Gruppe von Einzelpersonen brauchen sie (professionelle) Unterstützung in ihrer Organisation und im Prozeß der Gruppenstabilisierung, damit sie ihr langfristiges Ziel erreichen können.

Da die Gruppe der alleinerziehenden Frauen neue spezifische Merkmale aufweist, stellen sich mir als Architektin neue Fragen: Wird die bauliche Lösung den bekannten baulichen Konzepten entsprechen, oder werden sich spezifische und innovative Lösungen ergeben, wenn die Erfordernisse der Nutzerinnen in der Planung berücksichtigt werden?

Die Zusammenarbeit mit den Mujeres Jefas de Familia

In der ersten Arbeitsphase lernte ich die Gruppe und ihre Charakteristika kennen, um dann verschiedene Wege herauszuarbeiten, die zur Lösung ihrer Wohnungsprobleme führen könnten. Gesprächsrunden wurden organisiert, Meinungen ausgetauscht und die Nutzerinnen wurden über verschiedene staatliche Institutionen informiert, die sie in ihren Vorhaben unterstützen könnten.

Diese erweiterte Aufgabenstellung erforderte ein besonderes Wissen, das die Bandbreite der staatlichen und nicht-staatlichen Angebote zur Wohnungsversorgung der unteren Einkommensgruppen umfaßt: Produktionsformen im Wohnungsbau, Organisationsmodelle für Nutzergruppen, bestehende Wohnungsbaukreditprogramme, Finanzierungsmöglichkeiten.

Viele neue Aufgaben ergaben sich, die die Gruppe mit Hilfe des Betreuerinnen-Teams (Sozialarbeiterin, Psychologin, Architektin) zu realisieren begann: Besuche bei Wohnungsbau-Institutionen, Aufarbeiten von Informationsmaterialien, Schreiben von Finanzierungsgesuchen.

Die Gruppenmitglieder übernehmen im Verlauf des Projekts größere Verantwortlichkeiten und ihr Selbstwertgefühl wuchs in dem Maße wie ihre individuellen Interessen und gemeinsamen Pläne Gehör fanden und ihre Meinung ernstgenommen wurden.

Die von der Sozialarbeiterin und vor allem von der Psychologin organisierten Aktivitäten wurden so ausgerichtet, daß sie nicht nur die Probleme der Mitglieder lösen, sondern auch die Gruppe als solche stärkten.

Der Beitrag, den eine Psychologin für die Arbeit mit organisierten Selbsthilfegruppen im Wohnungsbau leisten kann, ist hier besonders hervorzuheben. Mit Hilfe ihrer professionellen Kenntnisse wird es bspw. möglich, die Spannungen und Konflikte zu begrenzen, die im allgemeinen bei der Arbeit mit Nutzergruppen auftauchen, manche Hindernisse können aus dem Weg geräumt werden, die es erschweren, oder sogar unmöglich machen, Ergebnisse zu erreichen. Konflikte können u.a. in den gruppeninternen Beziehungen, in den Beziehungen zu den Mitgliedern des Beratungsteams und in deren Beziehungen untereinander auftreten.

In diesem multi-disziplinären Kontext bewegt sich die Arbeit als Architektin, die als Mitglied der Gesamtgruppe ihre spezifischen Kenntnisse und Erfahrungen einbringen und ihren Arbeitsrhythmus der Gruppe anpassen sollte.

Die Arbeit in einem Modellprojekt bedeutet für alle Beteiligten, daß neue Wege zu entdecken sind, daß dabei Fehler gemacht und Erkenntnisse gewonnen werden. Es ist ein Weg, der oft voller Zweifel ist. Erweist sich ein Schritt jedoch als richtig, kann es sehr befriedigend sein, und schließlich werden doch Fortschritte auf den verschiedenen Ebenen gemacht.

Entwerfen mit den Nutzerinnen

Ein Arbeitsprinzip dieses Projekts ist es, daß die Nutzerinnen die Entscheidungen treffen. Ihre Beteiligung am Entwurfsprozeß sollte die Frage erhellen, ob sich in dem baulich-räumlichen Konzept spezifische Bedarfe von alleinerziehenden Frauen wiederfinden lassen. Als Architektin konnte ich in meinem Vorgehen auf die Erfahrungen mit partizipativer Planung zurückgreifen, die meine Kollegen von der UPV und ich zum einem mit anderen selbstorganisierten Gruppen im Wohnungsneubau gesammelt haben. Zum anderen haben wir mit Gruppen aus den informellen Hüttensiedlungen und den von Umsiedlung bedrohten BewohnerInnen und Besetzerinnen der innerstädtischen Mietshäuser, die ebenfalls nur über wenige Ressourcen und ein geringes formales Ausbildungsniveau verfügen, zusammengearbeitet.

Das vor kurzem realisierte, erste Altbausanierungsprojekt Montevideos, die Instandsetzung des 'Casa Verde' im Barrio Sur in der Innenstadt, bot mir weitere Bezugsmöglichkeiten.

In einer längeren Zusammenkunft erarbeiteten sich die Nutzerinnen in Kleingruppen schreibend und zeichnend ihre Vorstellungen von ihrer zukünftigen Wohnung.

Als vorläufiges Ergebnis ließ sich festhalten, daß die Wohnungen, die sie entwarfen, den herkömmlichen Konzepten von Neubauwohnungen entsprachen. Die Betreuerinnen hingegen hatten erwartet, daß aufgrund der ähnlich gelagerten Interessen und der knappen Mittel der Nutzerinnen ihre Entwürfe viel Fläche zur gemeinschaftlichen Nutzung durch die Bewohnerinnen und ihre Kinder enthalten würde (z.B. eine Waschküche, Räume zur Freizeitgestaltung). Angesichts der mehrheitlich schlechten Verdienstmöglichkeiten der Frauen als Dienstmädchen hatten sie auch mit der Planung von Räumen für einkommenschaffende Aktivitäten gerechnet.

Die Hoffnungen der zukünftigen Bewohnerinnen richteten sich ganz im Gegenteil darauf, daß sie später endlich über eine komplett ausgestattete, eigene, abgeschlossene Wohnung verfügen werden, die Schutz vor unerwünschten Personen bietet.

Die Frauen äußerten mehrheitlich großes Mißtrauen gegenüber allem, was eine gemeinschaftliche Nutzung von Räumen betraf.

Vergegenwärtigt man sich die aktuelle Wohn- und Lebenssituation der alleinerziehenden Frauen werden ihre Wünsche verständlich. Sie leben in teuren Pensionen und Mietunterkünften, in denen der Platz in der Regel stark begrenzt ist, z.B. durch bestimmte Auflagen, und ihr Privatleben durch die Nachbarschaft mit unbekannten Personen, durch kleinkriminelle Aktivitäten oder durch Ausübung von Prostitution kaum geschützt oder respektiert ist.

In diesem Moment erwies sich die Rolle der Psychologin als fundamental. Mit ihrer Hilfe konnten die Gründe für die Haltung und die Wünsche der Nutzerinnen erkannt werden, und es gelang, ihre Befürchtungen abzubauen, die durch die Unsicherheit verstärkt worden waren, die ein bevorstehender, grundlegender Wandel von Lebensumständen mit sich bringt.

Im Verlauf der Umbauplanung wurden ihnen die Nutzungsalternativen vorgestellt, die sich durch die Umbau- und Instandsetzungsmaßnahmen in dem anvisierten Haus eröffnen. Ich benutzte extra angefertigte Zeichnungen im großen Maßstab (Grundrisse, Innenraumperspektiven), um das Lesen der Pläne zu erleichtern und die konventionelle, technische Darstellung eines Bauvorhabens zu vereinfachen. So konnten die Nutzerinnen die Diskussion über ihnen unbekannte Räume und deren Umbaumöglichkeiten führen, obwohl zu dieser Zeit noch keine Besichtigung stattfinden konnte. Auch das genaue Aufmaß der instandzusetzenden ehemaligen Finca lag noch nicht vor. Es wurde deutlich, daß der begrenzte Wohnraum in seiner Nutzung optimiert werden könnte, indem eine der jeweiligen Familiengröße und Familienzusammensetzung angepaßte Möblierung gewählt wird.

Das Ziel des gemeinsamen Entwurfsprozesses bestand darin, sich auf halben Wege zwischen der aktuellen Wohn- und Lebenssituation, d.h. den geteilten Küchen und Bädern ihrer Mietsunterkünfte und Pensionen, und dem Ideal einer erträumten Wohnung, die sie mit ihren knappen Ressourcen nicht erreichen können, zu treffen.

Der Beitrag der Stadtverwaltung

Parallel zur Arbeit der UPV und der Frauen beschloß das neugewählte Stadtparlament drei Altbau- bzw. Wohnungsbauvorhaben für selbstorganisierte Nutzergruppen in den Stadtbezirken 1, 2 und 3 zu fördern, um zu zeigen, daß derartige Projekte einen gangbaren Weg zum Erhalt des Wohnens in bereits konsolidierten, innerstädtischen Stadtteilen darstellen.

Eine der ersten Aktivitäten der Frauen bestand darin, ein Gesuch bei der Stadtregierung einzureichen, in dem sie um Unterstützung bei der Lösung ihrer Wohnungsprobleme baten.

Als günstig erwies sich, daß der Einzugsbereich der von ihnen genutzten Kindertagesstätte im Stadtbezirk 1 liegt. Von den selbstorganisierten Gruppen, die sich als Anwärter für ein Modellvorhaben der Altbauerneuerung in diesem Stadtbezirk gemeldet hatten, wurden die Alleinerziehenden und ihre Betreuerinnen ausgewählt, um das von ihnen vorgeschlagene Projekt umzusetzen.

Zu dieser Zeit befand sich die Stadt bereits in Verhandlungen um den Kauf des von den Frauen für ihr Projekt ausgewählten Hauses in der Altstadt. Durch seine Größe und Raumhöhen ermöglicht es einen Umbau der einzelnen Zimmer in 10-12 Wohneinheiten und bietet mit seinen drei Innenhöfen und zwei Räumen, die an der Straßenfront liegen, Platz für Gemeinschafts- und Gewerbeflächen.

Die Stadt als zukünftige Eigentümerin will die Instandsetzungsarbeiten und die Beraterinnen finanzieren. Die drei Modellprojekte werden in Form von regelmäßigen Koordinierungstreffen durch die Verwaltung begleitet. Es ist geplant, daß die jeweiligen Beratungsteams in Zusammenarbeit mit der UPV Begleituntersuchungen und eine Evaluation der Modellerfahrungen durchführen.

Als Ergebnis der Modellprojekte werden juristische, organisatorische und baulich-räumliche Verbesserungsvorschläge für ein neues Konzept zum Erhalt innerstädtischen Wohnens erwartet.

Das Verhältnis der Nutzerinnengruppe zur Frauenbewegung

Immer wieder mußten es die Nutzerinnen und Beraterinnen den verschiedenen Beteiligten erklären, was es bedeutet, als Frau einer Familie vorzustehen, bzw. eine alleinerziehende Frau mit mehreren Kindern zu sein, und daß es sich hier um eine besondere Lebenslage handelt, die spezifischer Unterstützung bedarf. Die

Objekt der Begierde: der Altbau in der Ciudad Vieja. Foto: Kerstin Zillmann.

Im Herbst 1993 werden einige Bauhandwerkerinnen und eine Architekturstudentin an den Instandsetzungs- und Umbauarbeiten eines Altbaus in der Innenstadt von Montevideo teilnehmen. Das Projekt wurde von einer Gruppe alleinerziehender Frauen und Fachfrauen initiiert.
Zwei Teilnehmerinnen haben Stipendien des ASA-Programms der Carl-Duisberg-Gesellschaft erhalten. Dieses Stipendienprogramm richtet sich an junge Berufstätige und Studierende. Jeweils im Oktober erscheint der Programm-Katalog mit den Projekten, auf die frau sich dann kurzfristig bewerben kann. Es ist auch möglich, eigene Projektvorschläge bis Ende September einzureichen.

Frauen mußten erläutern, daß das Phänomen der alleinerziehenden Mütter und weiblichen Familienvorstände selten in seiner wirklichen Problematik und Dimension wahrgenommen wird, obwohl es auf nationaler wie auf internationaler Ebene eine beachtliche Größenordnung angenommen hat und kein marginales Thema ist. Dennoch wurden sie wiederholt mit der Befürchtung konfrontiert, daß mit ihrem Projekt erst ein Ghetto für Frauen und Kinder geschaffen würde.

In Montevideo steht jedem vierten Haushalt eine Frau als Familienoberhaupt und Erzieherin vor. Die Hälfte dieser Frauen haben Kinder unter 14 Jahren. Ihnen obliegt die gesamte Verantwortung für den Unterhalt und die Versorgung der Familie, für die Pflege und Erziehung der Kinder etc. Wenn 64% dieser Frauenhaushalte mit einem unzureichenden Familieneinkommen wirtschaften müssen, wird deutlich, daß diese Bevölkerungsgruppe einer besonderen Beachtung durch die Politik bedarf, in diesem Fall in der Versorgung mit angemessenen Wohnraum unterstützt werden sollte.

Allerdings können die Ein-Eltern-Familien aus Frauen und kleinen Kindern keine bauliche Selbsthilfe leisten oder ihre Wohnungssituation ohne staatliche Unterstützung nennenswert verbessern.

Es handelt sich zwar nicht immer um wirklich alleinstehende Frauen, die keinen Partner haben, doch sind es dann instabile Partnerschaften, in denen sie leben. Gerade in Fällen, in denen die Kinder verschiedene Väter haben, geht die Verantwortlichkeit der einzelnen Männer verloren. Die Alleinerziehende, ob partnerlos oder nicht, wird damit zu dem Erwachsenen, der die Familie kontinuierlich versorgt und muß die vielfältigen Belastungen meistern, obwohl potentielle Unterstützer existieren.

Die Beschäftigung mit und der Einsatz für die besonderen Belange der alleinerziehenden Frauen hat dazu geführt, daß die Projektgruppe sich inzwischen der Frauenbewegung verbunden fühlt und mit ihren Vertreterinnen, seien sie aus Uruguay oder aus anderen Ländern zusammenarbeitet, um Erfahrungen zum Thema Frauen und Wohnungsversorgung auszutauschen.

Zur Überraschung aller stellte sich bereits heraus, daß es sich bei dem beschriebenen Modellprojekt und den in Ansätzen vorhandenen Erfahrungen keineswegs um einen für Uruguay typischen Einzelfall handelt, sondern einiges über Lateinamerika hinaus charakteristisch und verallgemeinbar ist. Einige der dargestellten Aspekte lassen sich aber in Modellprojekten in der Bundesrepublik und in der Arbeit deutscher Kolleginnen wiederfinden. Dieses ist für uns von Interesse, da hier praktisch keine Erfahrungen mit Frauenselbsthilfeprojekten in der Altbauerneuerung vorliegen und unser Projekt auf unserem Kontinent noch einzigartig ist.

In Diskussionsrunden, Arbeitsgruppen, Vorträgen und Publikationen konnten die Autorinnen ihre unterschiedlichen Erfahrungen in verschiedenen lateinamerikanischen Ländern in Anfängen austauschen und öffentlich machen. So geschehen u.a. auf dem 19. Panamerikanischen Architektenkongreß in Mai 1992 in Montevideo und in dem zwei-tägigen Workshop „Mujer y Habitat/Women and Shelter" auf den Globalforum der Nicht-Regierungsorganisationen, das parallel zum Umweltgipfel in Rio de Janeiro im Juni 1992 stattfand.

Der kontinentsübergreifende Erfahrungsaustausch soll in Zukunft vertieft werden, so lautet das Ergebnis dieser ersten gewinnbringenden Arbeitstreffen und die Thematik einer größeren Fachöffentlichkeit zugänglich gemacht werden.

Literatur

CISCSA (Hg.) (1992): Boletín del Grupo de Estudios Mujer y Hábitat, No. 3. Córdoba.

Furman, Charna (1992): „Arquitectas o Doñas". In: Cotidiano Mujer, II.Epoca, No. 11. Montevideo. S. 20.

Furman, Charna / Zillmann, Kerstin (1992): Reciclaje Participativo de Viviendas para Mujeres Jefas de Familia. XIX. Congreso FAPA. Vortrag. Montevideo.

Roche, Ingrid/Abdalla, Beatriz (1990): „Una Ciudad de Bocas Pintadas". In: Asamblea Nacional de Mujeres (Hg.). Para saber que no estamos solas. Montevideo. S. 37-41.

Zillmann, Kerstin (1992): Un 'Fou Pas' Feminista. In: Cotidiano Mujer, II. Epoca, No. 9. Montevideo. S. 21.

Kontakte:
ASA-Programm, Lützowufer 6-9, 10785 Berlin. Postadresse: PF 303509, 10727 Berlin.
Tel. 030/254 82-0
Simone Weisleder, Kerstin Zillmann (FOPA Hamburg)

Charna Furman, geb. 1941, freie Architektin und Dozentin an der Universidad Republica in Montevideo, Uruguay. Gründungsmitglied der Arbeitsgruppe „Wohnungsversorgung" an der Architekturfakultät und der Fach-Frauenorganisation „Mujeritat". Vertreterin des „HIC Women and Shelter Network" in Uruguay. Arbeitsschwerpunkte: Wohnungsversorgung alleinerziehender Frauen, Altbauerneuerung, Wohnungsbau für untere Einkommensgruppen.

Ausland

Interview mit der Architektin Charna Furman

Kerstin Zillmann

FOPA: Charna, wie kam es dazu, daß ihr die Arbeitsgruppe „Wohnungsversorgung" in der Architekturfakultät eingerichtet habt?

C.F.: Die Unidad Permanente de Vivienda ist so jung wie die uruguayische Demokratie. Mit dem Ende der Diktatur kehrten 1985 die aus politischen Gründen suspendierten und exilierten Dozenten an die Hochschule zurück. Wir GründerInnen der UPV fanden uns aus Interesse am Thema zusammen und der Fakultätsrat beschloß, die Problematik der Wohnungsversorgung als Arbeitsfeld aufzugreifen.

FOPA: Worin besteht Deine Arbeit als Architektin?

C.F.: Neben meiner Tätigkeit als Dozentin an der Universidad de la Republica arbeite ich wie alle meine KollegInnen als freie Architektin. Das Dozentengehalt reicht zum Leben längst nicht aus und deshalb streiken die Angehörigen der Hochschulen und des Erziehungswesens seit Wochen für höhere Löhne.

Als die Frente Amplio (linkes Parteienbündnis) die Kommunalwahlen in Montevideo gewonnen hatte, arbeitete ich in der Aufbauzeit ehrenamtlich in einer Kommission mit, die die Verwaltung darin unterstützte, ein neues Programm zur Lösung der Obdachlosigkeit und Wohnungsnot in der Hauptstadt zu entwickeln.

FOPA: Inzwischen hast Du Dich in Deiner Arbeit der Problematik „Frauen und Wohnungsversorgung" zugewandt. Was hat dazu geführt, daß Du dich jetzt schwerpunktmäßig diesem Thema widmest?

C.F.: Es ist einfach so, daß vor allem in der Zusammenarbeit mit den Selbsthilfegruppen, aber auch durch die allgemeinen Diskussionen und die Studien zur Frauenfrage deutlich wurde, daß alleinstehende Frauen besondere Probleme haben. Ich glaube, daß die Politiker, wenn sie von der Bevölkerung sprechen, sich nicht bewußt sind, daß die verschiedenen Gruppen unterschiedliche Bedürfnisse haben – nicht alle Menschen sind gleich. Es ist notwendig, angemessene und differenziert Programme zu entwickeln, die die Bedürfnisse der älteren Menschen, der Jugendlichen, der alleinerziehenden Frauen berücksichtigen. Prioritäten müssen gesetzt werden, und unter den armen Familien sind es die Frauen und ihre Kinder, die besondere Unterstützung brauchen.

FOPA: Welchen Stellenwert hat das Frauenthema in der Fachwelt hier in Uruguay?

C.F.: Im allgemeinen haben die Architekten bislang keine Notiz von dem Thema genommen. Sie denken nicht darüber nach. Dabei ist die Bedeutung der Frauen unübersehbar, denn es sind in der Regel die Frauen, die sich in den Selbsthilfegruppen stärker für die Wohnungsfrage engagieren: Sie haben das größere Interesse, das Wohnungsproblem zu lösen. Fast alle der Engagierten in diesen Gruppen sind Frauen.

Der von uns organisierte Erfahrungsaustausch von Fachfrauen aus verschiedenen Ländern soll das Thema stärker ins Bewußtsein der Fachwelt bringen, damit es zukünftig in Programme und Projekte selbstverständlich einfließen kann.

FOPA: Welche Bedeutung hat das Altbauerneuerungsprojekt der alleinerziehenden Frauen, das Du betreust, für Lateinamerika?

C.F.: Nun, auf internationaler Ebene zeigen die Kolleginnen großes Interesse an unserem Projekt, weil es für Lateinamerika anscheinend einzigartig ist. Ich persönlich kannte keine Kollegin, die Frauenprojekte gemacht hatte, und begann es einfach aus der Notwendigkeit und Logik heraus. Es ist von großer Bedeutung, zu zeigen, daß es möglich ist, das Wohnungsproblem der armen Frauen in den Stadtzentren zu lösen, das innerstädtische Wohnen zu erhalten, um ihnen das tägliche Leben zu erleichtern.

Wichtig war und ist es auch, das historische und architektonische Erbe, das die Altstadt von Montevideo darstellt, zu wahren.

FOPA: Welche Zusammenarbeit hat sich seitdem mit anderen Fachfrauen ergeben?

C.F.: 1992 haben wir versucht, hier eine interdiziplinäre Gruppe zu bilden, die das Thema Frau (Mujer) und Wohnen/Arbeiten/Leben (Habitat) zu bilden. „Mujeritat" existierte ein knappes Jahr und wir haben auf dem Seminar „Frauen und Ökologie/Umwelt", das im Vorfeld der Welt-Umweltkonferenz in Montevideo organisiert wurde, einen Vortrag gehalten. Da wir alle bereits mehr als eine Arbeitsstelle haben, und zudem keine Finanzierung für die von uns geplanten Projekte finden konnten, konnten wir nicht weitermachen. Inzwischen bin ich als Mitglied der UPV in das Netzwerk Mujer y Habitat des HIC (Habitat International Coalition) gegangen und baue das Initiativzentrum für Uruguay auf.

FOPA: Charna, Du bist selbst eine alleinstehende Mutter. Welche Ziele strebst Du mit Deiner Arbeit an, welche Perspektive siehst Du für das Thema „Wohnungsversorgung alleinerziehender Frauen"?

C.F.: Ziel ist nicht nur, daß die Wohnungspolitik sich der besonderen Problematik stellt. Ich denke, daß zukünftig generell die Verfügungsgewalt über die von der Frau und ihrer Familie bewohnten Wohnung formal in ihren Händen liegen sollte, daß prinzipiell die Frauen die Eigentümerinnen, Mieterinnen, Genossenschaftlerinnen sein sollten, d.h. über ihr Zuhause verfügen. In der Regel hat der Mann dieses Recht aufgrund der Gesetzeslage. Vor allem in den Wohnungsbaugenossenschaften und -kooperativen ist es traditionellerweise so, daß im Falle einer Scheidung der Mann in der Wohnung bleibt, weil er formal derjenige ist, der Mitglied der Kooperative, der Genossenschaftler ist.

Meine berufliche Perspektive besteht darin, daß ich vielleicht irgendwann diese Arbeit nicht mehr unbezahlt leiste, denn inzwischen ist schon deutlich geworden, daß die Betreuerinnen von dem Modellprojekt „Altbauerneuerung" für ihre schätzungsweise 3- bis 4jährige Arbeit nur sehr wenig Honorar, im Prinzip nichts, erhalten werden. 10% einer Bausumme, die so gering ist, daß sie nur für eine Teil-Fertigstellung der Umbau- und Instandsetzungsmaßnahmen reichen wird, sollen die Betreuerinnen insgesamt erhalten. Im Endeffekt werden dies 1.000 US$ pro Person sein, weniger als 500 DM im Jahr.

Ich hoffe darüber hinaus, daß es weitere Altbauerneuerungsprojekte geben wird, daß zukünftg auch das Wohnungsbauministerium innerstädtisches Wohnen erhalten will, und daß die Projektfinanzierung mit den realen Projektkosten übereinstimmt.

FOPA: Welche Hoffnungen, aber auch welche Befürchtungen verbindest Du mit dem „Frauenprojekt", und wie stehen die Frauen zu ihrem Projekt?

C.F.: Wir hoffen, daß die Selbsthilfeleistungen auf die Projektorganisation und -verwaltung begrenzt bleiben Die Frauen haben bereits erste Aufräumarbei-

Adresse:
Unidad Permanente de Vivienda, Facultad de Arquitectura, Universidad de la Republica, Br. Artigas 1031, Montevideo, Uruguay
Tel.: 00598 2 401106
FAX: 00598 2 406063.

ten durchgeführt, doch ist eine bauliche Selbsthilfe undenkbar, weil die Frauen mehr als genug belastet sind. Es läuft aber alles darauf hinaus, daß sie ihre Wohnungen selbst fertigstellen müssen, z.B. den Innenausbau, Ziehen von Zwischenwänden etc. übernehmen müssen.

Um ehrlich zu sein, wird es wohl auch kein Projekt nur für Frauen bleiben. Einige der Alleinerziehenden haben inzwischen einen Partner, Partnerschaften entstehen und lösen sich wieder. Wichtig ist es, daß die Frauen feste Wohnungen für sich und ihre Kinder haben, unabhängig von einer Partnerschaft. Dieses ist ihnen allen wichtig. Sie diskutieren bspw. was mit den Wohnungen passieren sollte, wenn eine von ihnen stirbt, wie die Kinder versorgt werden sollen, und ob sie in der Wohnung bleiben können. Für sie ist es so, daß sie eine Wohnung erwerben, die sie als Basis für die Zukunft ihrer Familie und ihrer Kinder haben werden. Wenn es ihnen auch vor allem, um eine eigene Wohnung geht, zeigt sich, daß einige von ihnen inzwischen meine Beweggründe teilen, weil ihnen bewußt geworden ist, daß sie die Probleme in ihrem Familienleben meistern müssen und können und nun ein größeres Selbstbewußtsein als Frauen gewonnen haben. Heute sind die Frauen, die nicht mehr heiraten wollen, sehr selbstsicher geworden.

Unser Projekt scheint sich also im wesentlichen von dem, was Ihr in Deutschland unter einem Frauen-Selbsthilfeprojekt versteht, zu unterscheiden.

Ausland

BISER – Die Perle
Eine internationale Initiative der Frauen
aus Bosnien-Herzegowina

Rosemarie Ring

BISER ist eine Initiative von Frauen aus fünf Nationalitäten aus Bosnien-Herzegowina, die infolge des Krieges ihr Land verlassen mußten. Sie nennen ihre Gruppe „Die Perle", weil sie das Symbol für Tränen und Hoffnung darstellt. Zur Zeit arbeiten etwa 30 Flüchtlingsfrauen, Ärztinnen und Therapeutinnen mit, die Frauen Hilfe zur Selbsthilfe geben wollen.

70 % der Bevölkerung Bosnien-Herzegowinas sind auf der Flucht. Die schweren Angriffe auf ihre persönliche und körperliche Integrität, denen Frauen in diesem Krieg ausgesetzt sind, veranlaßt die Initiative, ihre Aktivitäten auf das „Überleben" der weiblichen „Bevölkerung in Bewegung" auszurichten. Als Ansatzpunkt nehmen sie den starken Zusammenhalt der Familiengemeinschaft, auf dem das Alltagsleben und die Bewältigung aller Schwierigkeiten für Frauen in Bosnien-Herzogowina beruht.

BISER arbeitet bislang in drei Bereichen. Im **„Überlebensprogramm"** organisieren sie ein Netz für Hilfslieferungen und für die Kontrolle ihrer Verteilung. Im **medizinischen und psychotherapeutischen Bereich** bauen sie professionelle Hilfsstrukturen auf, indem sie Flüchtlingsfrauen aus Zagreb ausbilden, damit sie als Teams mit Vergewaltigungsopfern arbeiten können. Durch zusätzliche Schulungen werden sie Schritt für Schritt in ein Netz von ausgebildeten Fachfrauen integriert. Die Ausbildung und die Arbeit geht von der Mentalität und Tradition der vergewaltigten Frauen aus, da „jede Frau ihr Trauma als Folge von Folterung und Mißbrauch mit ihren Familienangehörigen teilt" (Narcisa Sarajlic, Ausbildungsleiterin).

Unter dem Motto „Zurück in die Normalität" kombiniert die Initiative ihre Arbeit mit den betroffenen Frauen mit einem **Programm zum Aufbau von Flüchtlingsdörfern**. Diese als Einfamilienhausgebiete in Fertigbauweise konzipierten Dörfer werden für mindestens 10 Jahre die Lebenswelt der Flüchtlingsfrauen und ihrer Familien sein. Die Gebiete bedürfen einer gewissen Infrastruktur (Schule, Krankenhaus, Gebetshaus, ambulante Krankenversorgung etc., um einen Zustand herzustellen, „in dem Frauen in der Lage sind, fachliche Hilfe zu suchen".

BISER liefert alle erforderlichen Bau- und Ingenieurspläne für das Programm.

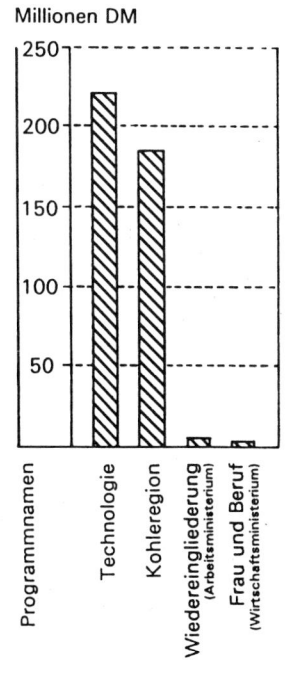

(Quelle: Projektdarstellung Januar/April 1993)

Kontakt:
BISER, Bosanska 1,
41000 Zagreb
Tel. 038/41/570 518
Aida Daidzic',
FOPA Rhein-Main.

Spenden bitte an:
BISER, Steiermärkische Bank und Sparkassen AG, A-8020 Graz, Lendplatz 20, BLZ 208 15, Konto Nr. 0874-037583.

Theorie und Methodik

Über die Art, Wege zu erforschen – oder Warum Frauenwege in der Verkehrsforschung unsichtbar sind

Heike Klamp

Die Erfassung von Wegen in der Verkehrsforschung dient zum einen der Analyse des Verkehrsaufkommens im Rahmen der Verkehrsursachenforschung, zum anderen der Beobachtung der Verkehrsentwicklung, um mit Hilfe von Prognosen zum Verkehrsaufkommen notwendige Maßnahmen und Vorkehrungen im Bereich der Verkehrsplanung entwickeln zu können. Verkehrsforschung ist also i.d.R. die Vorbedingung für Verkehrsplanung (vgl. Kutter 1978). Ausgehend von der Tatsache, daß die Unsichtbarkeit von Frauen in der Verkehrsverhaltensforschung eine mangelnde Berücksichtigung ihrer Interessen in der Verkehrsplanung nach sich zieht, möchte ich im folgenden Aufsatz der Frage nachgehen, warum und wo die Wege, die Frauen alltäglich zurücklegen, unsichtbar sind und welche Forderungen dies für eine Forschung im Interesse von Frauen impliziert.

Ich stütze mich hierbei zum großen Teil auf meine Diplomarbeit (Klamp 1992a), in der ich diese Fragen ausführlich behandelt und anhand von Wegeprotokollen die alltäglichen Wege von 39 Personen im Verlauf einer Woche untersucht habe.

Als immer wieder zitierte Untersuchung zum Verkehrsverhalten habe ich die KONTIV als Gegenstand einer kritischen Analyse ausgewählt.

Beauftragt vom Bundesministerium für Verkehr stellt die KONTIV die erste und bislang einzige bundesweite, schriftliche, kontinuierliche Untersuchung zum Verkehrsverhalten der Bevölkerung dar. Die Erhebungen fanden 1976, 1982 und 1989 statt. „Das Hauptanliegen der KONTIV ist es, für einen definierten Zeitraum (1.2.89 bis 31.1.90) Aussagen über die verkehrsbezogenen Verhaltensweisen der Bevölkerung in der Bundesrepublik Deutschland zu erhalten" (EMNID 1991: 60).

Mit der aktuellen Erhebung wurde zugleich ein Methodenwechsel vollzogen. Im Gegensatz zur rein schriftlichen, postalischen Befragung 1976 und 1982 wurden die Wegeprotokolle durch InterviewerInnen in verschiedenen Haushalten verteilt und dort wieder eingesammelt. Zudem wurden bei einem gewissen Anteil von Ausfallhaushalten zusätzliche telefonische Befragungen durchgeführt (weiteres über die Erhebungsmethode – Stichprobenkonzept, Konvertierung, Feldorganisation – siehe EMNID 1991). Im Rahmen meiner Methodenkritik beziehe ich mich auf Sekundäranalysen der KONTIV 1982 von Gottardi und Hautzinger (1987) sowie von Hautzinger und Tassaux (1989). Daten und Auswertungen der neuesten KONTIV (1989) lagen zum Zeitpunkt der Diplomarbeit noch nicht vor.

Eine feministische Kritik an der Verkehrsforschung bzw. an der Erfassung der Mobilität von Frauen, die sich auf der Grundlage feministischer Naturwissenschaftskritik und sozialwissenschaftlicher Frauenforschung bewegt, bezieht sich auf verschiedene Ebenen. Daher bin ich folgenden Fragen nachgegangen:
1. Welches Erkenntnisinteresse wird in der vorliegenden Untersuchung verfolgt?
2. Mit welchen Begrifflichkeiten wird gearbeitet und wie werden diese definiert?
3. Welche Kategorienbildung erfolgt, d.h. unter welchen Gesichtspunkten erfolgt die Auswertung?
4. Wie werden die Ergebnisse interpretiert?

Ich möchte an dieser Stelle meine Kritik exemplarisch auf die Punkte eins und drei beschränken und zum Abschluß Vorschläge für einen Untersuchungsansatz machen, der die Sichtbarmachung der spezifischen Anforderungen von Frauen an Verkehrsplanung berücksichtigt.

Zusammenfassend läßt sich vorweg sagen, daß bei den Sekundäranalysen zur KONTIV in Bezug auf alle vier Fragen der Lebensalltag von Frauen kaum eine Rolle spielt, bzw. oft ausgeblendet oder verzerrt dargestellt wird. Damit erweist sich auch die Verkehrsverhaltensforschung – wie andere Wissenschaften auch – blind gegenüber weiblichen Lebenszusammenhängen.

Der Mann als das Maß aller Forschung?

Zunächst ist es also wichtig, die Ausgangsvoraussetzung zu betrachten, unter der eine Untersuchung durchgeführt wird und aus welchem Blickwinkel heraus die Fragestellungen formuliert werden.

In dem Glauben, eine für die gesamte Bevölkerung gültige Auswertung vornehmen zu können, und somit repräsentative Daten der Bevölkerungsmobilität vorzulegen, wird am Postulat der Objektivität und Geschlechtsneutralität festgehalten. Doch vielversprechende Ausgangsfragen wie „Wer bewegt sich wie oft, warum, womit und wie fort?" (Gottardi/Hautzinger 1987: 6) oder Ziele wie den „...Zusammenhang zwischen der Verkehrsteilnahme und der Lebensphase von Personen sowie ihrer Funktion innerhalb von Familie und Gesellschaft" (Hautzinger/Tassaux 1989: 119) zu verdeutlichen, erweisen sich nach eingehender Analyse im Hinblick auf die realen Lebenzusammenhänge von Frauen als sehr unbefriedigend beantwortet. Die Fragestellungen und Ziele wurden vielmehr aus einer androzentrischen Sicht heraus formuliert, deren Grundlage der männliche Verkehrsalltag ist. Diese Sichtweise wird nicht zwangsläufig dadurch korrigiert, daß Frauen an der Untersuchung beteiligt sind, wie sich bei Hautzinger und Tassaux (1989) zeigt.

Entgegenzusetzen wäre dem ein Ansatz, der die geschlechtliche Arbeitsteilung als Realität begreift, oder besser noch, die Lebenszusammenhänge von Frauen als den Lebenszusammenhängen von Männern gleichwertige begreift und die daraus folgenden Implikationen in die Forschung miteinbezieht anstatt sie auszublenden.

In welche Schublade kommt die Frau?

Nun zur Kategorienbildung bei der Auswertung: Die Daten der 76er KONTIV wurden nicht geschlechtsspezifisch ausgewertet. Empirische Daten zur Mobilität von Frauen wurden erstmals 1984 von Angelika Buschkühl sichtbar gemacht (Buschkühl 1984). Sie wertete im Rahmen ihrer Diplomarbeit die KONTIV-Daten der Frauen, die an der Untersuchung teilgenommen hatten, gesondert aus. Zudem befaßten sich auch Hüffel 1981 und Rau 1986 eingehend mit dem Verkehrsalltag von Frauen. Ich möchte nun an einigen Beispielen aufzeigen, wie Frauenwege im Rahmen der KONTIV von 1982 unsichtbar gehalten wurden – auch wenn verschiedentlich nach Geschlecht differenziert wird:

Die Auswertung von zurückgelegten Wegen nach der Erwerbstätigkeit der Bevölkerung

Wegeanzahl und -muster werden in Verkehrsuntersuchungen nach verschiedenen soziodemographischen Merkmalen unterschieden. Bei der Auswertung von Gottardi und Hautzinger (1987) tauchen Frauen in der Auswertung nur als Hausfrauen auf. Die hier vorgenommene Differenzierung der Bevölkerung „übersieht" die Tatsache, daß alle Frauen Hausarbeit leisten und ignoriert damit die unterschiedlichen Wegemuster beispielsweise erwerbstätiger Frauen gegenüber erwerbstätigen Männern oder von Rentnerinnen gegenüber Rentnern. Demzufolge ist in einer Untersuchung mit geschlechtsspezifischem Ansatz, deren Ziel es ist, die unterschiedlichen Alltagsabläufe beider Geschlechter aufzuzeigen, die Differenzierung der Bevölkerungsgruppen immer auch nach Geschlecht vorzunehmen. In meiner Diplomarbeit zeigte sich so ganz deutlich, daß die erwerbstätigen Frauen mehr Wege zurücklegten als die Männer. Die höhere Wegeanzahl ist auf die Wege im Rahmen der Hausarbeit und der Kinderbetreuung zurückzuführen. Sie werden zusätzlich zu den Erwerbsarbeitswegen unternommen und prägen den Verkehrsalltag von Frauen.

Bei der Zuordnung von Wegen nach dem Zweck des Weges

Allein die Unterscheidung nach Geschlecht reicht nicht aus, um Frauenwege sichtbar zu machen. Auch die Kategorien der Wege müssen stärker differenziert werden. Die Wegezwecke werden zum einen meist sehr grob unterteilt, z.B. in Berufs-, Ausbildungs-, Einkaufs- und Freizeitverkehr. Doch selbst wenn die Unterteilung differenzierter ist, geht daraus nicht hervor, wo die Wege, die im Zusammenhang mit der Hausarbeit unternommen werden, eingeordnet werden. So charakterisieren Gottardi und Hautzinger (1987) zwar nach Berufs-, Ausbildungs-, Einkaufs-, Geschäfts- und Dienstreise-, Freizeit- und Ausbildungsverkehr, doch werden dem Ausbildungsverkehr auch die Wege zugerechnet, auf denen Kinder zur Schule begleitet werden. Diese Begleitwege werden in der Regel von Frauen zurückgelegt, wie sich in meiner Diplomarbeit zeigte.

Zum anderen wird bei den Auswertungen eine Hierarchisierung der Wegezwecke vorgenommen, die zu kritisieren ist. Diese orientiert sich am männlichen Berufsalltag: Erledigungen auf dem Weg zum Erwerbsort wie Einkaufen, einen Krankenbesuch machen, werden bei beiden Auswertungen dem Hauptwegezweck „Berufsweg" zugeordnet. Wenn im Rahmen einer Wegekette mehrere Aktivitäten erledigt werden – und das ist bei Frauen häufig der Fall –, sei es hier „...in der Regel möglich, eine 'Hauptaktivität' zu identifizieren... insbesondere dann, wenn die Dauer der Aktivität Einkauf (z.B.) kurz ist im Vergleich zur Dauer des Aufenthalts am Arbeitsplatz (z.B.)" (Hautzinger/Tassaux 1989: 128). Mit dieser Hierarchisierung von Tätigkeiten wird die Orientierung am männlichen Berufsalltag verstärkt, Hausarbeit und Servicewege werden unsichtbar gemacht. Im Gegensatz dazu müßte bei einem geschlechtsspezifischen Forschungsansatz von der Tatsache veränderter weiblicher Lebensentwürfe und von verschiedenen Lebensentwürfen oder Alltagen ausgegangen werden. So sind auch die Tätigkeiten, die im jeweiligen Zusammenhang erledigt werden, als gleichwertig anzuerkennen, wie auch die Wege, die zur Erledigung sozialer Versorgungspflichten oder bei der Erfüllung anderer Rollen zurückgelegt werden.

Um Frauenwege sichtbarer zu machen, muß daher nicht „nur" nach Geschlecht differenziert werden, sondern zugleich ein anderer Maßstab, eine andere Wertigkeit zu Grunde gelegt werden, die es ermöglicht, die Indikatoren zu verfeinern. Auch die KONTIV „...trägt die Prägung ihrer Geschlechtsspezifizierung nicht nur in der Art und Weise wie sie (die Wissenschaft, Anm. d.Verf.) angewandt wird, sondern auch in der Art der Realitätsbeschreibung, die sie bietet – und außerdem in der Beziehung des Wissenschaftlers zu dieser Beschreibung" (Fox Keller 1986: 84).

Die Art der Zuordnung der Transportmittel

Auch hier wird eine Hierarchisierung vorgenommen, die sich an einem männlichen Verkehrsverhalten orientiert. Fußwege tauchen, wenn in Verbindung mit anderen Transportmitteln zurückgelegt, nicht gesondert auf, sondern werden dort subsumiert. Diese Auswertungspraxis führt jedoch ebenfalls zur Unsichtbarkeit von Frauenwegen, bzw. Hausarbeitswegen. Wenn z.B. auf dem Weg zur Arbeit mit der S-Bahn das Kind zu Fuß zum Kindergarten im Stadtteil begleitet wird, wird die entsprechende Wegedauer oder die zurückgelegte Distanz dem „Haupttransportmittel" zugerechnet.

Was machen die Frauen und Männer mit dem Fragebogen, bzw. Wegeprotokoll?

Ein weiterer wichtiger Aspekt, den ich zum Schluß noch anführen möchte, bezieht sich auf den Umgang mit den anzugebenden Informationen, d.h. auf die Ausfüllpraxis der Frauen und der Männer, die an meiner Untersuchung teilgenommen haben. Hier habe ich geschlechtsspezifische Unterschiede im Ausfüllverhalten beobachtet, bei denen ich der Auffassung bin, daß sie auch in anderen Untersuchungen festzustellen wären. Wenn ihnen keine besondere Aufmerksamkeit geschenkt wird, verstärkt sich die Unsichtbarkeit des Verkehrsverhaltens von Frauen weiterhin. Zu diesen Beobachtungen will ich hier nur einige kurze Stichworte nennen:
▷ Frauen haben im Gegensatz zu den Männern öfter einen Weg „vergessen" einzutragen.
▷ Sie haben öfter Angaben ohne Detail gemacht, z.B. beim Einkauf in mehreren Geschäften auf einer Einkaufsstraße.
▷ Männer haben ihre Wege öfter in Form von Wege-Etappen aufgeführt, als in Form eines Weges.

Diese Beobachtungen ziehen die Vermutung nach sich, daß die tatsächliche Wegeanzahl von Frauen noch höher ist, als das Ergebnis zeigte. Trotz der Betonung meinerseits auch jeden noch so unwichtig vorkommenden Weg einzutragen, ist bei den Frauen eine stärkere Unterrepräsentanz ihrer Wege festzustellen.
▷ Darüber hinaus haben sich Frauen bei den Kilometer-Angaben mehr unterschätzt als Männer. Bei den überschätzten Wegen hielten sich die Geschlechter eher die Waage.

Literatur

Buschkühl, Angelika (1984): Die tägliche Mobilität von Frauen. Geschlechtsspezifische Determinanten der Verkehrsteilnahme. Unveröffentlichte Diplomarbeit. Gießen.

EMNID (1991): KONTIV 1989. Bericht zur Methode. Bielefeld.

Fox Keller, Evelyn (1986): Liebe, Macht und Erkenntnis. Männliche oder weibliche Wissenschaft? München/Wien.

Gottardi, Giovanni /Hautzinger, Heinz (1987): Untersuchung von Gesetzmäßigkeiten des individuellen Mobilitätsverhaltens. Zürich.

Hautzinger, Heinz/ Tassaux, Brigitte (1989): Verkehrsmobilität und Unfallrisiko in der BRD. Ergebnisbericht. Forschungsberichte der Bundesanstalt für Straßenwesen Bereich Unfallforschung. Heilbronn.

Klamp, Heike (1992 a): Frauenwege-Männerwege: Räumliche Mobilität als Notwendigkeit. Eine Untersuchung zum Verkehrsverhalten aus feministischer Sicht am Beispiel von Frankfurt-Bonames. Unveröffentl. Diplomarbeit. Frankfurt.

Klamp, Heike (1992 b): Den Wegen auf der Spur. Wegeprotokolle in der Verkehrsforschung. Unveröffentlichter Vortrag auf der Tagung „Mobilität von Frauen im ländlichen Raum" veranstaltet vom Ministerium zur Gleichstellung von Frau und Mann Rheinland Pfalz. Mainz.

Kutter, Eckhard (1978): „Grundlage der Verkehrsursachenforschung". In: Technische Universität Berlin (Hg.): Beiträge zur Verkehrswissenschaft 1. Schriftenreihe des Institutes für Verkehrsplanung und Verkehrswegebau, Heft 1. Berlin.

Heike Klamp, geb. 1962, Diplom-Geographin, seit Januar 1993 an der GhK – Gesamthochschule Kassel, Fachbereich Stadt- und Landschaftsplanung, AG Integrierte Verkehrsplanung. Arbeitsschwerpunkte: Beteiligung von Frauen an Planung, Verkehrsforschung und -planung aus feministischer Sicht. Mitglied in FOPA Rhein Main e.V. und FOPA Kassel.

▷ Bei den von Frauen zurückgelegten Wegen zeigte sich häufiger eine Lücke in der Differenz zwischen den Zeitangaben zu Weggang von und Ankunft an einem Ort.

Alle diese Beobachtungen lassen vermuten, daß die von Frauen zurückgelegten km und die im Verkehr verbrachte Zeit eher über den von den Untersuchungsteilnehmerinnen gemachten Angaben liegen.

Wenn wir uns die Kritik an der Erfassung von Hauptwegen und Haupttätigkeiten noch mal in Erinnerung rufen, läßt sich diese Unsichtbarkeit bzw. die Unterschätzung der Frauenwege erst recht für die KONTIV vermuten.

Und was jetzt – wie aus Unsichtbarem Sichtbares machen?

Aus dem bisher Gesagten möchte ich zum Schluß zusammenfassen, daß es nicht ausreicht, nach Geschlecht zu differenzieren, oder sich gar an stereotypen Rollenbildern zu orientieren, sondern daß vielmehr das gesamte Untersuchungskonzept anders angelegt werden muß, um den Verkehrsalltag von Frauen sichtbar machen zu können.

Ich schlage daher folgende Vorgehensweise vor:
▷ Wegeprotokolle mit geschlechtsspezifischem Ansatz entwickeln, dabei andere Lebenszusammenhänge als gleichwertig anerkennen.
▷ Ein differenziertes Tätigkeitenraster anbieten (dabei explizit Hausarbeit berücksichtigen) oder ein freies Ausfüllen der Tätigkeiten ermöglichen, mit anschließend bewußter Kategorisierung derselben.
▷ Eine intensive Einführung veranstalten, mit Begründung für und inhaltlicher Information über die Untersuchung.
▷ Eine ständige Begleitung oder Betreuung durch an der Forschung Beteiligte gewährleisten.
▷ Eine regionale Begrenzung der Untersuchung vornehmen, da sich für die Plausibilitätsüberprüfungen Ortskenntnisse als sehr günstig erwiesen.
▷ Bei der Auswertung eine stärkere Differenzierung nach verschiedenen Erklärungsvariablen vornehmen, die sich am Alltag von Frauen orientiert.
▷ Zur Interpretation und Auswertung freie Interviews mit den UntersuchungsteilnehmerInnen heranziehen.
▷ Und wichtigste Voraussetzung ist: die Bereitschaft, sehen zu wollen bzw. sehen lernen zu wollen.

Erste Frauenplanungsprofessur der BRD – ein neuer Frauenforschungsschwerpunkt an der Dortmunder Hochschule

Gabriele Sturm

Seit dem Erscheinen des Sonderheftes der „Bauwelt" zum Themenkomplex Frauen in den Planungsdisziplinen im Jahr 1979 werden Frauenforschungsfragestellungen in Architektur, Geographie, Raumplanung und verwandten Fachbereichen wissenschaftsöffentlich diskutiert. Voraussichtlich zum WS 1993/94 werden nun an den Dortmunder Hochschulen drei neueingerichtete Stellen besetzt, die erstmals in Deutschland auch im Spektrum der konstruktiven, planungswissenschaftlichen Fächer die Denomination Frauenforschung verankern.

Frauenforschung in den Planungsdisziplinen findet ihre Themen im Beziehungsfeld zwischen den technischen Anforderungen des materialen Raumes einerseits und den psycho-sozial-politischen Anforderungen speziell der darin lebenden Frauen andererseits. Feministische Analyse bedeutet dabei, daß das Geschlechterverhältnis als eine unsere Realität konstituierende Variable jeweils zusätzlich zu anderen Annahmen mitgedacht wird; die In-Blick-Nahme des Geschlechterverhältnisses – gekennzeichnet durch Machtgefälle oder als Herrschaftsverhältnis oder gar als Gewaltverhältnis – korrespondiert mit neuen Fragestellungen und Sichtweisen auf ökonomischer, sozialer, gestalterischer, ökologischer Ebene. Während der „Entwicklungszeit" des Themengebietes Frauenforschung in den konstruktiv-ingenieurwissenschaftlichen Fachbereichen sind von zahlreichen Wissenschaftlerinnen und Praktikerinnen – quasi neben ihrer offiziellen Arbeit her – theoretische, empirische und praxisbezogene Arbeiten unter feministischem Blickwinkel durchgeführt worden, aus denen heraus sich verschiedene Wissenschaftspositionen entwickelt haben, die jedoch noch sehr unterschiedlich weit ausgearbeitet erscheinen.

In den vergangenen Jahren sind im administrativ-politischen Spektrum – u.a. dank des Engagements vieler Gleichstellungsbeauftragter – frauenspezifische Planungsfragestellungen alltäglicher geworden. Die(se) Praxis stellt nun verstärkt Anfragen an theoretisch begründbare und empirisch gesicherte Informationen und Erklärungsmodelle. Die neueingerichteten Stellen im Wissenschaftsbereich sollen also einen Professionalisierungsschub bewirken, als Kristallisationspunkt im Netzwerk Wissenschaft – Institutionen – Initiativen wirken und als Ausgangsort zukünftiger Frauenforschungsprojekte dienen.

Die Mittel für die Bereitstellung dieser Stellen stammen aus dem Hochschulsonderprogramm II. Dieses Förderprogramm des Wissenschaftsministeriums wird auf nordrhein-westfälischer Landesebene u.a. zum Ausbau des „Netzwerks Frauenforschung" eingesetzt. Im Rahmen dieses Projektes hat das Ministerium für Wissenschaft und Forschung des Landes NRW bis 1993 einschließlich – die letzte Vergaberunde läuft noch – 38 Professuren für Frauenforschung an den verschiedenen Hochschulen des Landes eingerichtet – 32 an Universitäten und 6 an Fachhochschulen – wobei die C4-Stellen je mit einer wissenschaftlichen Mitarbeiterin/C1 ausgestattet sind. Die Dortmunder Anträge wurden im WS 1991/92 für die Vergaberunde 1992 gestellt und bereits im Frühsommer genehmigt: An der Universität wird am Fachbereich Raumplanung eine C4-Professur „Frauenforschung und Wohnungswesen in der Raumplanung" mit einer C1-MitarbeiterInnenstelle eingerichtet, der Fachhochschule wird im Fachbereich Architektur eine C3-Professur „Stadtplanung mit dem Schwerpunkt Frau und Gesellschaft" zugewiesen. Die

Gabriele Sturm, Dr. rer. soz., wissenschaftliche Mitarbeiterin FG Soziologische Grundlagen, FB Raumplanung, Universität Dortmund

Ausschreibungen für beide Professuren erschienen im Frühherbst; die Vorstellungsvorträge fanden im Januar und Februar diesen Jahres vor einer großen interessierten Fachöffentlichkeit statt. Zur Zeit beraten die Berufungskommissionen und Fachbereichsräte über ihre Vorschlagslisten, Gutachten werden eingeholt, die zentralen Selbstverwaltungsgremien müssen im SS entscheiden, bevor dann das Ministerium in Verhandlungen mit den ausgewählten Kandidatinnen tritt.

Wir als Planerinnen und Architektinnen freuen uns, daß sich eine fast 15-jährige Arbeit von und für Frauen nun auch offiziell als eigenständiges Fachgebiet etabliert. Und wir sind gespannt auf die zu erwartenden, vor Ort neuen Kolleginnen, die wir hier schon noch „unbekannterweise" herzlich begrüßen.

Studienprojekt: Frauenbezogene Stadtplanung in Hamburg-Allermöhe

Gesa Witthöft

An der TU Hamburg-Harburg wird im Rahmen des Studienschwerpunktes Frauen Planen Bauen ein Studienprojekt „Frauenbezogene Stadtplanung am Beispiel Hamburg-Allermöhe" durchgeführt.

Der neue Stadtteil Allermöhe I entspricht dem Hamburger Planungsverständnis in Bezug auf die Realisierung eines sogenannten „ökologie- und sozialverträglichen Wohnungsbaus". Allermöhe wurde über ein „offenes" B-Planverfahren geplant, welches im Gegensatz zu der sonst gängigen Planungspraxis flexibler organisiert ist und entsprechend größere Einflußnahmemöglichkeiten für Frauen zu bieten scheint. Mithilfe konkreter Gestaltungsvorschriften für Bauten und Außenräume, einer niedrigen Bauhöhe, flächensparendes Bauen, eine gleichzeitig mit der ersten Baustufe ausgeführte Anbindung an die Verkehrsinfrastruktur und die Errichtung von Versorgungseinrichtungen wurde versucht, die Fehler und Mängel, die aus den Wohnsiedlungen vor allem der 70er Jahre bekannt geworden sind, von vornherein zu vermeiden.

Bezugsadresse: Infos und Projektberichte, Gesa Witthöft, TU Hamburg-Harburg, FSP 1-05, Kasernenstr. 10, 21073 Hamburg.

Das Quartier wird unter den Aspekten Sicherheit, Aufenthalt, Nutzung und Aneignung untersucht. Die Gebietsanalyse basiert auf einem methodischen Ansatz aus den Niederlanden und wird durch eine kritische Prüfung der in diesem Verfahren angewandten Planungsinstrumente in Hinblick auf die Integration von Fraueninteressen ergänzt.

Männerbünde contra Frauennetzwerke – AG Frauen in Forschung und Lehre an der Gesamthochschule Kassel, FB Stadt- und Landschaftsplanung

Ines Schulz, Margit See

„Die häufigste Vorgehensweise von Frauen im akademischen Bereich ist der heroische Einzelkampf. Von Anfang an bestehen hier keine Überlebenschancen für die Frau..." (Benard/Schlaffer 1983)

Um dieser treffend beschriebenen Erfahrung vorzubeugen, hat sich im Oktober 1991 am Fachbereich 13 Stadt- und, Landschaftsplanung die AG Frauen in Forschung und Lehre konstituiert, in der Frauen aus den verschiedenen Arbeitsgebieten des Fachbereichs mitwirken. Konkreter Anlaß waren die Bemühungen um eine weibliche Besetzung der damals ausgeschriebenen Verkehrsplanungsprofessur. Vor dem Hintergrund, daß sämtliche Professuren an diesem Fachbereich männlich besetzt sind und eine geschlechtsspezifische Differenzierung auch im Mittelbau deutlich ist, hielten wir es für angebracht, uns grundsätzlicher mit dem Thema Frauenförderung auseinanderzusetzen. Der Frauenförderplan der Gesamthochschule Kassel scheint uns einerseits in seinen Forderungen nicht weitreichend genug und bleibt ohnehin nur Papier, solange es nicht Frauen gibt, die kontinuierlich an der Umsetzung arbeiten. Die Erfahrung lehrt auch, daß die jeweiligen Frauenbeauftragten als „Kontrollinstanz" hoffnungslos überfordert sind.

Unsere Arbeit bestand also in erster Linie darin, die fachbereichsspezifischen Strukturen aufzudecken, die bislang eine stärkere Präsenz von Frauen in der Lehre verhindert haben, um gezielte Forderungen entwickeln und sich aktiv in die Stellen- bzw. Fachbereichspolitik einmischen zu können.

Hierzu ein paar Zahlen zum gegenwärtigen Frauenanteil in der Lehre:
1. Sämtliche 13 Professuren sind männlich besetzt.
2. Von den 9 Dauerstellen im Mittelbau sind 7 männlich besetzt, wobei die beiden weiblich besetzten Stellen in erster Linie Dienstleistungsaufgaben zu erfüllen haben (Referat für Berufspraktische Studien und Infosystem Planung).
3. Von den befristeten Qualifikationsstellen sind (immerhin) 6 von 7 weiblich besetzt.

Die sich hieraus ergebende Geschlechtshierarchie ist deutlich: die Professuren und Dauerstellen in der Lehre sind ausschließlich männlich und die befristeten Qualifikationsstellen weiblich besetzt. Eine Recherche hinsichtlich der historischen Entwicklung des Frauenanteils in der Lehre (von 1979 bis 1992) hat ergeben, daß der Anteil von Frauen an Seminarangeboten deutlich unter 20 % liegt, bei einem Anteil von 40 % Frauen bei den Studierenden.

Hinsichtlich der Möglichkeit, kontinuierlich frauenspezifische Lehrangebote und Forschungsschwerpunkte am Fachbereich zu verankern oder auch nur über die Beschäftigung von Frauen einen anderen Blick auf die Planungsinhalte der Stadt und Landschaftsplanung zu eröffnen, sind somit enge Grenzen gesetzt.

Um die fachbereichsöffentliche Diskussion diesbezüglich zu fördern, haben wir im Sommersemester 92 ein wöchentlich stattfindendes Kolloquium mit dem Titel „Frauen am Fachbereich 13 stellen ihre Arbeiten vor" durchgeführt, das in Form einer Broschüre unter dem Titel „Transitfrauen" erschienen ist.

Daran anknüpfend haben wir unter dem Titel „Frauen in der Planung" im WS 92/93 verschiedene Planerinnen zu Gastvorträgen eingeladen und im Januar 93

Ines Schulz, geb. 1957, Dipl.-Ing. Landschaftsplanerin, wiss. Mitarbeiterin Gesamthochschule Kassel – Freiraumplanung.

Margit See, geb. 1955, Dipl.-Ing. Landschaftsplanerin, wiss. Mitarbeiterin an der GHK, Freiraumplanung/Stadtökologie, Forschungsschwerpunkt: Eisenbahn und Landschaft.

ein Tageskolloquium zu „Perspektiven der Landschafts- und Freiraumplanung" veranstaltet. Die Organisation und die inhaltlichen Arbeiten für diese Veranstaltungen sind nicht gering und werden zusätzlich, neben unseren eigentlichen Arbeitsaufgaben, erledigt.

Um die anstehenden Themen und Probleme effektiv bewältigen zu können, hat sich für uns ein Treffen in ca. 3-wöchigem Abstand als sinnvoll erwiesen. In dieser Runde tauschen wir Meinungen über Abläufe am Fachbereich aus, entwerfen Strategien, diskutieren über anstehende Arbeitsinhalte und legen Zuständigkeiten für die einzelnen Aktivitäten fest.

Gleichzeitig bietet die Runde die Möglichkeit, neu in den Fachbereich kommende Frauen aufzunehmen und einzubinden.

Die Bereitstellung von Hochschulkapazitäten war erst nach einer ordentlichen Anerkennung der AG durch den Fachbereichsrat möglich. So wird unsere Arbeit durch die Nutzung der Infrastruktur der Hochschule, z.B. durch die Erledigung von Schreibarbeiten und organisatorischen Arbeiten durch das Sekretariat und die Bereitstellung von Hilfskraftmitteln durch den Haushalt des Fachbereichs, erleichtert.

Weitere Arbeitsschwerpunkte in unserer Gruppe liegen darin, eine Planerinnenkartei aufzubauen und Kontakte zu anderen Mitstreiterinnen an Hochschulen und in der Praxis zu knüpfen, um so an einem nationalen und internationalen Netzwerk für Frauen und Planerinnen mitzustricken.

Literatur

Bernard, Cheryl /Schlaffer, Edit (1983): „Frauenkarrieren an der Universität oder Gibt es doch einen weiblichen Masochismus?" In: Pusch, Luise: Feminismus – Inspektion der Herrenkultur. Frankfurt.

Rezensionen und Kongreßberichte

Birgit Palzkill, Heidi Scheffel, Gabriele Sobiech (Hg.): Bewegungs(t)räume. Frauen-Körper-Sport. Frauenoffensive. München 1991. 199 S. 28,50 DM.

„Bewegungs(t)räume" ist ein Buch über die Frage, wie Frauen und Mädchen sich ihren Körper aneignen und Bewegungsformen erlernen. Untersucht wird von verschiedenen Autorinnen das Verhalten von Frauen und Mädchen in öffentlichen und privaten Räumen. In dieser Problemstellung treffen sich die Interessen der Sportpädagoginnen mit denen von Planerinnen, Stadtsoziologinnen und Architektinnen.

Einen zentralen Stellenwert nimmt der Aufsatz von Heidi Scheffel und Gabriele Sobiech „Ene, mene, muh, aus bist Du?" ein. Die beiden Autorinnen legen dar, daß die Einschränkungen der Bewegungsfreiheit im frühen Mädchenalter beginnen, wenn Mädchen erfahren, was sich ziemt: „eng zusammengehaltene Beine, gerade oder nach innen gestellte Füße sowie eng am Körper gehaltene Arme" (33). Sie lernten, ihren Bewegungsdrang 'freiwillig' zu reduzieren und verzichteten darauf, ihre Umgebung auf abenteuerliche Weise zu erkunden. Auch Schule und Sportverein stellten sich als wenig hilfreich heraus, um raumeinnehmendes Verhalten zu erlernen. Die Mädchen würden mit offenem und verstecktem Sexismus konfrontiert, erlebten sich im Vergleich zu den Leistungen der Jungen als schlechter und ihre speziellen Interessen und Ängste (wie z.B. die vieler Mädchen vor dem Ball) fänden keine Berücksichtigung.

Sobiech führt das defensive Raumverhalten von Mädchen in einem weiteren Beitrag maßgeblich auf die Erfahrungen in der Pubertät zurück. Auf der einen Seite werde „Mädchen nahegelegt, sich für die Blicke von Männern attraktiv zu machen" (51), auf der anderen Seite lehnten Eltern die Sexualität ihrer Töchter ab. Anhand zahlreicher Interviewpassagen zeigt Sobiech, daß viele, gerade sportlich sehr aktive Mädchen ihren weiblichen Körper ablehnen, weil mit ihm eine Einschränkung ihrer Bewegung verbunden wird. Die erste Menstruation bekämen Leistungssportlerinnen durchschnittlich zwei bis drei Jahre später. Sportliches, raumeinnehmendes Verhalten, so Sobiechs These, steht im Widerspruch zur Körperinszenierung der Frau.

„Die Präsentation des eigenen Körpers als eines 'weiblichen'", zu diesem Schluß kommt auch Birgit Palzkill, „ist mit einschneidenden Beschränkungen der körperlichen Ausdrucksformen und des Bewegungsverhaltens verbunden" (113). Palzkill untersucht Identitätskonflikte von Frauen in der Männerdomäne Sport. Frauen könnten sich in den meisten Sportarten (außer in kompositorischen Sportarten) nur wohlfühlen, wenn sie sich als geschlechtslos verstünden. Es ist unvorstellbar, daß Sportler wie Pierre Littbarski oder Boris Becker von sich sagen, sie seien „so ohne Geschlecht, so zwischendrin irgendwie" (117).

Ferner analysiert Gertrud Pfister in diesem Band Diskurse über den weiblichen Körper anhand der Debatten von Ärztinnen und Ärzten über den Frauensport. Doris Schmidt hinterfragt kritisch die Körperbilder der (Frauen-)Fitnesskultur. Lotte Rose zeigt am Beispiel der Kunstturnerinnen, daß die Risikobereitschaft von Frauen in Bezug auf schwierige körperliche Übungen gleichzeitig in Abhängigkeit vom väterlich-autoritären Trainer geschieht. Den Schluß des Buches bilden Beiträge zu einer praktizierten, feministischen Bewegungskultur, z.B. ein alternativer Skikurs, in dessen Vordergrund die selbstbestimmte Raumaneignung steht oder ein Selbstverteidigungskurs.

Martina Löw, geb. 1965, wissenschaftliche Mitarbeiterin am Fachbereich Erziehungswissenschaften der Martin-Luther-Univer-

sität Halle; Arbeitsschwerpunkte sind Soziologie der Bildung und Erziehung, Wohnsoziologie, Lebensformen von Frauen; Mitgliedschaft bei FOPA Rhein-Main.

Daphne Spain: Gendered Spaces. The University of North Carolina Press. Chapel Hill and London 1992. 294 S. Engl., kart. 38,– DM, geb. 49,– DM

„Bewegungs(t)räume" richtet den Blick differenziert auf die Schwierigkeiten, Raum zu ergreifen und sich im Raum zu bewegen. Planerinnen und Architektinnen können zahlreiche Hinweise erhalten, was alles bedacht werden kann (oder muß), wenn mit oder für Frauen geplant wird.

Besonders angenehm beim Lesen des Buches ist, daß sich die Aufsätze aufeinander beziehen. Die Leserinnen erhalten den Eindruck, daß die Autorinnen ein gemeinsames Projekt verfolgen und nicht nur Aufsätze aneinandergereiht werden.

Die Universalität des „weiblichen Lebenszusammenhangs" löst sich auf. Die Annahme, daß aus der Gleichheit der Tätigkeiten und Beziehungen der Frauen im Bereich der individuellen Reproduktion sich eine verbindende soziale Qualität des weiblichen Geschlechts ergebe, wie sie der feministischen Frauenforschung der 70er Jahre noch zu Grunde lag, hat sich theoretisch und empirisch als problematisch erwiesen. Neuere Ansätze versuchen mit den Begriffen „Heterogenität" und „Differenziertheit"[1] der Pluralität weiblicher Lebensvollzüge gerecht zu werden.

In *Gendered Spaces* schlägt die Amerikanerin Daphne Spain[2], unabhängig von dieser Diskussion in der deutschen Frauenforschung, einen anderen, sozialräumlich begründeten Zugang zur Konstitution der sozialen Qualität des weiblichen Geschlechts, ein. Sie sieht das verbindende Merkmal weiblicher Lebenszusammenhänge in den *gendered*[3] Räumen. Spain untersucht den weiblichen Lebenszyklus in seinen wesentlichen räumlichen Kontexten: Familie und segregierte Wohnungen, Bildung und segregierte Schulen und auch Arbeitskraft und segregierter Arbeitsplatz. Sie analysiert die Struktur der durch die *gendered* Räume verursachten Statusdifferenzen zwischen Frauen und Männern und entwickelt Vorschläge, wie diese Struktur geändert werden kann. Diese Ausgangsüberlegungen, deren Bezugnahmen auf Dolores Hayden, Eugenie Birch, Susan Saegert und Gerda Wekerle von der Autorin betont werden, bilden die Folie um zu untersuchen, welche Folgen der Wechsels eines geschlechtsdifferenzierten räumlichen Arrangements für den Status von Frauen – über die Zeit und die Kulturen – hätte. Denn so Spain: „Die meisten Erklärungen der geschlechtsspezifischen Schichtung identifizieren die Familie und/oder die Ökonomie als die Grundlage der Entstehung von Statusdifferenzen. Keine bezieht den räumlichen Kontext, in welchem die Aktivitäten diese institutionellen Ereignisse konstituieren, konsistent mit ein. Das Hinzufügen der räumlichen Dimension der Institutionen hilft, eine neue Perspektive der geschlechtsspezifischen Schichtung durch die Fundierung dieser abstrakten Konzepte im physischen Raum zu gewinnen."(25)[4]

Ausgehend von einer zu kurz geratenen Darstellung der Theorien über geschlechtsspezifische Schichtung – vor allem an Hand von empirischen Beispielen – entwickelt Spain Thesen, die den Leitfaden für die Untersuchung des Verhältnisses von Raum und Frau über die Zeit und den Raum darstellen:

„1. Soziale Institutionen sind durch sich verändernde Grade der geschlechtsspezifischen Segregation charakterisiert.

2. Die geschlechtsspezifische Schichtung wird durch die räumliche Segregation verstärkt.

3. Je größer die Distanz zwischen Frauen und den Quellen des gesellschaftlich geschätzten Wissen ist, desto größer ist die geschlechtsspezifische Schichtung in der Gesellschaft."(26-27)

Auf diesen Thesen aufbauend untersucht Spain auf welche Weise in den nicht-industriellen Gesellschaften Frauen und Männer räumlich integriert bzw. separiert wurden, und welche Statusdifferenzen sich daraus für Frauen ergaben. Maßstab für Statusdifferenzen ist für Spain in allen Gesellschaftsformen die Möglichkeit, soziales und fachliches Wissen, als Grundlage gesellschaftlicher Chancen der Geschlechter, zu erlangen und damit zu nutzen. „Der Mechanismus, der die geschlechtsspezifische Schichtung perpetuiert, besteht im Transfer von Wissen."(243) Zusammenfassend kann Spain zeigen, daß in nichtindustriellen Gesellschaften die Separierung der Geschlechter im Wohnbereich den Frauen größere Kontrolle über ihre Arbeit gibt, während gerade im öffentlichen Bereich der räumliche Ausschluß der Frauen von den Orten der Wissensvermittlung (Zeremonienhütten) der Männer auf das patriarchale Machtzentrum verweist.

Im Hauptteil der Arbeit untersucht Spain, mit detaillierten räumlichen Analysen, Veränderungen in den räumlichen Institutionen und den damit verbundenen Verschiebungen der geschlechtsspezifischen Statusdifferenzen in den Vereinigten Staaten des 19. und 20. Jahrhunderts. Beginnend mit der Analyse des Heims der amerikanischen Mittelschicht, kann sie um die Jahrhundertwende eine zunehmende Gleichstellung im häuslichem Bereich nachzeichnen.

Auch an Colleges und Universitäten hätte, so die Autorin, die progressive Integration der Geschlechter Studentinnen größeren Zugang zu den Wissensressourcen gebracht. Im Gegensatz dazu herrschten am Arbeitsplatz (erst in der Fabrik, dann im Großraumbüro) jedoch die traditionellen Muster der räumlichen Trennung von Männern und Frauen noch vor.

Die Stärke der Arbeit liegt nicht in der Entwicklung schlüssiger theoretischer Konzepte zum Verhältnis von Frau-Wissen-Raum sondern in ihrer sozial-räumlichen Konkretion. Das Buch ist mit Grundrissen und Abbildungen von Wohnungen, Schulen, Arbeitsstellen und historischen Replikationen prägnant illustriert.

Gendered Spaces führt die LeserInnen auf spannende Art und Weise auf die Spur der „kleinen patriarchalischen Taktiken", mit denen die geschlechtsspezifische Segregation im Raum „hergestellt" wurde und, weitaus geringer als im 19. Jahrhundert, wird.

Christine Hannemann, Dipl. Soziologin, geb. 1960, wissenschaftliche Mitarbeiterin an der TU Berlin, Arbeitsschwerpunkte: Stadt-, Wohn- und Techniksoziologie, Frauenforschung.

Anmerkungen

[1] Exemplarisch seien aus der Fülle der Veröffentlichungen genannt: Karin Prinz: Lebens- und Erwerbsverläufe von Frauen zwischen Kindererziehung, Beruf und eigener Existenz, in: Mechthild Veil u.a. (Hg.) „Am modernen Frauenleben vorbei", Berlin 1992 und Annemette Sørensen: Unterschiede im Lebensverlauf von Frauen und Männern, in: „Lebensverläufe und sozialer Wandel", Sonderheft der Kölner Zeitschrift für Soziologie und Sozialpsychologie 31/90.

[2] Daphne Spain ist Professorin für Stadt- und Umweltplanung und Prodekanin der „School of Architecture" an der Universität von Virginia.

³ Spain führt das Kunstwort gendered ein, um die räumliche Separierung der Frauen vom Wissen der Männer zu kennzeichnen, das diese dazu benutzen Macht und Privilegien zu akkumulieren und zu reproduzieren (3). Da eine wörtliche Übertragung mit „vergeschlechtert" ebenso irreführend wäre wie der eingeführte Begriff „geschlechtsspezifisch", verwende ich gendered.
⁴ Alle Zitate sind Arbeitsübersetzungen der Rezensentin.

Fraueninteressen in der Stadtplanung – Dresden Kolloquium 1992

Unter dieser Überschrift stand im November 1992 das zweite Kolloquium, in welchem es um die spezifischen Interessen der Frauen an die Stadtplanung, an den Wohnungsbau und an die Verkehrsplanung in Dresden ging. Bereits 1991 trafen sich POWER – Frauen (Planerinnen Ost/West im Europäischen Raum) in Dresden, um über die Frauensicht auf die anstehende Sanierung in Dresdens Altbaugebieten zu debattieren.

Im Gegensatz zu diesem ersten Treffen, war die Veranstaltung im November 1992 sehr gut besucht. Der Abend stand unter dem Thema „Fraueninteressen in der Stadtplanung" und wurde verknüpft mit der, durch die von der SPD-Landesfrauengruppe (ASF) nach Dresden geholten Wiener Wanderausstellung „Frauen und ihre Stadt"¹.

Im ersten Teil dieses, von der Friedrich Ebert Stiftung gemeinsam mit dem Dresdner Frauenbüro ausgerichteten Abends, wurden Ansätze und Notwendigkeiten zu frauenspezifischen Anforderungen an den bevorstehenden Stadtumbau diskutiert.

Beatrice Kustor-Hüttl (Institut Wohnen und Umwelt, Darmstadt) vermittelte die in den alten Bundesländern durchlebten negativen Erfahrungen von Frauen in Bezug auf ihre Wohnverhältnisse. Die von ihr aufgezeigten möglichen neuen Grundriß- und Außenraumgestaltungen im sozialen Wohnungsbau begeisterten die Anwesenden, weil diese unkonventionell angelegten Räume den langersehnten Vorstellungen von Lebensqualität, Freiheit trotz bemessener Mittel und Fläche, insbesondere für Kinder, entsprochen haben.

Dr. Helga Gantz (Institut SAS Dresden, Regional-,Verkehrs- und Umweltforschung) verwies in ihren Ausführungen auf vier, in Folge der gesellschaftlichen Umbruchprozesse neu entstandenen Lebensstile von Frauen: Erstens sind das ledige, unabhängige mobile junge Frauen bis ca. 28 Jahre; zweitens, die traditionellen „DDR- Frauen" mit ein oder zwei Kindern, berufstätig, zeitlich sehr belastet und in ihrer sozialen und räumlichen Mobilität eingeschränkt; drittens, Frauen über 55 Jahre, vom Vorruhestand urplötzlich betroffen aber mit hohen Bedürfnissen an eine nicht vorhandene und finanziell erschwingliche kulturell niveauvolle Infrastruktur im Wohnumfeld und es sind, viertens, Seniorinnen über 70 Jahre, welche der sozialen Vereinsamung ausgesetzt sind und kaum noch wohnungsnahe Einkaufsmöglichkeiten vorfinden.

Daran anknüpfend stellte H. Gantz jeweils spezifische Anforderungen dieser Frauengruppierungen an den Stadtumbau dar. Eindrucksvoll benannte sie, wie durch die Umbruchsituation fast ausschließlich die Frauen die enorme Last der Umstellung tragen: z.B. in Bezug auf die neuen Situation für die Kinder (neues Schulsystem, neue Schulwege); in der Aneignung von neuen, veränderten Aktionsräumen bei der Erledigung der alltäglichen Aufgaben sowie bei den beruflich und den familiär neu eingeforderten, stets flexiblen Zeitforderungen.

Verschiedene Forderungen wurden abgeleitet:
▷ Arbeitsstätten in die Wohngebiete
▷ Gestaltung des Wohnumfeldes für berufstätige Frauen; funktionsfähige Infrastruktur zur schnellen Bewältigung der Alltagsdinge
▷ Schaffung neuer Kommunikationsmöglichkeiten im Wohnumfeld.

Im zweiten Teil des Abends standen verkehrspolitische Fragestellungen im Mittelpunkt. Dr. Anne-Katrin Olbrich verwies auf die veränderten Mobilitätsbedürfnisse und -chancen von Frauen in den neuen Bundesländern und referierte aus der im März 1992 durchgeführten Studie „Wie frauenfreundlich ist der öffentliche Verkehr in Dresden?" (Frauenbüro A. Olbrich/S.Kruschwitz). Die Studie ist Teil der Zuarbeit des Dresdner Frauenbüros zum Verkehrskonzept der Stadt Dresden. Anfang des Jahres war infolge der zweiten Fahrpreiserhöhung ein Rückgang der Inanspruchnahme des ÖPNV um 30% zu verzeichnen. Bereits im März '92 (zwei weitere Teuerungen folgten noch) deutete sich sowohl der Ausschluß von sozial schwächer Gestellten vom öffentlichen Leben in Dresden ab als auch der Umstieg auf das Auto. Ein Sozialpaß ist für DresdenerInnen vorgesehen, welcher zumindest Härten mildern kann. Auf die Chance, „ökologische Avantgarde" (Spitzner, Meike 1991) zu sein, möchte die Autorin ungern verzichten. Treiben die nächtliche Angst in Dresdens Straßen, die hohen Fahrpreise und die Unsicherheit durch die, seit Mitte 1992 sich dreimal täglich ändernden Linienführungen Frauen doch eher dazu, zu ökologischen „Sünderinnen" zu werden? Denn es sind hier die ausrangierten Trabis und Wartburgs, welche für Frauen gerade noch erschwinglich sind.

S. Kruschwitz nahm die Anwesenden mittels Diavortrag auf einen Spaziergang in die öffentlichen (Verkehrs-) Räume dieser Stadt mit. Der andere, frauenspezifische Blick bei der Nutzung des ÖPNV oder beim Beschreiten von unübersichtlichen, gefährlichen Orten löste allgemeine Verwunderung aber auch ein Begreifen für notwendige Veränderungen aus. Nicht anders als in den alten Bundesländern gehört der Straßenraum in vollster Breite den Autos. Stadtteile werden (z.B. in Gorbitz) durch die im Ausbau befindliche Nordtangente getrennt, unüberbrückbar für Kinder, alte und behinderte Menschen. Die Unterführung ist seit ihrer Inbetriebnahme Mitte des Jahres zur Stätte der Angst geworden. Es ist nicht der einzige Angstraum in der Stadt. Die Nutzung des ÖPNV ist am Abend und in der Nacht unsicher. Haltestellenbereiche sind nicht genügend abgesichert, die sich am Abend und in der Nacht nochmals verändernden Linienführungen und -bezeichnungen sind unzureichend und verwirrend.

Meike Spitzner (Wuppertal-Institut) schloß den Abend mit Zahlen und Fakten zur zunehmenden männlichen Motorisierung und zu den Folgen für die nichtmotorisierte Mehrheit der Bevölkerung.

Die Referentinnen aus den alten Bundesländern warnten davor, die Fehler des Westens in den Osten zu transportieren. Wir Anwesenden waren uns darin einig, aber von den Politikern, welche z.B. die Prioritäten für oder gegen den Ausbau von Schnellstraßen oder die Höhe der Bezuschussung der Dresdner Verkehrsbetriebe festlegen, war niemand erschienen.

Anmerkung

[1] Außerdem wurde ein Fragebogen „Frauen und ihre Stadt" (SPD), unter den TeilnehmerInnen und in der Stadt in Umlauf gegeben und eine weitere Befragung nach den Gefahrenorten in Dresden (A.-K. Olbrich/ S. Kruschwitz) durchgeführt, deren Auswertung im Frühjahr 1993 vorliegen wird.

Simone Kruschwitz, Dipl.-Soz., wissenschaftliche Mitarbeiterin für Frauen- und Sozialpolitik bei C. Matzke (Neues Forum), Fraktion Bündnis 90/Grüne im Sächsischen Landtag.

Adressen, Tips, Termine

Boa-Constructa e.V.
Berliner Organisation von
Architektinnen
c/o Tina Frenzel
Hans-Beimler-Straße 31
10178 Berlin

Baufachfrauen Berlin e.V.
Tempelhofer Damm 2
12101 Berlin 42
030/7856865
und
Meyerbeerstr. 36
13088 Berlin 42
030/464931

Ausschuß Frauen in der SRL – Bundesverband
Gabriele Kutzke
Stellinger Weg 6
20255 Hamburg
Tel. 040/391421 (dienstl.), 040/4913405 (privat)

Frauen-Infothek Berlin
Dircksenstr. 47
10178 Berlin
030/2823980

Ausschuß Frauen in der SRL – Berlin
Heike Gülink
Perleberger Straße 55
10559 Berlin
Tel. 030/39052182 (dienstl.), 030/3949688 (privat).

Frauenamt Stadt Köln
Markmannsgasse 7
50667 Köln

Senatsverwaltung für Arbeit und Frauen
Klosterstraße 17
10179 Berlin
030/3476-1

Senatsverwaltung für Arbeit und Frauen
Förderkommission Frauenforschung
Geschäftsstelle – II B 12
Klosterstraße 47
10179 Berlin

▷ Der Beirat für frauenspezifische Belange bei der Berliner Senatsverwaltung für Bau- und Wohnungswesen hat die Dokumentation seines Symposiums vom 29.01.1993 herausgegeben. Zu beziehen bei dem Beirat für frauenspezifische Belange, Senatsverwaltung für Bau- und Wohnungswesen, c/o Dr. Jenny Naumann, Goethestraße 82, 10623 Berlin.

Symposiums- Dokumentation

▷ Im Mai dieses Jahres traf sich das 1. Frauen-Nord-Forum in Bremen. Ost- und westdeutsche Frauen aus Politik und Wissenschaft, Verbände und Vereinen knüpften vielfältige Beziehungen und diskutierten ihre Gemeinsamkeiten und Unterschiede. Das Frauen-Nord Forum soll nun jährlich in verschiedenen norddeutschen Städten tagen und steht interessierten Frauen offen. Informationen über: Landeszentrale für politische Bildung, z. Hd. Brigitte Dreyer, Osterdeich 6, 28203 Bremen

Frauen-Nord-Forum

▷ Das Institut für Kunstgeschichte der TU-Graz veranstaltet vom 17. bis 20. März 1994 eine Tagung zum Themenbereich Frau und Architektur. Das genaue Programm wird im November 1993 veröffentlicht. Es kann bezogen werden bei: Irene Nierhaus, Institut für Kunstgeschichte, Technische Universität Graz, Technikerstraße 4, A-8010 Graz, Tel.: 0316/873/6279

Tagung: Frau und Architektur

▷ Das „Research Committe No. 43 on Housing and the Built Environment" der International Sociological Association (ISA) veranstaltet vom 13.-16. Juni 1994 im Hauptsitz der UNCHS (United Nation Conference of Human Settlements) in Nairobi / Kenya ein Internationales Seminar zum Zusammenhang der Geschlechterfrage mit Stadtentwicklungs- und Umweltproblemen.
Das Seminar steht im Zusammenhang mit einer Reihe von Treffen und Konferenzen wie bspw. mit den Treffen des International Housing and Gender Studies Network in Lund, Schweden oder des HIC Women and Shelter Network.
Das Seminar zielt darauf ab, die Diskussions- und Arbeitsergebnisse in die Weltfrauenkonferenz in Peking 1995 und in die UN-Conference on Human Settlements in der Türkei 1996 einzubringen und will damit an die in der Women's Agenda 21 zum Welt-Umweltgipfel in Rio formulierten Frauenforderungen anknüpfen.
Kontakt: Diana Lee-Smith, Mazingira Institute, PO Box 14 564, Nairobi, Kenya, Tel. 254 2 443119/26/29, FAX: 254 2 444643/ 443214

International Seminar on Gender, Urbanization and Environment

European Congress 'Women, Planing, Housing and Transport in a European Future'

▷ Der ehemals für Juni 1993 geplante Europäische Kongreß zu „Frauen, Planung, Wohnungsversorgung und Verkehr im zukünftigen Europa" wird nun voraussichtlich in der zweiten Jahreshälfte in den Niederlanden stattfinden. Fachfrauen des unabhängigen niederländischen Instituts für Raumplanung und Wohnungsversorgung (NIROV) haben die Organisation übernommen und wurden darin von einem Komitee unterstützt, in dem mehrere Frauen-Organisationen und Institutionen wie das Frauenministerium, das Bauministerium, die Universität von Amsterdam vertreten sind.
Im Vorfeld wurden von Koordinatorinnen der einzelnen europäischen Staaten Länder- bzw. Situationsberichte zusammengestellt. Der Kongreß selbst vertieft die verschiedenen Aspekte mit Referaten. Die Organisatorinnen sind der Ansicht, daß im Europa der Zukunft der Planungsmaßstab ein anderer sein wird, während Frauen nach wie vor alltägliche Aufgaben erledigen und mögliche Konsequenzen veränderter, politischer Entscheidungsgrundlagen direkt spüren werden. Sie beabsichtigen, vorausschauend Lösungsansätze zu erörtern, wie die Teilnahme von Frauen und die Durchsetzung ihrer Interessen im europäischen Entwicklungsprozaß gewährleistet werden kann. Sie haben 15 Nationen zum Kongreß und seiner Vorbereitung eingeladen. Die Suche nach Finanzierungsmöglichkeiten des Kongresses durch die Europäischen Gremien erwies sich als sehr schwierig und machte bereits deutlich, wie wichtig es ist, Fraueninteressen auf die Tagesordnung zu setzen.
Kongreßorganisation: Liesbeth Ottes, Nederlands Instituut voor Ruimtelijke Ordening en Volkshuisvesting, Postbus 30833, 2500 GV Den Haag. Tel. 070-346 9652, FAX: 070-361-7422.
Koordination in der Bundesrepublik: Gabi Zauke, c/o FOPA Dortmund, Adlerstr. 81, 44137 Dortmund.

Internationaler Erfahrungsaustausch „Frauen und Wohnungsbau"

▷ Vom 16.-19. September findet in Montevideo ein internationaler Arbeitstreffen von Architektinnen, Planerinnen und Baufachfrauen aus Lateinamerika und der Bundesrepublik statt. FOPA hat dieses Seminar, das im Goethe-Institut stattfindet, mitinitiiert und ist mit Referentinnen vertreten. Ziel ist der Erfahrungsaustausch über Frauenprojekte im Alt- und Neubau und den Berufsalltag. Für uns stellt dieses Arbeitstreffen einen wichtigen nächsten Schritt zur Vernetzung mit außer-europäischen Kolleginnen dar, die praktisch und theoretisch zu Frauenbelangen beim Bauen und Wohnen arbeiten.
In einer abschließenden öffentlichen Podiumsdiskussion, zu der lokale politische Entscheidungsträger eingeladen sind, werden die gemeinsam erarbeiteten Vorschläge für eine stärkere Berücksichtigung von Fraueninteressen im Wohnungsbau vorgestellt, um Einfluß auf zukünftige Politik und Programme zu nehmen. Eine Dokumentation ist geplant.
Kontakt: Kerstin Zillmann (FOPA Hamburg)

▷ Frauen Europa Congress
Frauen erobern Europa! 30.11.-2.12.93, Congress Centrum Bremen. Europäischer Kongreß mit begleitender internationaler Netzwerkbörse. Zeitgleich findet das Frauen-Kultur-Festival in Bremen statt.
Organisation: B&P GmbH, Frau Karin Sundmäker, Bischofsnadel 1-2, 28071 Bremen, Tel. 0421/321481, Fax 0421/321485

Frauen Europa Congress

▷ Seit März 1992 treffen sich Fachfrauen aus den Bereichen Landschafts- und Freiraumplanung, Architektur, Verkehrsplanung und Bauingenieurwesen. Erfahrungsaustausch, Netzwerkbildung, Bestandsaufnahme von Frauenplanungsprojekten in Hannover, die Frage nach frauengerechter Planung und den Einflußmöglichkeiten von Frauen auf allen Ebenen der Planung sind Inhalt der monatlichen Treffen an jedem letzten Donnerstag in jedem ungeraden Monat. Kontakt: Katja Striefler, Kommunalverband Großraum Hannover, Answalderstr. 19, 30159 Hannover, Tel. 0511/3661-233

Planungsfachfrauentreffen Hannover

▷ „Kahina – Feminismus und Männerfrage in Palästina". Zu beziehen bei: Mondsicheln, c/o Infoladen, Südanlage 20 HH, 35390 Gießen

Erschienen

▷ Die Redaktion der Frauenzeitung München will ein bundesweites Treffen von Frauenzeitungsredaktionsgruppen organisieren. Interessentinnen möchten bitte Kontakt aufnehmen: Frauenreferat, Geschwister-Scholl-Universität München, Leopoldstraße 15, 80802 München, Tel. 089/2180-2073, 2071, Fax 089/38196-133

Treffen der Frauenzeitungsredaktionsgruppen

▷ „Frauenstreiktag 1994 Frauen sagen NEIN!
Die Wiederherstellung eines großen Deutschlands findet auf Kosten von Flüchtlingen, auf Kosten der „Anderen", der Schwachen, der Armen und auf Kosten von Frauen statt.
Deswegen rufen wir auf zu einem FRAUENSTREIK!
Damit wollen wir gegen den Abbau von Grundrechten, gegen den Abbau von Sozialleistungen und die wachsende Armut von Frauen, gegen die Zurückdrängung bereits erreichter Frauenrechte, gegen die Zerstörung der Umwelt und gegen die Vorbereitung deutscher Kriegsbeteiligungen protestieren.
1975 traten die Frauen in Island in den Generalstreik.
1991 sind die Schweizerinnen in den Streik getreten.
JETZT STREIKEN WIR! Der Frauenstreik wird am 8. März 1994 – Internationaler Frauentag – stattfinden." (aus: Erster Aufruf zum Frauenstreiktag)
FOPA Berlin und FOPA Dortmund gehören zu den Erstunterzeichnerinnen.

Frauenstreiktag 1994

Kontakt- und Koordinationsstellen (Stand 6/93):
„Beiträge zur feministischen Theorie und Praxis e.V.", Niederichstr. 6, 50668 Köln, Tel. 0228/167609, Fax: 0228/1686972

Berliner Büro des Unabhängigen Frauenverband UFV, Friedrichstr. 165, 10117 Berlin, Tel. 030/2291753, Fax 030/6093175

Was ist FOPA?

▷ FOPA heißt Feministische Organisation von Planerinnen und Architektinnen.
▷ FOPA sind autonome, interdisziplinäre Organisationen von Frauen, die sich mit der baulich-räumlichen Umwelt und ihrer Gestaltung befassen und sie im Interesse von Frauen verändern.
▷ FOPA erarbeitet und fördert Architektur, Stadt- und Freiraumplanung in Praxis, Forschung, Aus- und Weiterbildung und eine Politik, die von den Lebens- und Arbeitsbedingungen von Frauen ausgeht. FOPA kämpft gegen die Diskriminierung von Frauen im Beruf, in der gebauten Umwelt und der räumlichen Planung.
▷ FOPA berät Traueninitiativen und Frauenbeauftragte im Planungs- und Baubereich.
▷ FOPA konzipiert und organisiert Seminare und Tagungen.
▷ FOPA erstellt und vertreibt Ausstellungen.
▷ FOPA initiiert und unterstützt Wohnprojekte von Frauen im In- und Ausland.
▷ FOPA recherchiert und archiviert Literatur zum Thema Frauen im In- und Ausland.
▷ FOPA recherchiert und archiviert Literatur zum Thema Frauen – Planen – Bauen – Wohnen.
▷ FOPA publiziert einmal im Jahr die Streitschrift FREI-RÄUME und feministische Planungsliteratur.
▷ FOPA übernimmt Planungsaufträge, Gutachten und Stellungnahmen, die Frauen als Nutzerinnen der gebauten Umwelt in den Vordergrund stellen bzw. intensiv am Planungsprozeß beteiligen.
▷ FOPA stellt Referentinnen zu Ausstellungen und Fachthemen.
▷ FOPA fordert Beteiligungsverfahren für Frauen auf allen Planungsebenen ein.
▷ FOPA gibt es seit 1981 in Form von unabhängigen, lokalen Vereinen, die mittlerweile in Berlin, Bremen, Dortmund, Freiburg, Hamburg, Kassel, Köln und der Region Rhein-Main arbeiten.

Adressen der FOPA-Vereine

▷ FOPA e.V. Berlin
Tempelhofer Damm 2
12101 Berlin
Tel. 030/7856865
(Mo. 18-20 Uhr, jeden 1. Montag im Monat bis 22 Uhr)

▷ FOPA Bremen e.V.
c/o Frauenstadthaus
Am Hulsberg 11
28205 Bremen

▷ FOPA Dortmund e.V.
Adlerstr. 81
44137 Dortmund
Tel. 0231/143329 und 143338

▷ FOPA Hamburg e.V.
Holländische Reihe 27
22765 Hamburg
Tel. und Fax 040/3903910

▷ FOPA Freiburg Stadt und
Frau e.V. (i.Gr.)
Jahnstr. 19
79117 Freiburg

▷ FOPA Kassel e.V.
Querallee 43
34119 Kassel
Tel. 0561/776071 und 779236

▷ FOPA Köln e.V.
c/o Luise Bruns
Feldbergstr. 25
51105 Köln

▷ FOPA Rhein-Main e.V.
Am Industriehof 7-9
60484 Frankfurt
Tel. 06151/377712 und 89532

Impressum

FREI-RÄUME
Streitschrift der feministischen Organisation von Planerinnen und Architektinnen
Heft 6: Regionalentwicklung – feministische Perspektiven

Herausgeberinnen: FOPA Berlin, Dortmund, Hamburg, Kassel, Köln, Rhein-Main

Redaktion: Christine Ahrend (Berlin), Antje Eickhoff (Köln), Karin Gerhardt (Rhein-Main), Elke Hellmuth (Kassel), Christina Kleinheins (Rhein-Main), Stefanie Klinkhart (Rhein-Main), Martina Löw (Rhein-Main), Stefani Miseré (Berlin), Sonja Pauly (Kassel), Susanne Raehse (Kassel), Rosemarie Ring (Dortmund), Kerstin Zillmann (Hamburg)

Verantwortlich für den Schwerpunkt dieses Heftes:
Christina Kleinheins, Stefanie Klinkhart, Stefani Miseré

Bezugsbedingungen: Die FREI-RÄUME erscheinen einmal im Jahr. Einzelhefte sind durch jede Buchhandlung oder direkt beim Verlag zu beziehen. Bezugspreis für ein Einzelheft DM 28,–, im Jahresabonnement DM 24,– zuzüglich Versandkosten. Abbestellungen müssen spätestens drei Monate vor Ablauf des Kalenderjahres erfolgen.

Bezugsadresse: edition ebersbach im eFeF-Verlag, Bornstr. 68, 44145 Dortmund 0231/8396 75

Redaktionsadresse: FOPA e.V., Adlerstr. 81, 44137 Dortmund 0231/ 14 33 29 o. 16 39 85

CIP-Titelaufnahme der Deutschen Bibliothek:

Frei-Räume : Streitschrift der Feministischen Organisation von Planerinnen und Architektinnen FOPA e.V. /
Hrsg. FOPA Berlin ... – Dortmund : Ed. Ebersbach im eFeF-Verl.
   Erscheint jährl. – früher Verl. von FOPA, Dortmund. –
   Aufnahme nach H.6 (1993)
H.6 Regionalentwicklung. – 1993

Regionalentwicklung : feministische Perspektiven / [Hrsg.: FOPA Berlin ... Red.: Christine Ahrend ...]. – Dortmund : Ed. Ebersbach im eFeF-Verl., 1993
   (Frei-Räume ; H.6)
   ISBN 3-905493-46-2

NE: Ahrend, Christine [Red.] ; Feministische Organisation von Planerinnen und Architektinnen ⟨Berlin⟩

© edition ebersbach im eFeF-Verlag
Das Copyright für die einzelnen Beiträge liegt bei den Autorinnen.
Nachdruck nur mit besonderer Erlaubnis der Redaktion gestattet.
Umschlaggestaltung: Antje Eickhoff
Gesamtherstellung: Verlag Die Werkstatt, Göttingen